TOKYO

가성비 좋은 도쿄 테마 여행

스토리가 있는 도쿄 테마 여행

가나북스

가성비 좋은 도쿄 테마 여행

2017년 08월 25일 초판 발행

지은이 이진천
펴낸이 배수현
디자인 이윤진
홍 보 배성령
제 작 송재호
펴낸곳 가나북스 www.gnbooks.co.kr
출판등록 제393-2009-12호
전 화 031-408-8811(代)
팩 스 031-501-8811
ISBN 979-11-86562-62-8(03910)

TOKYO

가성비 좋은
도쿄 테마 여행

스토리가 있는 도쿄 테마 여행

다시 돌아올 수 없는 소중한 청춘!
나만의 스토리를 만들기 위한 도쿄 여행 노하우를 소개합니다

이진천 지음

가나북스

머리말

여행만큼 좋은 공부는 없다. 현지에 가서 현지인들과 접촉하면서 직접 보고, 맛보고, 체험하면서 느끼는 것이야말로 진정한 공부다. 새로운 것을 보고 체험하면서 깨닫는 즐거움은 그 어떤 것과 바꿀 수 없는 소중한 것이다. 남녀노소를 불문하고 많은 것을 얻을 수 있는 것이 여행이다. 특히, 청소년이나 젊은 시절의 여행은 보고 배우는 것 외에 잊을 수 없는 추억이라는 그 무엇보다 소중한 재산을 남길 수 있다는 점에서 더 큰 의미가 있다.

여행 전문가는 아니지만 청소년이나 대학생, 직장인에게 여행지를 추천하라고 하면 특정 국가나 지역보다는 '조금이라도 더 많이 보고 느끼고 체험할 수 있는 곳'을 추천하고 싶다. 하와이나 발리, 괌, 사이판과 같은 휴양지보다는 역사적 유물이 많거나 현지인들을 많이 만나고 부딪칠 수 있는 대도시를 권하고 싶다. 휴양지는 나이가 들어 말 그대로 휴양을 위해 떠나도 늦지 않다. 젊은 시절에 휴양지에서 쉬는 것도 나쁘지는 않지만 그렇게 여유롭게 휴양을 할 정도로 비용이나 시간적 여유가 있는 사람이 많지 않을뿐더러 소요되는 비용에 대비하여 효과 측면에서 보면 대도시나 유적지가 있는 관광지가 훨씬 보고 느끼는 것이 많기 때문이다. 그러한 측면에서 젊은이들에게 가장 접근하기 쉬운 곳이 일본의 도쿄나 오사카 주변, 중국의 베이징이나 상하이 등이 추천 장소다. 해외여행치고 비교적 짧은 기간에 다녀올 수 있고 비용 면에서도 큰 부담 없이 다녀올 수 있는 곳이기 때문이다. 사실 부모의 지원이 없이 여행경비를 마련할 수 있는 곳이기도 하다. 치안도 비교적 안전한 곳이어서 밤에도 돌아다닐 수 있다는 점에서 좋은 여행지다.

일본 도쿄는 경제강국 일본의 수도이며 세계인들로부터 주목을 받는 곳이기도 하다. 1,300만명이 거주하는 거대 도시이기도 하다. 경제뿐 아니라 문화 예술과 볼거리가 풍부한 곳이다. 지하철과 같이 사람들이 많이 모이는 곳에서의 에티켓 등 우리가 보고 배울 것도 많다. 특히 교통 인프라가 잘 구축되어 있어 가이드 없이 혼자서도 자유여행을 즐길 수 있는 좋은 도시다. 언어에 대한 두려움이 있기는 하지만 간단한 몇 마디로 해결할 수 있으며 손짓 발짓해가면서 찾아가는 것도 여행의 묘미 중 하나라 할 수 있다.

일본이라는 나라는 우리와는 역사적인 감정의 골이 깊어 쳐다보기도 싫다는 사람도 있지만 그럴수록 그 나라에 대해 잘 알아야 한다. '지피지기면 백전백승'이라는 상투적인 표현을 쓰지 않더라도 상대를 이기고 극복하기 위해서는 상대의 장단점을 알아야 한다. 배척한다고 이길 수 있는 것도 아니고 문제를 해결할 수도 있는 것도 아니다. 기왕 일본에 간다고 하면 그들이 왜 강한가? 라는 적극적인 자세로 관찰할 수 있어야 한다. 배울 수 있는 점은 과감히 배워야 한다. 단순히 먹고 노는 관광이 아니라 무언가 느끼고 배우는 여행이 되어야 한다.

이 책은 일본의 수도 도쿄를 관광하는데 있어 저렴한 비용으로 목적에 맞춰 관광할 수 있는 방법을 소개하고자 한다. 모든 노선이 패키지 관광이라면 예외이겠지만 비행기와 호텔만 예약하는 자유여행이거나 비행기, 숙소 모두 개인적으로 예약하여 돌아다니는 경우에 해당된다. 도쿄는 일본어가 되지 않더라도 간단한 영어를 사용하며 충분히 자유여행이 가능한 곳이다. 2박3일이나 3박4일 정도의 일정으로 도전해보길 권장한다. 테마 또는 코스(전철)별로 나누어 각 거리를 안내한다. 지금까지의 여행서와는 달리 음식점이나 시설의 안내보다는 거리(지역)의 특색과 분위기를 중심으로 소개하고 있다. 특정 시설이나 식당을 찾기 보다는 각 지역의 분위기와 특징을 느끼고 체험해보기 바란다. 젊은 청춘이라면 청춘의 아름다운 한 페이지를 장식할 수 있는 도쿄 정벌에 도전해보기 바란다.

이 책이 나오기까지 도움을 주신 오누마(小沼信之), 사또(佐藤良典) 를 비롯하여 함께 돌아다니며 사진을 찍고 원고 작성에 도움을 준 두 아들 주호와 민호 그리고 준혁에게도 감사의 뜻을 전한다. 지도의 편집에 도움을 준 고은씨께도 고마움을 전하고 원고작업에 스트레스를 날려주는데 도움을 준 로데오족구단 여러분들께도 고마움을 전한다. 마지막으로 항상 옆에서 힘이 되어준 나의 짝꿍에게도 감사의 마음을 전한다.

주: 이 책에 실린 이미지는 필자가 직접 촬영한 사진과 함께 다음의 사이트를 통해서 제공받아 실었음을 밝힌다.

* 도쿄관광 공식 사이트(www.gotokyo.org) © TCVB
# photos by townphoto.net(www.townphoto.net)

이 책의 이용법

이 책은 도쿄 여행을 테마별로 나누었다. 오타쿠, 패션, 청춘, 시타마치 등 몇 가지 테마에 맞춰 코스를 설계하여 각 지역을 소개한다. 기본적으로 이 책에서 제공하는 코스를 따라 움직이는 것이 좋겠지만 특정 지역에서 볼거리가 많아 시간이 지체되는 경우는 한 지역을 건너뛸 수도 있다. 테마에 따라서는 중복(시부야, 하라주쿠, 아키하바라 등)이 되는 지역이 있다. 너무 경직되게 꼭 이 책에 따라 움직이기 보다는 약간은 융통성을 발휘하여 활용했으면 한다. 여행이라는 것이 처음 생각했던 대로만 되지 않는다. 걸어가다가 눈에 들어오는 카페가 있으면 들어가 차 한 잔을 즐기고 나오는 것도 여행에 있어 숨겨진 보석을 찾는 즐거움이 아닐까?

여행객에 따라서는 특정 지역만을 돌아보고 싶을 수도 있다. 예를 들어, 도쿄의 3대 신도심인 신주쿠, 이케부쿠로, 시부야를 중심으로 관광을 하고 싶을 수도 있으며, 역사와 전통이 있는 시타마치(오래된 번화가) 관광지이며 도쿄의 동쪽에 위치한 긴자, 아사쿠사, 우에노를 관광하고 싶을 수도 있다. 이럴 때는 특별히 테마를 신경 쓰지 말고 이 책에 나와있는 지역을 개별적으로 찾아 돌아볼 것을 추천한다.

전철을 탈 때 조금만 신경을 쓰면 그리 어렵지 않다. 목적지까지 가는 전철이나 홈을 구분하기 어려울 때는 역에서 이리저리 헤매지 말고 역무원이나 지나가는 사람에게 과감하게 물어보면서 찾아가야 한다.

일본어가 되지 않더라도 지도나 목적지 이름만 알려주면 손짓 발짓으로 다 통한다. 이 책에 실린 주소를 보여주면 쉽게 안내 받을 수 있다. 이렇게 현지인과 부딪치는 것이야말로 여행의 즐거움이 아닌가 생각된다. 치안도 세계 어느 나라보다 안전한 나라이므로 밤에 돌아다녀도 크게 문제되지 않는다. 인적이 없는 뒷골목을 혼자 거니는 경우가 아니라면 도쿄에서는 늦은 시간이라도 염려할 필요는 없을 것이다. 육체적으로 약간 피곤하더라도 하루 10시간 이상이라도 충분히 즐겼으면 한다.

이 책에서 소개하는 내용은 어디까지나 도쿄 관광을 위한 기본적인 참고서이므로 반드시 이대로 따를 필요는 없다. 이 책을 참고로 자신의 관심사나 볼거리를 찾아 자유롭게 즐겼으면 한다.

TOKYO

Tokyo in Japan

삿포로

Aomori
이오모리

Akita
아키타   모리오카
           Iwate

Yamagata   Miyagi
아마가타   센다이

나이가타

가나자와   도야마   후쿠시마
Ishikawa Toyama   나가노   Fukushima
                   Niigata
          Fukui   Gifu   Tochigi
                              우츠노미야
                  Nagano   Gunma
마츠에   기후   마에바시   미토
돗토리   Saitama   Ibaraki
Tottori   Kyōto Shiga   사이타마
Shimane   교토   오쓰 Yamanashi TOKYO   Chiba
          Okayama Hyōgo   나고야 고후   요코하마
히로시마   오카야마   시즈오카   Kanagawa
Hiroshima   Ōsaka Nara   Aichi Shizuoka
Yamaguchi   오사카 와카야마 Mie
이마구치   Kagawa 도쿠시마
          마츠야마 Tokushima
Fukuoka   Ehime Kōchi   Wakayama
후쿠오카   고치
사가
Saga   Ōita
Nagasaki 오이타
나가사키   구마모토
Kumamoto
          Miyazaki
          이아자키

Kagoshima
가고시마

일본 그리고 도쿄

도쿄 여행에 앞서 현지에 대한 정보를
개략적으로나마 알아보자.
외국을 여행하면서 그 나라에 대한
기본적인 정보를 파악하고 가는 것은 무엇보다 중요하다.
일본과 방문하고자 하는 일본의 수도 도쿄(東京)에 대해 알아보자.

일본은 어떤 나라?

일본은 우리나라와 애증의 관계라 할 수 있다. 사실 '애(愛)'보다도 '증(憎)'이 많은 관계라 할 수 있다. 서로 지리적으로 가까이 있다 보니 교류도 많지만 역사 인식, 영토 분쟁과 같은 갈등도 많다. 경제적으로는 서로 주고받기도 많이 하지만 국제사회에서는 치열하게 경쟁하는 관계다. 문화, 스포츠 분야에서도 교류도 많고 경쟁도 많이 하는 관계다. 애증의 관계인 나라 일본에 대해 간단히 알아보자.

1. 국토 및 인구

일본은 사면이 바다로 둘러싸여 남북으로 2,800km로 뻗어있는 산지형 섬들로 구성되며 면적은 377,972㎢로 이탈리아보다 조금 크고 한반도 면적의 1.7배로 넓은 면적이다. 홋카이도(北海道), 혼슈(本州), 규슈(九州), 시코쿠(四国)의 4개의 주요 섬으로 이루어져 있으며 그 주위에 4,000여 개의 섬을 가지고 있다. 행정구역은 1도(都-도쿄), 1도(道-홋카이도), 2부(府-오사카, 교토) 및 43개현(県)으로 구성되어 있다. 수도는 도쿄도(東京都)다. 우리나라 독도 영유권 문제로 갈등을 빚고 있는 지자체는 시마네현(島根県)이다. 쾌청한 날에는 부산에서도 보이며 배로 2시간여만 도착할 수 있는 대마도(일본명: 쓰시마)는 나가사키현(長崎県)에 속한다.

일본의 인구는 약 1억2천7백만 정도로 세계에서 10번째로 많은 나라이며 우리나라(약 4천8백만)보다 약 3배 정도 많고 대부분 대도시를 중심으로 모여있다. 수도인 도쿄(東京)에는 1,300만명이 거주하며, 세계 1위의 장수 국가다. 인구 100만이 넘는 주요 도시는 도쿄(東京), 요코하마(横浜), 오사카(大阪), 나고야(名古屋), 삿뽀로(札幌), 코베(神戸), 후쿠오카(福岡), 사이타마(埼玉), 센다이(仙台)가 있다. 일본의 3대 도시는 도쿄(東京), 오사카(大阪), 나고야(名古屋)다.

2. 일본어와 문자

일본어는 우리와 마찬가지로 우랄 알타이어 계열로 우리와 비슷하다. 음운에 있어서는 우리보다 단순하다. 그래서 일본 사람들이 우리말을 배울 때 가장 어렵게 생각하는 것이 발음이다. 간단히 일본어의 특징을 살펴보면,

(1) 문자

일본에서는 히라가나(ひらがな)와 가타카나(カタカナ) 두 가지 종류의 일본 문자와 한자(漢字)를 사용한다. 히라가나와 가타카나도 본래 한자에서 파생되어 만들어진 문자다. 일반적으로 문장은 한자와 히라가나를 사용하지만 외래어, 의성어, 의태어, 동·식물 명칭 등에는 가타카나를 많이 사용한다. 또, 특별히 강조하고자 할 때도 사용하는 경우가 있다.

(2) 어휘

일본어의 어휘는 순수한 일본어를 포함해 우리나라, 중국, 서양 등에서 들어온 외래어가 있으며, 이 외래어가 일본어화 된 것도 많이 있다. 특히, 한자어의 경우는 그 자체로도 쓰이지만 한자어가 일본어화 된 것도 많이 있다. 앞에서도 언급했듯이 외래어는 보통 가타카나로 표기한다. 어휘에는 모양이나 소리를 표현한 의태어와 의성어가 많이 있으며 이들을 변형한 어휘도 많다. 또, 감탄사도 발달되어 있다.

(3) 문법

일본어가 쉽다고 느끼는 가장 큰 이유가 문법이 우리와 거의 유사하다는 것이기 때문이다. 문법이 같다는 것은 대체적으로 어순(語順)이 같다는 것이다. 문장의 주체를 서술하는 기능을 가진 단어인 용언(用言)의 어미가 변화한다. 또, 관사가 없고 경어의 사용이 많은 것 또한 우리와 비슷하다.

(4) 음운

일본어는 우리말에 비해 음운 조직이 간단하다. 우리말은 자음+모음 또는 받침이 있는 자음+모음+자음으로 이루어진 경우가 있는 반면, 일본어는 하나의 모음 음절이거나 기본적으로는 자음+모음 형태로 구성된다.
예외로 'ん'이나 외마디의 감탄사 등이 있으나 대부분은 자음+모음 형태로
이루어진다. 액센트는 영어의 강약(强弱) 액센트가 아닌 고저(高低)
액센트이나 지방에 따라 약간씩 다르며 특별히 액센트 때문에 의사소통이
안 되는 것은 아니다. 공용어는 일본어뿐이지만 우리나라와 마찬가지로
대부분의 일본인은 의무교육 기간 중에 영어를 배우고 있다. 특히,
비즈니스를 하는 회사원이라면 간단한 영어는 가능하며, 해외 비즈니스를
하는 사람이라면 능통한 사람도 많다. 우리나라 사람들이 일본 사람들의
영어 발음이 우리와 다르다고 해서 일본 사람이 영어를 못한다는 선입견을
가지고 있는데 실제는 우리나라와 별 차이가 없다.

다음 표는 일본 문자인 히라가나다.

あ 아(a)	い 이(i)	う 우(u)	え 에(e)	お 오(o)
か 카(ka)	き 키(ki)	く 쿠(ku)	け 케(ke)	こ 코(ko)
が 가(ga)	ぎ 기(gi)	ぐ 구(gu)	げ 게(ge)	ご 고(go)
さ 사(sa)	し 시(shi)	す 스(su)	せ 세(se)	そ 소(so)
ざ 자(za)	じ 지(ji)	ず 즈(zu)	ぜ 제(ze)	ぞ 조(zo)
た 타(ta)	ち 치(chi)	つ 츠(tsu)	て 테(te)	と 토(to)
だ 다(da)	ぢ 지(ji)	づ 즈(zu)	で 데(de)	ど 도(do)
な 나(na)	に 니(ni)	ぬ 누(nu)	ね 네(ne)	の 노(no)
は 하(ha)	ひ 히(hi)	ふ 후(fu)	へ 헤(he)	ほ 호(ho)

ば 바(ba)	び 비(bi)	ぶ 부(bu)	べ 베(be)	ぼ 보(bo)
ぱ 빠(pa)	ぴ 삐(pi)	ぷ 뿌(pu)	ぺ 뻬(pe)	ぽ 뽀(po)
ま 마(ma)	み 미(mi)	む 무(mu)	め 메(me)	も 모(mo)
や 야(ya)		ゆ 유(yu)		よ 요(yo)
ら 라(ra)	り 리(ri)	る 루(ru)	れ 레(re)	ろ 로(ro)
わ 와(wa)	を 오(wo)	ん 응(n/m)		

자음과 모음의 조합에 의해 다음과 같이 발음된다.

きゃ 캬(kya)	きゅ 큐(kyu)	きょ 쿄(kyo)
ぎゃ 갸(gya)	ぎゅ 규(gyu)	ぎょ 교(gyo)
しゃ 샤(sha)	しゅ 슈(shu)	しょ 쇼(sho)
じゃ 쟈(ja)	じゅ 쥬(ju)	じょ 죠(jo)
ちゃ 챠(cha)	ちゅ 츄(chu)	ちょ 쵸(cho)
にゃ 냐(nya)	にゅ 뉴(nyu)	にょ 뇨(nyo)
ひゃ 햐(hya)	ひゅ 휴(hyu)	ひょ 효(hyo)
びゃ 뱌(bya)	びゅ 뷰(byu)	びょ 뵤(byo)
ぴゃ 뺘(pya)	ぴゅ 쀼(pyu)	ぴょ 뾰(pyo)
みゃ 먀(mya)	みゅ 뮤(my)	みょ 묘(myo)
りゃ 랴(rya)	りゅ 류(ryu)	りょ 료(ryo)

3. 역사와 정치

우리의 역사와 뗄래야 뗄 수 없는 관계를 가진 일본이기에 간단한 일본의 역사를 알아두는 것도 중요하다. 일반적으로 죠몬 시대(기원전 300년 전까지)를 기점으로 야요이, 야마토 등을 거쳐 현재의 헤이세이(平成) 시대에 이르고 있다. 시대별 연대는 다음과 같다. 새로운 천황이 들어설 때마다 국호가 정해져 있으며 일본 사회에서는 서기(西紀)도 사용하지만 국호를 많이 사용하고 있다.

B.C. 8000	B.C. 300	A.D. 300	593	710
繩紋시대 죠몬	彌生시대 야요이	大和시대 야마토	飛鳥시대 아스카	奈良시대 나라
794	1192	1338	1573	1603
平安시대 헤이안	鎌倉시대 가마쿠라	室町시대 무로마치	安土桃山시대 아즈치 모모야마	江戸시대 에도
1868	1912	1926	1989	
明治시대 메이지	大正시대 다이쇼	昭和시대 쇼와	平成시대 헤이세이	

우리나라에서 역사를 공부할 때 가장 많이 등장하는 시대는 토요토미 히데요시(豊臣秀吉)가 한반도를 침략한 임진왜란(1592년)인 아즈치모모야마(安土桃山) 시대부터라 할 수 있다. 그 이전에는 크고 작은 갈등은 있었지만 백제의 왕인 박사가 문물을 전해주거나 조선통신사의 왕래 등으로 우호적인 관계였다고 할 수 있다. 우리의 증오의 대상이 된 시대가 이때부터가 아닌가 생각된다.

그 이후 1800년대말부터 일본이 서구에 문호를 개방하여 급속히 근대화가 진행되어 일부 지도자들이 한국을 정벌하자는 정한론(征韓論)을 펼치게 된다. 1800년대 말부터 호시탐탐 한반도를 노리다가 1910년 한일합병 조약을 통해 한반도를 강점하기에 이르렀으며, 초대 조선총독에는 안중근 의사로부터 암살당한 이토히로부미(伊藤博文)가 부임하였다. 우리나라가 일본의 통치를 받았던 시기는 메이지(明治) 시대를 지나 쇼와(昭和) 시대에 초기까지다. 일본은 이 시기에 청일전쟁(1894~1895년)과 러일전쟁(1904~1905년)을 거치면서 대륙진출에 대한 야욕을 노골적으로 드러낸다. 이 과정에서 한반도를 군수물자 이동 기지로 활용하고, 우리의 곡식과 재산을 약탈하고 징병을 통해 많은 젊은이들을 전쟁터로 내보내 고통을 주었다.

1945년 히로시마와 나가사키의 원자폭탄 투하에 의해 결국 일본 천황(쇼와 천황)이 항복문을 낭독하면서 2차대전이 종식되었다. 이후 일본 천황은 정치에는 관여하지 않는 상징적인 존재로 남아 있다. 1989년 쇼와(昭和) 천황이 운명한 후 '헤이세이(平成) 천황'에 이르게 되었다.

2차대전 종전과 함께 일본은 빠르게 경제발전을 이루어 나갔다. 그 와중에 1950년 한국전쟁(6.25 전쟁)이 발발하면서 일본이 군수물자의 기지가 되면서 비약적인 경제발전의 촉진제가 되었다. 우리는 전쟁으로 막대한 피해를 입었지만 일본은 수혜를 입은 결과가 되었다. 1964년에는 도쿄 올림픽을 개최하면서 경제발전이 더욱 가속화되어 세계 시장에서 두각을 나타내기 시작하였다. 그러다가 1990년대 초부터 거품이 붕괴되면서 장기간의 불황기에 접어들었다. '잃어버린 10년' 또는 '잃어버린 20년'이라는 용어가 만들어질 정도로 장기간 불황기를 겪었다. 2020년 도쿄 올림픽을 유치하면서 제2의 올림픽 특수를 노리며 부활을 꿈꾸고 있다.

　일본의 정치는 내각 책임제다. 중의원과 참의원의 양원제로 운영되며
국회의 운영은 중의원에서 한다. 참의원의 당초 설치 목적은 견제라 할 수
있다. 중의원은 우선적 총리 인선권을 갖고 국가예산 편성, 조약 비준권도
중의원만이 갖고 있다. 총리는 다수 의석을 차지한 당에서 선출하게 된다.
과반수가 넘지 않는 경우 보통 연립을 통해 총리가 선출된다. 참의원은
이 세 가지를 제외한 모든 법안에 대한 비토권을 갖고 있다. 중의원에서
통과된 법안을 참의원이 부결시킬 수 있다. 참의원에서 부결된 법안을
중의원이 다시 가결하려면 3분의 2 이상의 찬성이 있어야 한다. 3분의
2이상을 확보하기 어렵기 때문에 참의원에서 부결되면 법안통과가
어렵다고 봐야 한다. 그래서 중의원에서 과반 의석을 차지하더라도
참의원이 과반 의석이 안 되면 다른 당과 연립할 수밖에 없다. 무라야마
담화로 잘 알려진 사회당 당수인 무라야마 도미이치(村山富市)가 총리가
된 것도 자민당 단독으로 과반을 이루지 못하자 이념이 다른 사회당에 총리
자리를 내주며 연립했기 때문이다. 중의원은 정원이 480명이며 임기가
4년다. 총리의 해산권으로 해산하면 4년을 보장받지 못한다. 참의원은
정원이 242명이며 임기는 6년다. 3년에 한 번씩 선거를 치러 절반인
121명씩 번갈아 교체된다.

　일본의 정치의 특징을 말할 때 빠지지 않는 것이 파벌 정치와 금권
정치다. 여당이든 야당이든 계파가 있어 '줄 세우기 정치'라는 말이 있다.
의원내각제이기 때문에 다수당인 여당에서 총리를 뽑을 때, 각 계파별로
후보를 내거나 계파가 연합하여 후보를 정해 밀기도 한다. 따라서 총리는

여당에서 수가 가장 많은 계파에서 나오거나 해당 계파가 밀어주는 후보가 당선된다. 계파의 이해관계에 따라 대립하기도 하고 연합하기도 한다. 이렇게 하여 총리가 선출되면 내각의 관료를 구성할 때 계파별로 안배하여 임명한다. 1996년 이전에는 중선거구제로 한 선거구에서 3~6명을 뽑다보니 한 정당에서 여러 명이 당선될 수 있었다. 그러다 보니 자민당 내에서 각 파벌로부터 내려오는 선거자금이 중요해져 파벌 정치가 심화되었다. 1996년부터 한 선거구에서 한 명을 뽑는 소선거구제를 도입했다. 소선거구제에서는 공천권을 파벌의 장이 아닌 당 총재의 영향력이 커지게 되었다. 자민당이 한때 야당에 정권을 빼앗긴 것은 이 소선거구제 영향이 컸다. 소선거구제로 바뀌면서 파벌의 파워는 약해지긴 했지만 여전히 영향을 끼치고 있다.

다음은 금권 정치다. 어느 나라든 정치와 돈은 뗄래야 뗄 수 없는 관계로 많은 문제를 드러내고 있다. 일본도 예외는 아니다. 파벌의 유지와 확장을 위해서 많은 돈을 필요로 하다. 정치자금 확보를 위해 후원회를 활용한다. 이 후원회는 재계와의 연결 역할을 하며 부정청탁의 원인이 되기도 한다. 지금도 종종 후원회를 통한 불법정치자금이나 회계 조작으로 뉴스에 오르내리고 있다. 자민당이 55년간 집권의 종지부를 찍었던 원인도 금권정치에 대한 국민들의 외면이었다. 1993년 참패의 원인은 자민당의 최대 파벌(다케시타파)의 보스였던 가네마루 신(金丸信) 부총재가 운송회사인 사가와규빙(佐川急便)으로부터 5억엔의 정치자금을 받았다는 보도가 나오고 수사가 시작되면서 국민들로부터 신뢰를 잃었다. 도쿄지검이 그의 자택을 수색했는데 집에서는 수십억 엔이 발견되었고, 1천만엔이 넘는 금괴가 발견되어 큰 뉴스가 되기도 했다. 이러한 금전 문제로 낙마하는 정치인들이 많다. 국제 정치학자이며 정치인이었던

마스조에 요이치(舛添要一) 도쿄도지사도 결국은 돈 문제로 낙마하고 말았다. 뇌물의 문제는 아니었으나 국회의원 시절 가족들과 묵은 호텔비용을 정치자금으로 지불하는 등 공사구분이 명확하지 않은 금전문제로 도지사 자리에서 물러나게 되었다. 이와 같이 일본의 정치에 있어 금전문제는 항상 잠재되어 있다고 할 수 있다.

2012년 3년만에 자민당이 정권(아베 총리)을 되찾아 오면서 굳건히 지키고 있다. 국민들의 지지를 바탕으로 우경화로 치닫고 있다. 전쟁할 수 있는 국가로 변신하기 위해 헌법을 자의적으로 해석하고 헌법을 개정하기 위해 다각적으로 노력하고 있다. 이러한 일본 정치권의 움직임은 우리나라에서도 간과할 수 없는 민감한 문제다.

[일본의 국회의사당 전경]

4. 경제와 화폐

세계 경제에서 일본을 빼놓고는 이야기가 되지 않을 정도로 막강한 경제 대국이다. 도쿄가 뉴욕, 런던과 함께 세계 3대 마켓으로 통하는 것도 일본 경제의 파워를 실감케 한다. 일본은 근대화의 물결이 밀려든 메이지(明治) 시대부터 자본주의 시장체제를 도입했다. 일본 경제의 중흥기는 2차대전 종전 후 1950년대말부터 1990년대 초에 이르기까지 30년간 비약적인 성장을 거듭하며 세계 시장에서 'Made in japan'을 각인시켰다. 특히, 1964년 도쿄 올림픽을 계기로 급속하게 성장했으며 세계 시장에서 일본 상품의 점유율이 높아졌다. 세계인들로부터 일본 상품에 대한 인지도뿐 아니라 신뢰도도 인정받게 되었다. 1980년대 미국에서는 이러한 일본 기업의 진출에 대한 반감으로 '일본 때리기' 열풍이 일기도 했다. 1990년대초부터 거품이 빠지기 시작하면서 장기간의 불황에 빠져들어 '잃어버린 10년' 또는 '잃어버린 20년'이라는 말이 나올 정도로 장기간의 불황을 겪었다. 2020년 도쿄 올림픽 유치를 계기로 건설 경기를 시작으로 서서히 회복하고 있다.

일본도 우리나라와 마찬가지로 지하자원이 없는 국가다. 이러한 환경에서 자원을 수입하여 가공하는 공산품을 생산하는 산업을 중심으로 발전했다. 자동차, 선박, 전기전자, 석유화학, 제철 등 우리나라 산업 구조와 유사하다. 일본의 산업 구조를 우리나라가 따라 하는 형국이 되었다. 실제 일본을 벤치마킹하거나 일본으로부터 기술을 배워 성장한 분야가 많다. 한때는 일본이 각 산업 분야에서 세계 시장점유율 1위를 지켰지만 우리나라가 그 중 많은 분야를 빼앗았다. 중국의 대두로 우리나라도 얼마 지키지 못하고 차례로 1위 자리를 내주고 있는 실정이다. 일본 산업에서 아직도 굳건하게 1위를 지키고 있는 분야는 만화, 애니메이션, 게임 등 콘텐츠 산업이라 할 수 있다. 일본의 애니메이션은 '자파니메이션'이라는 이름으로 불릴 정도로 명성을 날리고 있으며, 만화도 일본어 표현인 '망가(MANGA)'라는 이름으로 세계인들로부터 인기를 얻고 있다. 게임 분야도 막강한 파워를 지니고 있다. 세계적인 게임회사 '닌텐도'를 비롯하여 많은 업체와 게임이 세계 시장에서 활약하고 있다.

일본이 불황기인 잃어버린 20년을 거치면서도 국가부도 위기를 겪지도 않고 아직도 세계 경제에서 영향력을 지니고 있는 것은 풍부한 외환보유고와 탄탄한 중소기업의 기술력을 갖고 있기 때문이다. 장인정신으로 무장된 일본의 중소기업은 세계적으로 뛰어난 기술력을 자랑한다. 우주왕복선의 제작에 들어가는 부품 중에서 일본 중소기업의 기술력이 들어간 부품이 많다. 이러한 장인정신은 대를 이어 계승발전하고 있다. 세계에서 100년 넘은 기업의 80%가 일본에 있을 정도다. 2013년 제국데이터뱅크의 조사에 의하면 창립한지 100년 이상 된 기업이 26,000사가 넘는다고 한다. 200년 이상 된 기업도 4,000사 가까이 된다고 한다. 제일 오래된 회사는 오사카에 있는 주식회사 콘고우구미(金剛組)로 목재 건축을 주업으로 하는 회사다. 578년 오사카의 사천왕사(四天王寺)를 건립하기 위해 성덕태자(聖德太子)가 백제로부터 절이나 궁전을 짓는 목수 세 사람을 데려갔는데 그 중 한 사람인 금강(柳重光, 金剛重光)이 창업한 회사다. 2005년까지는 금강(金剛)의 후손이 이어왔는데 지금은 타카마츠건설(髙松建設)의 자회사가 되었다. 지금도 당시의 업종인 절이나 신사의 건립, 성곽과 문화제 복원 및 보수를 주업으로 하고 있다. 이처럼 일본 경제의 배경에는 중소기업이 있으며 이러한 중소기업은 장인정신을 바탕으로 대를 이어 발전시키는 많은 장인들에 의해서 유지되고 있다.

일본의 화폐는 '엔(円)'으로 미국의 달러와 유럽연합의 유로화와 함께 세계 경제에서 영향력 있는 화폐다. 지폐는 10,000엔권, 5,000엔권, 1,000엔권이 있으며 2,000년에 발행한 2,000엔권이 있으나 그리 많이 통용되지는 않는다. 동전으로는 1, 5, 10, 50, 100, 500엔화가 있다. 우리나라에서는 1원 동전이 있어도 거의 사용되지 않고 있는데 반해 일본은 1엔짜리 동전도 많이 사용되고 있다. 물건을 구입할 때 소비세가 붙기 때문에 1엔 동전이 많이 사용한다. 우리나라 원화와 일본의 엔화는 100엔당 1,000원 내외에서 오르내리고 있다.

[일본 화폐]

도쿄는 어떤 도시?

일본의 수도 도쿄는 일본의 관동(關東)지방에 위치해 있으며 면적이 2,190㎢으로 일본에서 가장 넓은 자치단체이며, 인구가 1,300만으로 일본에서 가장 큰 도시다. 도쿄를 중심으로 한 수도권의 인구는 3,700만명으로 세계 최대의 도시권이라 할 수 있다. 도쿄도청(東京都庁)은 신주쿠구(新宿区)에 있으며, 도쿄도지사는 도쿄 도민들의 투표에 의해 선출되며 임기는 4년이다. 도쿄는 크게 3개로 나뉘는데 23개 구, 다마(多摩) 지구, 섬으로 이루어진 도쿄도서부(東京島嶼部)가 있다. 서울특별시는 구(區)만 있는데 도쿄도(東京都) 안에는 시(市)도 있고 정(町)과 촌(村)도 있다. 23구(区) 26시(市) 5정(町) 8촌(村)이 있다. '도쿄도 신주쿠구(東京都新宿区)'와 같이 도쿄 아래에 구(区)가 있기도 하고 '도쿄도 하치오우지시(東京都八王子市)'와 같이 도쿄도 아래에 시(市)가 있다. 행정구역을 서울시의 기준으로 보면 의아하게 생각될 수 있다.

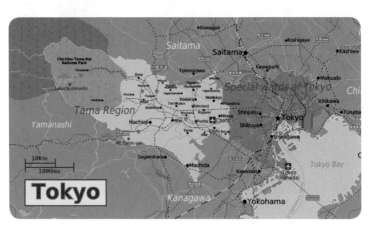

[도쿄 지도(빨간색 부분이 23구)]

도쿄는 1603년 도쿠가와이에야스(德川家康)가 막부의 중심지로 삼으면서 번성하기 시작했다. 일본의 수도가 된 것은 에도막부(江戶幕府) 시절인 1868년에 794년부터 1,000년 이상 수도였던 교토(京都)로부터 천도되었다. 다른 나라의 수도와 마찬가지로 일본의 정치, 경제, 문화의 중심이다. 천황이 기거하는 황거(皇居)에서부터 국회의사당과 총리 관저, 각종 관청이 들어서 있다. 많은 기업의 본사를 비롯하여 외국계 기업의 일본 지사나 아시아 지사가 도쿄에 자리잡고 있어 일본을 움직이는 심장이다. 많은 관청과 민간 기업의 본사가 도쿄에 많다 보니 인구가 늘어날 수 밖에 없으며 인구가 증가하면서 패션, 음식, 문화 등이 발달할 수밖에 없다.

도쿄의 기후는 서울보다 약간 남쪽에 위치해 있어 겨울에도 눈이 몇 번 내리지 않을 정도로 따뜻한 편이다. 여름에는 35도를 오르내리는 무더운 기온이다. 지질학적으로 지진대에 속해 있어 지진은 자주 발생한 편이며 우리에게 잘 알려진 1923년의 관동대지진을 포함하여 동북지방에 쓰나미로 큰 피해를 입었던 2011년 동일본 대지진 당시에 도쿄도 크게 흔들렸다. 이러한 이유 때문에 도쿄를 여행한다고 하면 주위에서 걱정하는 사람들이 많은 것이 현실이다. 이는 일본 사람들이 한국을 여행할 때 북한과의 전쟁의 위험 때문에 두려워하는 것과 별반 다를 게 없다.

일본의 정치, 경제, 문화의 중심지인 관계로 우리나라 사람들이 가장 많이 찾는 곳이 도쿄와 인근 수도권이다. 우리나라 외에도 중국과 동남아시아인들이 많이 찾고 있으며 서양에서도 많은 관광객이 찾는 곳이기도 하다. 관광객 유치를 위한 비자 및 세금 면제 등 정책을 펼치면서 중국 관광객이 우리나라보다 더 많이 찾고 있다.

　도쿄의 치안은 세계적으로도 안전한 곳으로 알려져 있으며 세계에서 밤에도 마음 놓고 돌아다닐 수 있는 몇 안 되는 도시 중 하나다. 특별히 말썽을 부린다거나 현지인과 마찰을 빚지 않는다면 경찰서를 방문할 일은 없다. 하지만 외출할 때는 반드시 여권(Passport)을 지니고 다녀야 한다. 불심검문이 있을 수 있다.

일본의 물가

가성비를 따지는데 있어 물가는 중요한 지표가 된다. 세계적으로 일본의 물가는 높은 것으로 알려져 있다. 특히, 도쿄나 오사카와 같은 대도시는 세계 어느 도시에 못지 않게 높은 물가로 알려져 있다. 그러나 알고 보면 일본의 물가수준은 우리나라와 비교하여 그리 높지 않다. 일본 경제가 거품이 끼었을 당시에는 부동산 가격이나 물가수준이 높아 그러한 인식이 심어진 것 같다. 생산지의 상황이나 물자의 공급량에 변동하는 제품을 제외하면 일본의 물가는 20년전, 10년전이나 지금이나 크게 차이가 없다. 그만큼 안정된 시장경제라 할 수 있다. 개인적인 경험으로 보면 10년전 일본의 물가와 지금 일본의 물가를 우리나라와 비교해보면 저렴해졌다는 느낌을 받는다. 그만큼 우리나라의 물가가 높아져서 상대적으로 일본 물가가 내려간 느낌을 받는다. 실제 가격이 내려간 제품도 있다. 대표적인 예로 주택을 구매하는 비용은 우리나라 서울이 더 높다고 할 수 있다.

세계적으로 각 국가의 물가수준을 알아보기 위한 지표로 식사대용으로 먹는 맥도날드의 햄버거 가격을 이용한 '빅맥 지수', 세계적인 커피숍 체인의 커피 가격으로 비교하는 '스타벅스 지수'라는 것을 발표하기도 한다. 2016년도의 빅맥 지수를 비교해보면 한국은 $3.59인데 반해 일본은 $3.12로 우리나라에 비해 저렴하다. 스타벅스 지수 역시 한국이 $4.85인데 반해 일본은 $3.52로 우리보다 저렴하다. 이처럼 일반적인 물가수준은 결코 우리나라에 비해 높은 편이 아니며 제품이나 서비스에 따라서는 저렴하기도 하다. 대기업의 대졸자 초임도 우리가 높은 편이며, 주유소의 휘발유 가격도 우리나라가 높은 편이다.

사실 특정 국가와의 물가를 비교할 때 환율의 영향을 많이 받는다. 관광객 입장에서는 엔저 현상일 때는 일본의 물가가 보다 저렴하게 느껴질 것이고, 엔고 현상일 때는 비싸게 느껴질 것이다. 예를 들어, 100엔 하는 음료가 있다고 가정하면, 환율이 100엔당 1,200원일 때와 900원일 때는 300원의 가격 차이가 난다. 즉, 일본에서의 가격은 그대로지만 환율에 따라서 차이가 나는 것이다. 일본이 엔저 정책을 추진했을 때는 100엔당 800원 대의 환율이었다가 100엔당 1,000원을 넘나들면서 피부로 느끼는 차이는 상당하다. 그래서 엔저일 때는 일본을 찾는 관광객이 늘어나는 현상이 발생한다. 하지만 일본 여행을 다녀온 많은 사람들이 일본의 물가수준이 높다고 이야기한다. 독자 중에서도 일본의 물가가 높다고 생각하는 사람도 많을 것이다.

현지에서 사는 사람들보다 여행객들이 일본 물가수준이 높다고 느끼는 원인은 무엇일까? 필자가 나름대로 분석한 바로는 다음과 같은 것을 들 수 있다.

첫 번째는 원화를 엔화를 환전할 때 느낌이다. 환율의 변동에 따라 다르기는 하지만 1/10 내외의 비율이 된다. 즉, 우리 돈 100,000원을 엔화로 환전하면 달랑 10,000엔 지폐 한 장이 된다. 이 과정에서 감각적으로 일본의 엔화에 대한 일종의 공포심이 작용하지 않을까 생각된다. 환전을 해서 현찰로 받아보면 기본적으로 1:10이라는 느낌이 든다.

두 번째는 여행자들이 많이 이용하는 대중교통의 요금이 높기 때문이다. 패키지 관광으로 전세 버스를 이용하는 경우라면 예외이겠지만 도쿄나 오사카와 같은 대도시에서 지하철이나 택시를 이용하면 상당히 비싸다는 느낌을 받는다. 예를 들어, 하네다(羽田) 공항에서 신주쿠(新宿) 시내까지 가는 요금을 보면 리무진 버스가 1,230엔으로 김포 공항에서 비교적 먼 거리인 잠실까지 7,000원 내외인 우리나라에 비해 비싸다. 나리타(成田) 공항에서 신주쿠(新宿)까지는 3,100엔으로 인천 공항에서 잠실까지의 요금인 16,000원에 비해 거의 2배에 달한다. 전철(지하철 포함) 요금을 비교해보면, 우리나라 지하철 2호선에 해당하는 JR 야마노테선(山手線)의 요금을 보면 한 구간의 요금이 140엔이고, 가장 먼 거리의 요금이 200엔이다. 우리나라 돈으로 따지면 2,000원이 넘는 금액이니 우리보다 비싼 편이다. 지금은 우리나라 물가가 많이 상승하여 격차가 좁아졌으나 10년, 20년 전에는 훨씬 많은 차이가 있었다. 특히, 택시 요금의 경우는 우리와 격차가 심하다. 우리나라는 기본요금이 2km까지 3,000원대인데 반해 도쿄는 우리의 2배가 넘는 730엔이다. 7,000원대다.

[택시 요금(2km까지 730엔)]

우리의 2배 이상이다. 택시의 할증시간도 우리나라는 0시부터 새벽 4시까지인데 반해 일본은 22시부터 새벽 5시까지로 시간폭도 크다.

우리보다 2배 이상 비싼 편이다. 여행객들이 피부로 느끼는 교통요금에서 격차가 있어 물가수준이 높은 것으로 인식된다.

세 번째 끼니를 해결해야 하는 음식 값이다. 이는 어떤 메뉴를 선택하느냐에 따라 상당히 차이가 있다. 빅맥 지수에서 보면 일본이 우리보다 낮은 편이다. 하지만 관광객들이 느끼는 체감물가는 이보다 훨씬 비싼 편이다. 가장 큰 요인이 주문식단제라 할 수 있다. 일본은 메인 요리 외에 반찬에 대해서 별도의 비용을 지불해야 하기 때문이다. 우리나라는 된장찌개를 하나 시키더라도 기본 반찬이 나오는데 일본은 이러한 곁들이 반찬이 아예 없다고 생각하면 된다. 예를 들어, 갈비 집에 들어가 메인 메뉴인 갈비를 주문하고 김치나 깍두기, 상추 등 곁들이 반찬도 주문하여 별도로 비용을 지불해야 한다. 우리나라는 주문하지 않아도 당연히 나와야 되는 반찬이 일본에서는 비용을 추가로 지불해야 하기 때문에 부담스럽다. 갈비 외에 김치를 먹으려면 추가로 4,000원 정도의 비용을 지불해야 한다. 공짜로 제공되는 반찬은 거의 없다. 이러다 보니 김치 한 조각도 비싸게 느껴진다.

[갈비 집의 메뉴(예: 김치가 390엔, 상추 10장이 490엔)]

　전체적인 물가 수준은 우리나라와 큰 차이가 없다고 하더라도 관광객 입장에서 체감하는 물가는 우리나라보다 훨씬 높게 느껴진다. 이동에 필요한 교통 요금과 끼니를 해결해야 하는 음식 비용이 우리나라보다 많이 소요되기 때문일 것이다. 그래서 관광객 입장에서 일본의 물가는 우리보다 훨씬 높게 느껴지고 부담스러울 수밖에 없다. 일본에서 생활을 했고 자주 찾는 필자도 비슷한 느낌을 갖고 있다.

일본 여행 시 주의해야 할 점

어느 나라를 여행하더라도 그 나라의 기본적인 예절과 풍습, 행동 양식을 파악해서 그대로는 못할지라도 피해를 주어서는 안 된다. 일본은 우리와 많은 부분이 비슷해서 크게 다른 부분은 없다. 하지만 일본 사회에 통용되는 예절과 공중도덕이 있기 때문에 숙지하고 가면 도움이 된다.

1. 여권을 지참하고 다녀야 한다.

앞에서도 언급했듯이 도쿄는 매우 안전한 도시다. 강도나 소매치기를 당할 위험에 직면할 일은 별로 없다. 그렇지만 외출할 때는 반드시 여권을 들고 다녀야 한다. 여행객이라면 당연한 것이지만 분실을 우려해 숙소에 놔두고 다니는 경우가 있는데 반드시 가지고 다녀야 한다. 그리 흔하지는 않지만 안전한 치안을 유지하는 차원에서 불심검문을 하는 경우가 있다. 이때 여권이 없으면 경찰서에 가서 조사를 받는다거나 하는 곤란을 겪을 수 있다. 필자도 한 번 여권을 지참하지 않고 다니다가 검문을 당한 적이 있다. 여권은 항상 지참하고 다녀야 한다는 점은 잊지 말아야 한다.

2. 보행자는 왼쪽으로 통행한다.

우리나라도 한때는 왼쪽 통행이었다. 우리나라가 오른쪽 통행으로 바뀌면서 일본에 가면 습관적으로 오른쪽으로 걷다가 상대편에서 걸어오는 사람과 부딪치는 경우가 발생한다. 특히, 전철역과 같이 사람들이 많이 붐비는 곳에서는 왼쪽으로 들었다가는 반대편 사람들 때문에 앞으로 전진하기 어려운 경우가 발생할 수 있다. 작은 것이지만 서로 불편을 겪을 수 있으므로 주의해야 한다. 에스컬레이터의 경우, 도쿄에서는 많은

사람들로 붐비는 역이나 쇼핑센터의 경우는 왼쪽에 서있고 바쁜 사람은
오른쪽으로 걸어올라 간다. 따라서, 걸어 올라가는 사람을 위해 오른쪽을
비워둔다. 하지만 독특하게도 칸사이 지역인 오사카에서는 그 반대로
오른쪽에 서있고 왼쪽을 비워둔다.

[번화한 지하철 역 계단 모습]

3. 전철을 탈 때는 하차 승객이 내린 후에 탄다.

　우리나라 지하철에서 제일 무질서한 경우가 지하철을 탑승할 때다.
내리는 사람이 모두 내리지도 않았는데 자리를 잡기 위해서 내리고 있는
사람을 비집고 들어가는 사람들을 보면 눈살이 찌푸려진다. 적어도 일본에
가서 그러한 행동은 삼가 해야 한다. 일본 전철이나 지하철 홈에서 보면
줄을 서서 기다리다가 내리는 사람이 모두 내린 후 차례 차례로 올라탄다.
아무리 바쁜 러시아워라 하더라도 사람이 내리고 있는데 올라타는 사람은
거의 없다. 반드시 모두 내린 후 탑승하도록 한다.

4. 전철 안에서 통화는 자제해야 한다.

일본에서 전철 안에서 통화하는 사람은 찾아보기 어렵다. 전화 수신 벨소리가 울리는 경우도 찾아보기 어렵다. 말을 하더라도 조용하게 하기 때문에 전철 안이 조용한 편이다. 전화를 사용하지 않는 가장 큰 이유가 심장이 좋지 않아 심장에 박동기를 설치한 사람을 전자파로부터 보호하기 위함이라고는 하지만 기본적으로 남을 배려하는 정신이라 할 수 있다. 일본에서 전철을 탔는데 한국어로 통화를 하는 소리를 들으며 한국인으로서 안절부절 못한 경험이 있다. 일본에서는 전철 안에 있을 때 전화가 걸려오면 다음 역에서 내려서 통화를 한 후 그 다음에 오는 전철을 타고 간다. 사람이 많은 지하철 안에서 통화는 다른 사람에게 불쾌감을 줄 수 있기 때문이다. 쩌렁쩌렁한 목소리로 통화하는 우리나라와는 다르다는 것을 명심하고 기본적인 매너를 지켜야 한다. 가능한 벨 소리도 진동으로 전환하도록 한다.

5. 백팩은 가급적 앞쪽으로 맨다.

우리나라에서도 버스나 지하철에서 등에 메는 백팩의 매너에 대해 안내 방송을 하고 있다. 짐이 많은 해외여행에서 간편하게 소지할 수 있는 좋은 도구가 백팩이다. 많은 사람들이 백팩을 메고 다닌다. 백팩은 자신은 편하지만 주위 사람들에게는 불편을 끼치기도 한다. 특히, 많은 사람들이 탑승하는 전철에서는 더욱 그렇다. 자신은 편할지 모르겠지만 뒤쪽에 있는 사람들에게는 민폐가 된다. 타인을 배려하는 정신이 강한 일본에서는 자신의 편리함보다 타인에게 폐를 끼치지 않으려고 노력한다. 지하철 등 사람들이 많이 붐비는 곳에서는 백팩을 앞쪽으로 메는 습관을 들이도록 하자. 우리나라에서도 당연히 그렇게 해야 되겠지만 해외에 나가서는 더욱 주의하도록 하자.

6. 길거리에서 흡연은 벌금이 부과될 수 있다.

일본은 우리나라에 비해서 담배를 피우는 공간이 많다고 할 수 있다. 아직도 담배를 피우는 식당이 있다. 하지만 시간이 흐를수록 우리나라와 마찬가지로 흡연자들의 입지가 좁아지고 있다. 도쿄의 길거리에서 담배를 피우다가는 벌금을 부과 받을 수 있다. 각 구(區)마다 조례를 지정하여 벌금을 부과하는데 대부분의 구에서 이러한 조례를 가지고 있다. 벌금은 1,000엔 또는 2,000엔이다. 벌금이나 제재를 하지 않는 자치구가 있기는 하지만 관광객 입장에서 구(區)의 구별이 어렵기 때문에 담배를 피우지 말아야 한다. 타인을 배려하는 기본 매너로 노상에서나 걸어가면서 담배를 피우지 않도록 한다.

[길거리 흡연 금지 스티커(과태료 2000엔)]

7. 카메라 촬영 시 양해를 구한다.

관광객들은 어디를 가더라도 카메라에 풍경이나 인물을 담고자 한다. 하지만 지하철 안이나 특정 인물을 촬영할 때는 주의해야 한다. 아키하바라 거리에 가보면 매이드(하녀) 복장이나 만화 캐릭터 복장(코스프레)을 하고 손님에게 전단지를 나눠주는 여성들이 있는데 이 여성들도 함부로 촬영해서는 안 된다. 매이드 카페 등에서는 아예 촬영을 하지 못하도록 규제하고 있다. 촬영하고자 할 때는 양해를 구하는 것이 예의다. 또, 상점이나 서점에서도 함부로 촬영해서는 안 된다. 상점의 진열 방법도 하나의 노하우로 여기기 때문이다. 필자도 취재를 위해 촬영을 하려다가 제지를 당한 적이 있다. 촬영을 하고자 할 때는 촬영을 해도 되겠느냐는 의사를 물어본 후 촬영하는 것이 좋다. 특히 특정 인물이 들어갈 때는 반드시 양해를 구한 후 촬영하도록 해야 한다.

8. 유흥업소 주변에서는 주의를 기울여야 한다.

세계 어디를 가든 유흥업소 주변에서는 주의해야 한다. 도쿄의 대표적인 유흥업소 지역인 신주쿠의 가부키쵸(歌舞伎町)가 있다. 도쿄 관광을 한 우리나라 사람들 중 가부키쵸를 가보지 않은 사람이 없을 정도로 유명한 유흥가다. 각종 음식점과 빠칭코장, 성인용품점, 술집과 함께 흔히 말하는 퇴폐업소가 즐비한 거리다. 이 거리를 지나다 보면 일본인을 비롯하여 동양계 사람, 흑인 등의 호객꾼이 말을 걸어온다. 음식점을 안내하는 전단지를 나눠주기도 하고 술집이나 마사지 업소를 안내하기도 한다. 때로는 한국인인 것을 간파하여 한국어로도 말을 걸어오기도 한다. 이때 이런 사람들을 따라가서는 안 된다. 실제 현지 일본인들도 이런 사람들의 유혹에 넘어가 업소에 들어갔다가 바가지를 쓴 경우가 발생하기도 했다.

특히, 관광객이라면 의사소통에 한계가 있기 때문에 위험에 처할 수 있다는 것을 명심해야 한다. 신주쿠뿐 아니라 밤거리의 유흥업소가 밀집된 지역에서는 주의를 기울인다. 의사소통도 원활하지 않기 때문에 더욱 주의해야 한다.

일본 여행 시 필요한 간단한 일본어

필자만의 생각인지는 모르겠지만 해외여행 중 영어가 아닌 해당 국가의 언어를 구사해서 조금이라도 의사소통이 되면 상당히 기분이 좋다. 깨알 같은 재미라고나 할까? 요즘에 모바일 기기의 번역이나 통역관련 앱이 많이 나오고 있어 활용하는 경우는 있지만 그러한 기기를 이용하는 것보다 직접 현지인과 의사소통을 할 수 있는 기회를 만드는 것도 여행에서 얻는 즐거움이라 할 수 있다. 짧은 일본어라도 현지인과 의사소통을 도전해보기 권한다. 언어는 문법에 맞든 맞지 않든 의사소통에 중점을 두었으면 한다. 모르는 단어는 영어를 섞어서 사용하면 된다. 다음은 일본 관광에서 필요한 기본적인 인사말과 간단한 회화 일본어다.

[인사말]

처음 뵙겠습니다.	
はじめまして.	하지메마시떼
감사합니다.	
ありがとうございます.	아리가또우고자이마스
잘 지내십니까? 건강하십니까?	
お元気(げんき)ですか.	오겡끼데스까
아침 인사	
おはようございます.	오하요우고자이마스
낮 인사	
こんにちは.	곤니찌와
저녁 인사	
こんばんは.	곤방와

취침 인사(편히 쉬십시오)	
おやすみなさい.	오야스미나사이
헤어질 때	
さようなら.	사요우나라
また´明日(あした).	마따 아시따(내일 만납시다..)
잘 먹겠습니다.	
いただきます.	이따다끼마스
잘 먹었습니다.	
ごちそうさまでした.	고치소우사마데시따
축하합니다.	
おめでとうございます.	오메데또우고자이마스
미안합니다.	
すみません.	스미마셍
申し訳(もうしわけ)ございません.	모우시와케 고자이마셍(극존칭)
실례합니다.	
失礼(しつれい)します.	시츠레이시마스
ごめんください.	고멘구다사이

[호텔]

체크인(체크아웃) 부탁합니다.	
チェックインお願いします.	쳇쿠인 오네가이시마스
チェックアウトお願いします.	쳇쿠아우토 오네가이시마스
몇 시부터 체크인합니까?	
何時からチェックインしますか.	난지까라 쳇쿠인시마스까
체크아웃은 몇 시까지 입니까?	
チェックアウトは何時までですか.	쳇쿠아우토와 난지마데데스까

오늘부터 3박할 예정입니다. 또는, 3박입니다.	
今日から3泊する予定です. ３泊です.	교우까라 산빠꾸 요테이데스. 산빠꾸데스.
두 사람이 3박 예정입니다.	
2人で3泊の予定です.	후타리데 산빠꾸 요테이데스
하룻밤 얼마입니까?	
一晩いくらですか.	히토방 이쿠라데스까
조용한 방으로 부탁합니다.	
静かな部屋にお願いします.	시즈까나 헤야니 오네가이 시마스
6시에 모닝콜 부탁합니다.	
六時にモーニングコールお願いします.	롯꾸지니 모닝구 코-루 오네가이시마스
아침 식사가 포함되어 있나요?	
朝食込みですか.	쵸우쇼쿠 코미데스까
아침 식사는 몇 시부터 몇 시까지입니까?	
朝食は何時から何時までですか.	쵸우쇼쿠와 난지까라 난지마데 데스까
아침 식사 장소는 어디입니까?	
朝食は何処でとりますか.	쵸우쇼쿠와 도꼬데 토리마스까
짐을 맡기고 싶습니다.	
荷物を預かりたいです.	니모츠오 아츠카리타이데스
2시 정도에 찾으러 오겠습니다.	
2時くらいに取りに来ます.	니지쿠라이니 토리니 기마스
짐을 찾으러 왔습니다.	
荷物を取りに来ました.	니모츠오 토리니 기마시타
계산이 잘못된 것 같습니다.	
計算違いがあるようです.	계-산치가이가 아루요우데스
하룻밤 더 묵을 수 있나요?	
もう一晩泊まれますか.	모우 히토방 토마레마스까

룸 서비스 부탁합니다.	
ルームサービスをお願いします.	루므사비스오 오네가이시마스

옆방이 시끄러워 잠을 잘 수 없습니다.	
隣の部屋がうるさくて´眠れません.	토나리노 헤야가 우루사꾸떼 네무레마셍

다른 방으로 옮길 수 없을까요?	
他の部屋に変えることができませんか.	호카노 헤야니 가에루코토가 데끼망셍까

드라이어가 고장이 나서 사용할 수 없습니다.	
ドライヤーが故障で使えません.	도라이야-가 코쇼우데 츠카에마셍

에어컨: エアコン(에아콘), 조명: 照明(소-메이), 전화기: 電話(뎅와)	

타올을 바꿔주세요.	
タオルを取り替えてください.	타오루오 토리가에떼 구다사이

화장실(세면대)의 물이 잘 안 내려가는데요.	
トイレ（洗面台）の水がよく流れないんですが	토이레(센멘다이)노 미즈가 요쿠 나가레나인데스가

텔레비전 전원이 들어오지 않는데요.	
テレビの電源が入らないですけど	테레비노 덴겐가 하이라나이데스게도

방에서 와이파이를 사용할 수 있습니까?	
部屋でWiFiを使えますか.	헤야데 와이파이오 츠카에마스까

와이파이 패스워드를 알려주십시오.	
WiFiパスワードを教えてください.	와이파이 파스와-도오 오시에떼구다사이

열쇠를 잃어버렸습니다.	
鍵をなくしてしまいました.	카기오 나쿠시떼 시마이마시타

방에 열쇠를 두고 나왔습니다.	
部屋に鍵を置き忘れました.	헤야니 카기오 오끼와스레마시타

시트(타올)을 갈아주시겠습니까?	
シーツ（タオル）を換えてもらえますか.	시-츠(타오루)오 카에테 모라에마스까

방 청소를 해주세요	
部屋を掃除してください.	헤야오 소우지시테 구다사이
아직 방 청소가 안 된 것 같은데요.	
まだ部屋の掃除がされてないようです.	마다 헤야노 소우지가 사레테나이요우데스
12시까지 청소하지 말아 주세요.	
１２時まで掃除しないでください.	쥬니지마데 소우지시나이데 구다사이

존칭: 가능한 존칭을 사용하면 좋겠지만 관광객 입장에서 특별히 존칭을 사용하지 않더라도 거부감이 없기 때문에 평어로 표현하도록 한다. 예를 들어, "짐을 가지러 오겠습니다."를 표현하는 경우에 평어는 "荷物を取りに来ます.(니모츠오 토리니 기마스)", 존칭으로는 "荷物を取りに参ります.(니모츠오 토리니 마이리마스)"로 표현할 수 있다. 후자의 경우는 겸양어로 자신을 낮춰 말하는 것이지만 굳이 그렇게까지 할 필요가 없다는 것이다. 숫자를 세는 단어는 비슷하지만 발음이 미묘하게 차이가 있다. 굳이 일본어로 표현하기 어려운 경우는 영어로 표현하면 의사소통에 크게 지장이 없다.

시간(시): 一時(이찌지), 二時(니지), 三時(산지), 四時(요지), 五時(고지), 六時(로꾸지), 七時(시찌지), 八時(하찌지), 九時(구지), 十時(쥬-지), 十一時(쥬-이찌지), 十二時(쥬-니지)

숙박(박): 一泊(잇빳꾸), 二泊(니하쿠), 三泊(산빠쿠), 四泊(욘하쿠), 五泊(고하쿠),

사람 수(인): 一人(히토리), 二人(후타리), 三人(산닝), 四人(요닝), 五人(고닝), 六人(로쿠닝), 七人(나나닝)

[교통 및 길 찾기]

역(화장실)은 어디입니까?	
駅(トイレ)はどこですか.	에끼(토이레)와 도꼬데스까
매표소 : 切符売り場(깃뿌우리바), 은행 : 銀行(긴꼬우), 백화점 : デパート(데빠-토) 코인락커 : コインロッカー(코인 롯카-), 식당 : 食堂(쇼쿠도우)	
~까지 가고 싶습니다.	
~まで行きたいです.	~마데 이끼다이데스.
OO호텔까지 부탁합니다.	
OOホテルまでお願いします.	OO호테루마데 오네가이시마스
요금은 얼마입니까?	
料金はいくらですか.	료낀와 이꾸라데스까
공항은 어떻게 가야 합니까?	
空港はどう行けばいいですか.	쿠오꼬우와 도우 이케바 이이데스까
이 근처에 지하철 역은 있나요?	
このあたりに地下鉄駅はありますか.	코노아타리니 치까테츠에끼와 아리마스까
신주쿠행은 몇 번 홈입니까?	
新宿駅は何番ホームですか.	신주꾸에끼와 난방 호-무데스까
이 열차는 시부야행입니까?	
この列車は渋谷行きですか.	코노 렛샤와 시부야 유끼데스까
어디에서 갈아 타나요?	
どこで乗り換えればいいですか.	도꼬데 노리카에레바 이이데스까
다음 역은 어디입니까? / 다음 역은 이케부쿠로역입니까?	
次の駅はどこですか.	스기노 에끼와 도꼬데스까
次の駅は池袋駅ですか.	스기노 에끼와 이께부꾸로에끼데스까
시부야 역에서 야마노테선으로 갈아타세요.	
渋谷駅で山手線に乗り換えてください.	시부야에끼데 야마노테센니 노리카에떼 구다사이

이 자리는 비어있나요?	
この席は空いていますか.	고노 세끼와 아이떼이마스까
여기가 어디인가요?	
ここはどこですか.	고꼬와 도꼬데스까
길을 잃어버렸습니다.	
道を失ってしまいました.	미찌오 우시낫떼 시마이마시따
걸어서 갈 수 있나요?	
歩いて行ける距離ですか.	아루이떼 이케루 교리데스까
여기에서 가깝습니까?	
ここから近いですか.	고꼬까라 치까이데스까
직진하세요.	
直進してください.	촛신시테테 구다사이
真っすぐ行ってください.	맛수구 잇떼 구다사이
사거리에서 오른쪽(왼쪽)으로 돌아가세요.	
交差点で右（左）に曲がってください.	코사텐데 미기(히다리)니 마갓떼 구다사이
시간은 어느 정도 걸립니까?	
時間はどのくらいかかりますか.	지깐와 도노구라이 가까리마스까
택시를 불러 주세요.	
タクシーを呼んでください.	타쿠시오 욘데 구다사이
택시 승강장이 어디입니까?	
タクシー乗り場はどこですか.	타쿠시노리바와 도꼬데스가
이 주소로 가 주세요.	
この住所へおねがいします.	고노 쥬쇼에 오네가이시마스
트렁크 좀 열어주시겠습니까?	
トランクを開けてください.	토랑쿠오 아케떼 구다사이

다음 신호에서 세워주세요.	
次の信号で止めてください.	스기노 신고-데 도메떼구다사이
거스름 돈은 안주셔도 됩니다.	
おつりは要りません.	오츠리와 이리마셍

[쇼핑]

얼마입니까?	
いくらですか.	이꾸라데스까
근처에 백화점이 있습니까?	
近くにデパートがありますか.	치까꾸니 데빠-토가 아리마스까?
편의점: コンビニ(콘비니), 드럭스토어: ドラッグストア(도락구스토아), 약국: 薬局(얏교꾸), 슈퍼마켓: スーパー(스-파-)병원: 病院(비요인), 경찰서: 警察署(케이사츠쇼)	
오픈 시간은 몇 시입니까?	
開店時間は何時ですか.	카이텐지깐와 난지데스까
카메라 코너는 어디입니까?	
カメラコーナーはどちらですか.	카메라 코나와 도찌라데스까
장난감은 몇 층입니까?	
おもちゃは何階ですか.	오못챠와 난까이데스까
이것은 면세품인가요?	
これは免税品ですか.	코레와 멘제이힌데스까
그냥 둘러보고 있습니다.	
ただ見ているだけです.	타다 미테이루다케데스
시계를 보여주세요.	
時計を見せてください.	토케이오 미세떼구다사이
가방: 鞄(가방), 모자: 帽子(보우시), 화장품: 化粧品(게쇼우힌), 향수: 香水(코우스이)	

다른 디자인을 보여주세요.	
他のデザインを見せてください.	호카노 데자인오 미세떼구다사이
다른 색상은 없습니까?	
他の色はありませんか.	호카노 이로와 아리마셍까
입어봐도 됩니까?	
着て見てもいいですか.	키떼미떼모 이이데스까
사이즈가 너무 큰데요(작은데요).	
サイズが大き（小さ）すぎます.	사이즈가 오오끼(찌이사)스기마스
조금 더 저렴한 것은 없나요?	
もうちょっと安いのはありませんか.	모우 촛또 야스이노와 아리마셍까
이것으로 하겠습니다.	
これにします.	코레니 시마스
포장해주세요.	
包んでください.	츠 데 구다사이
包装お願いします.	호우소우 오네가이시마스
별도로 포장해주세요.	
別別包んでください.	베츠베츠 츠 데 구다사이
봉투에 넣어주세요.	
袋に入れてください.	후쿠로니 이렛떼 구다사이
세금 포함 가격인가요?	
税金込みの値段ですか.	제-킨코미노 네당데스까
신용카드로 지불해도 되나요?	
カードで支払えますか.	카-도데 시하라에마스까
면세 절차 부탁합니다.	
免税手続き お願いします.	맨제이 데츠즈키 오네가이시마스

좀 더 할인해주실 수 있나요?	
もう少し安くしてもらえますか.	모우 스코시 야스쿠시테 모라에마스까
다른 것으로 교환 가능한가요?	
別の物に交換できますか.	베츠노 모노니 코우깐 데끼마스까
반품 가능한가요?	
返品できますか.	헨삥 데끼마스까
환불이 가능한가요?	
払い戻しできますか.	하라이모도시 데끼마스까
환불해 주세요.	
払い戻してください.	하라이모도시떼구다사이

[식당]

이 근처에 OOO식당이 있나요?/이 근처에 저렴하고 맛있는 가게가 있습니까?	
この近くにOOO食堂がありますか.	고노 치카쿠니 OOO쇼쿠도-가 아리마스까
この近くに安くて美味しいお店があります か.	고노 치카쿠니 야스쿠테 오이시이 오미세가 아리마스까
이 근처에서 유명한 레스토랑을 소개해주세요.	
この辺で有名なレストランを紹介してくださ い.	고노헨데 유우메-나 레스토랑오 쇼까이시 떼 구다사이
예약을 해야 합니까?	
予約が必要ですか.	요야쿠가 히츠요-데스까
그 집은 어떻게 찾아가야 합니까?	
その店にはどう行けばいいですか.	소노 미세니와 도우이케바 이이데스까
이 레스토랑에서 추천하는 메뉴(요리)는 무엇입니까?	
このレストランでお勧めするメニュー(料理)は何ですか.	고노 레스토랑데 오스스메스루 메뉴(료우 리)와 난데스까

가볍게 식사를 하고 싶습니다.	
軽い食事をしたいです.	가루이 쇼쿠지오 시타이데스
금연석(흡연석)으로 부탁합니다.	
禁煙席（喫煙席）でお願いします.	킨엔세끼(기츠엔세끼)데 오네가이시마스
죄송합니다만 메뉴판 주세요.	
すみません. メニューをください.	스미마셍. 메뉴오 구다사이
주문 받아주세요.	
注文お願いします.	추–몬 오네가이시마스
무엇이 가장 빨리 됩니까?	
何が一番早くできますか.	나니가 이찌방 하야쿠 데끼마스까
이것은 무슨 요리입니까?	
これはどんな料理ですか.	고레와 돈나 료우리데스까
이것으로 2인분 주세요.	
これで2人前ください.	고레데 니닝마에 구다사이
1인분：1人前(이찌닝마에), 2인분：2人前(니닝마에), 3인분：3人前(산닝마에), 4인분：4人前 (요닝마에)	
마실 것은 무엇이 있나요?	
飲み物は何がありますか.	노미모노와 나니가 아리마스까
저도 같은 것으로 부탁합니다.	
私にも同じものをお願いします.	와타시니모 오나지 모노오 오네가이시마스
주문한 요리가 아직 나오지 않았습니다.	
注文した料理がまだ出てきません.	추–몬시타 료우리가 마다 데떼기마셍
이거 맵습니까?	
これは辛いですか.	고레와 카라이데스까
달다：甘い(아마이), 시다：酸っぱい(슷빠이), 떫다：渋い(시부이), 쓰다：苦い(니가이), 짜다：塩辛い(시오카라이), 싱겁다：薄い(우스이)	

차가운 물 부탁합니다.	
お水（お冷）お願いします.	오미즈(오히야) 오네가이시마스
뜨거운 물 : お湯(오유), 차 : お茶(오챠), 녹차 : 緑茶(료쿠챠), 물수건 : お絞り (오시보리)	
소금 좀 갖다 주세요.	
塩をいただけますか.	시오오 이타다케마스까
파를 제외하고 부탁합니다.	
ネギ抜きでお願いします.	네기 누끼데 오네가이시마스
김 : 海苔(노리), 고추냉이 : 山葵(와사비), 계란 : 卵(타마고), 고기 : 肉(니꾸)	
한 병 더 주세요.	
もう一本お願いします.	모우 잇뽕 오네가이시마스
물(밥) 좀 더 주세요.	
お水（ライス）おかわりお願いします.	오미즈(라이스) 오카와리오네가이시마스
계산 부탁합니다.	
お勘定お願いします.	오간죠 오네가이시마스
따로 따로 계산해주세요.	
別別計算してください.	베츠베츠 계-산시떼구다사이
같이 해주세요.	
一緒お願いします.	잇쇼니 오네가이시마스
영수증 부탁합니다.	
レシートお願いします.	레씨-토 오네가이시마스

가성비 좋은
여행을 위한 정보

'가성비 좋은 여행' 은 어떤 여행을 의미하는 것이며
가성비 좋은 도쿄 여행을 위한 물가, 교통 시스템, 음식 등
여행에 필요한 기본적인 정보에 대해 알아보자.

가성비 좋은 여행이란?

'가성비'는 영어로 'Cost Performance Ratio'라 하며, 물건의 가치를 평가할 때 '가격 대비 성능'을 말한다. 가격이 높으면서 성능이 좋은 것은 당연한 논리다. 하지만, 가격이 낮으면서 성능을 좋은 제품을 "가성비가 높다" 또는 "가성비가 좋다"고 표현한다. 예를 들어, 같은 여행지인데 다른 여행에 비해 저렴하게 다녀오는 경우, 같은 금액인데 보다 알찬 여행을 즐기는 경우 가성비 좋은 여행이라 할 수 있다. 이 가성비는 모든 제품이나 서비스에 적용되는 단어다. 비즈니스 세계에서는 ROI(Return On Investment)라 하며, 우리말로 표현하면 '투자 대비 수익률'이다. 주식이나 채권을 비롯한 금융상품을 비롯하여 특정 제품의 개발에 투입되는 비용에 대해 회수할 수 있는 수익을 따진다.

이 가성비는 우리의 생활 속에 잠재되어 있다. '가성비'라는 단어를 사용하지는 않지만 항상 가성비를 생각하고 따지고 있다. 시골 장터에서 할아버지, 할머니가 시장을 돌며 한 푼이라도 깎으려 하는 것, 주부가 쇼핑을 하면서 기왕이면 저렴한 제품을 구입하기 위해 노력하는 것도 가성비를 좋게 하기 위한 노력이다. 같은 제품이라면 저렴하게 구입하는 것이 가성비를 높이는 것이기 때문이다. 학생이나 직장인도 그렇다. 컴퓨터나 스마트폰을 구입하더라도 이것 저것 따져보며 구입하게 된다. 친구나 동료들과 제품의 디자인이 어떻고, 메모리가 얼마나 되고, 어떤 기능이 있고 가격이 얼마인지 이야기를 나누는 것도 가성비를 따지는 정보교환인 것이다.

여행을 하면서 가성비를 따지는 것은 당연한 경제활동이라 할 수 있다.

특히, 상대적으로 많은 비용을 지불해야 하는 해외여행은 가성비를 따지지 않을 수 없다. 사람에 따라서는 인생에 있어 몇 번 안 되는 해외여행을 떠나면서 가성비를 따지지 않는다는 것은 돈이 아주 많은 사람이거나 경제적인 감각이 없는 사람이라 할 수 있다. 특히, 부모로부터 원조를 받거나 아르바이트를 해서 돈을 모아 여행을 떠나는 대학생이나 쥐꼬리만한 봉급 중 일부를 떼서 저축해가며 해외여행을 떠나는 직장인들이라면 당연히 가성비 좋은(높은) 여행을 생각할 것이다.

그러면, 해외여행에 있어 가성비가 좋은 여행은 무엇을 말하는가?
당연한 이야기이겠지만 최소한의 비용으로 많은 곳을 들르면서 많이 보고, 체험하고 느끼는 것이다. 아울러 좋은 추억을 많이 남기는 여행일 것이다. 최소한의 비용에 대한 감각은 개인차가 크다고 할 수 있다. 수입이 거의 없는 학생과 수입이 있는 직장인, 같은 직장인이더라도 수입 금액에 따른 감각의 차이도 있으며 같은 수입을 올리는 사람이라도 비용에 대한 개인차가 있기 마련이다. 예를 들어, 경제적으로 넉넉한 사람은 해외여행 경비로 100만원은 그리 큰 금액으로 생각하지 않을 수도 있지만 아르바이트를 하는 대학생이나 봉급을 쪼개 여행 비용으로 저축하는 직장인들은 100만원이 크게 느껴진다. 따라서, 이 책에서는 금액에 대한 절대적인 기준으로 고가, 저가를 논하기보다는 상대적으로 저렴하게 여행할 수 있는 방법을 제시하고자 한다. 당연히 금액(비용)을 제시하겠지만 할인 티켓이나 기본 요금으로 여행을 할 때보다 효율적인 비용으로 여행하는 방법을 제시하고자 한다.

'가성비 좋은 도쿄의 테마 여행'이 되기 위한 팁과 여러 방법을 제공한다고 생각하면 될 것이다. 몇 가지 테마를 정해 도쿄 여행을 제안하고자 한다.

패키지 여행이 아닌 자유여행을 할 때는 여행을 떠나기 전에 무엇을 볼 것인가에 대한 고민이 있어야 한다. 그래야 알차게 코스를 설계하고 정해진 시간 내에서 많은 것을 보고 얻을 수 있다. 이 책에서 안내하는 모든 노선이나 모든 여행지를 다닐 수는 없다. 여행하고자 하는 목적이나 여건에 맞춰 적당히 조합해가면서 여행을 즐기는 지혜가 필요하다. 가성비 좋은 여행으로 만드는 것은 독자 여러분의 몫이라 할 수 있다. 이 책에서 제공하는 내용과 유사한 코스의 패키지 여행상품이나 물가의 변동에 따른 가격의 차이, 특별한 이벤트 등을 통해 보다 저렴한 비용으로 여행을 즐기는 것은 예외로 한다.

가성비 좋은 여행을 위한 팁

가성비 좋은 여행을 위한 기본적인 내용을 알아보자. 해외여행을 많이 다녀본 사람이라면 개인마다 다양한 팁을 갖고 있을 것이다. 비용에서 가장 중요한 것은 이동을 위한 교통비, 잠을 자기 위한 숙박비용, 먹을 것을 해결해야 하는 식비가 중심이 된다. 물건을 구입하기 위한 쇼핑이나 특정 시설을 입장하기 위한 입장료는 예외로 한다.

Tip1. 사전 정보를 최대한 많이 취득한다.

해당 목적지에 대한 교통과 시설에 대한 각종 정보를 취득한다. 여행관련 책자 또는 각종 정보지가 있으며 인터넷을 통해서도 많은 정보를 얻을 수 있다. '아는 만큼 보인다'는 말이 있듯이 많은 정보를 취득하고 여행을 하게 되면 시간과 비용을 절약할 수 있고 많은 것을 보고 즐길 수 있는 가성비 좋은 여행이 될 수 있다. 아울러 목적지에 대해 얻을 수 있는 정보도 많아지고 시각도 달라진다. 단순히 휴양으로 가는 여행이 아니라면 사전에 정보를 취득하는 노력을 게을리하지 말아야 한다. 도서관이나 인터넷을 활용하면 여행하고자 하는 지역의 정보를 쉽게 얻을 수 있다. 조금만 노력을 하면 노력한 가치의 몇 배 이상으로 보상을 받을 수 있다.

Tip2. 숙박은 가능한 2인 1실을 이용한다.

숙박은 호텔보다는 게스트하우스나 민박이 저렴하다는 것은 누구나 아는 사실이다. Airbnb와 같은 숙박중계 사이트를 이용하면 편리하다. 단, 이러한 숙박시설은 호텔에 비해 약간의 불편함을 감수해야 할 것이다. 여러 명이 같은 방에서 지낸다거나 욕실을 공동으로 사용하는 불편함, 별도의 룸 서비스를 받을 수 없다는 점 등은 감수해야 한다. 이러한 게스트하우스나 민박이 아닌 호텔의 경우라면 당연한 것이지만 트윈이 싱글 요금에 비해 저렴하다. 싱글 룸에서 남에게 방해를 받지 않고 여유롭게 숙박이 가능하다면 더 없이 좋은 여행이겠지만 가성비를 따지는 입장에서는 어느 정도의 불편함은 감수해야 한다. 세 명이 한 실에 들어가고 싶다면 엑스트라 베드(Extra Bed)를 제공받을 수 있다. 이는 호텔에 따라 제공되는 곳도 있고 그렇지 않은 곳도 있다. 사전에 체크하도록 해야 한다.

Tip3. 호텔 조식권을 포함하지 않는 것이 저렴하다.

패키지 여행이라면 패키지 상품 안에 포함되겠지만 개인적으로 여행사나 호텔 예약 사이트를 통해 예약하는 경우에 해당된다. 일반적으로 호텔에서 제공하는 아침 식사를 포함하는 가격과 포함되지 않은 가격이 있는데 호텔 조식권이 포함되면 포함되지 않은 금액에 비해 1박당 10,000원(1,000엔) 내외의 추가 요금이 발생한다. 따라서, 조식권을 포함시키지 않는 것이 저렴하다. 아침식사를 호텔에서 해결하지 않고 외부에서 해결하는 것이 비용을 절약할 수 있다. 특히, 일본에는 직장인을 위한 저렴한 소고기 덮밥(규동), 우동이나 메밀면(소바) 식당이 많이 있다. 보통 3,000원(300엔) 대에서 5,000원(500엔) 대에서 해결할 수 있다. 그러한 식당이 아니라면 편의점이나 도시락 전문점에서 도시락을 구입하여 호텔에서 해결하는 것도 좋은 방법이다. 일본은 도시락 문화가 발달하여 어디를 가도 질 좋은 도시락이 많이 있다. 뷔페식의 호텔 조식보다는 일본의 현지 식문화를 한 번이라도 더 체험할 수 있는 식당이나 도시락을 권장한다.

Tip4. 휴대용 Wifi 단말기는 필수 품목이다.

어디를 가든지 스마트폰의 사용은 필수다. 굳이 여행을 가서 스마트폰 볼 시간이 어디 있느냐고 하는 사람이 있을지 모르겠지만 젊은 세대일수록 뗄래야 뗄 수 없는 필수품이다. 사진을 찍어 페이스북이나 인스타그램과 같은 SNS 사이트에 올리고, 친구들과 단문 메시지를 주고받아야 한다. 통신사에서 제공하는 1일 10,000원 내외의 상품이 있으나 이것보다는 휴대용 Wifi 단말기를 렌탈하는 것이 효율적이다. 특히, 혼자가 아닌 두 사람 이상이라면 휴대용 Wifi 단말기의 가성비는 더욱 높아진다. 여러 명이 접속할 수 있기 때문이다. 가격도 하루 5,000원 내외의 저렴한 비용이기 때문에 세 사람만 간다고 하더라도 하루 2,000원 미만에 인터넷을 마음대로 사용할 수 있다. 미리 예약만 하면 우리나라의 김포 또는 인천 공항이나 일본의 하네다 또는 나리타 공항에서 받아 사용하고 귀국길에 반납하면 된다.

Tip5. 이동은 철도를 중심으로 이용한다.

세계의 대도시는 기본적으로 철도망이 잘 갖춰져 있다. 특히, 도쿄는 철도왕국이라 할 정도로 철도시설이 잘 갖춰져 있다. 환승(갈아타는 것)이 어려울 수 있으나 도쿄는 어느 역이나 안내판에 한글로 표기되어 있어 조금만 신경을 쓰면 그리 어렵지 않다. 환승이 어려운 것은 우리나라 지하철도 마찬가지다. 지방에서 올라온 사람들이 서울 지하철을 탈 때 어려워하는 것과 별반 차이가 없다. 1일 자유이용권 등을 이용하면 더욱 저렴하게 이용할 수 있다. 일본에서 철도를 탈 때 주의해야 할 점은 같은 홈에 들어오는 전철이라 하더라도 보통, 준급, 준특급, 특급, 급행 등 다양한 종류의 열차가 있다는 것이다. 열차의 종류에 따라 정차하는 역이 있고 지나치는 역이 있기 때문에 목적지에 도착하기 위한 노선을 정확히 파악해야 한다. 이에 대한 자세한 내용은 뒤에서 좀 더 자세히 설명하도록 하겠다.

Tip6. 세트 요금 또는 기간제 요금을 활용한다.

하루 동안 몇 번이나 타고 내릴 수 있는 1일 자유이용권과 같이 정해진 기간 내에 반복해서 승차할 수 있는 티켓을 구입하여 활용한다. 또, 특정 시설과 함께 이용할 수 있는 세트 요금제를 적절하게 활용하도록 한다. 일본은 철도회사가 민영화되어 많은 회사가 경쟁을 하기 때문에 각 철도회사마다 다양한 기간제 요금이나 세트 상품을 판매하고 있다. 상품에 따라서는 반값 이하의 비용으로 즐길 수 있다.

Tip7. 코스를 꼼꼼하게 설계한다.

코스를 어떻게 정하느냐에 따라 시간을 절약할 수 있다. 한 번 지나갔던 곳을 중복되지 않고 짧은 시간에 목적지를 도착할 수 있는 코스를 설계해야 한다. 정해진 기간 내에 많은 곳을 돌아보기 위해서는 코스가 중복되지 않도록 설계를 하는 것이 중요하다. 코스 설계에 따라 비용도 절감할 수 있다. 일반적으로 관광을 할 때는 먼 곳부터 가까운 쪽으로 오면서 관광하는 것이 좋다. 숙소가 매일 바뀌는 경우가 아니라면 숙소로 다시 돌아와야 하기 때문에 먼 곳을 먼저 가서 가까운 쪽으로 오면서 관광하는 것이 효율적이다. 인터넷을 활용하면 출발지에서 목적지까지 최단 경로를 제공하는 서비스도 있으므로 이러한 사이트의 정보를 최대한 활용하여 코스를 설계한다.

Tip8. 비용 계획을 꼼꼼하게 세운다.

여행을 떠나기 전에 가장 중요한 것이 비용이다. 가성비를 따지는 경우라면 더욱 중요한 작업이다. 쇼핑 예산이야 구매하고자 하는 물품 가격에 맞춰 세우면 되겠지만 숙박과 이동에 소요되는 비용(경비) 계획을 꼼꼼하게 세워야 나중에 후회하지 않는다. 도쿄에서 할인 티켓으로 1일권, 2일권, 3일권이 있지만 3일권을 구매하면 그 만큼 할인이 되지만 과연 3일 동안 제대로 이용할 수 있는지 따져볼 필요가 있다. 예를 들어, 코스를 설계할 때, 한 두 번만 탑승할 정도의 코스인데 3일권을 모두 구매하는 것은 낭비가 된다. 코스에 따라 1일권이나 2일권을 구매해도 충분한 경우가 많다. 저렴하다고 무조건 구매할 것이 아니라 코스 설계와 함께 어떤 티켓이 경제적일 것인가 고려하여 비용 계획을 세워야 한다.

식사의 경우도 1일당 목표 금액을 세워서 적절하게 배분하여 사용하도록 한다. 하루에 2만원(2천엔)으로 계획한다면 아침과 점심은 500엔 내외로 해결하고 저녁은 1,000엔 정도의 예산으로 해결하도록 한다. 그렇지만 음식을 맛보는 것도 여행의 재미 중 하나이므로 먹는 것에 너무 인색하게 설계하는 것은 바람직하지 않다. 한끼 정도는 고급 레스토랑이나 일본의 전통 음식인 생선초밥(스시)도 즐기는 것이 좋지 않을까?

Tip9. 안내 센터를 잘 활용한다.

각 역마다 관광 안내 센터가 있다. 신주쿠역과 같이 많은 노선이 교차되고 사람이 붐비는 역에는 대부분 안내 센터가 있다. 각 철도회사마다 운영하는 별도의 창구가 있어 여행 상품의 안내나 각종 관광지 정보와 요금을 안내하고 승차권을 구입할 수 있다. 최근에는 한국인이나 한국어가 가능한 스텝이 있어 언어적인 문제도 해결해주기도 한다. 혼자만의 판단으로 움직이다 보면 실수도 할 수 있어 비용 및 시간적으로 낭비할 수 있다. 사소한 것이라도 궁금한 것이 있으면 안내 센터를 이용하여 낭비되지 않도록 하자.

[다국어 안내 서비스를 제공하는 관광 안내소]

Tip10. 무리한 계획은 금물이다.

평생 일본에 몇 번이나 가겠냐며 한 번 가는 김에 많이 보고 느끼겠다며 무리하게 계획을 세우면 안 된다. 여행은 여행다워야 한다. 여행이 행군이 되고 훈련이 되어서는 안 된다. 유럽의 패키지 여행을 간 적이 있었는데 이동거리가 많아서인지 새벽에 일어나 자정이 지나서 다음 호텔에 도착하고, 그 다음날도 새벽에 일어나 이동하다 보니 정작 관광지를 누빌 때는 모두 졸고 있는 웃지 못할 광경을 경험한 적이 있다. 무리하게 계획을 세우면 몸도 피곤하고 제대로 관광을 못 할 수 있다. 코스를 설계할 때 시간을 너무 타이트하게 잡으면 안 된다. 처음 가는 곳이라 중간에 헤매다가 시간이 지체될 수 있으니 반드시 여유 시간을 고려해서 설계하도록 한다. 비용도 마찬가지다. 비용 계획을 세울 때는 가용할 수 있는 자금의 8~90% 내외에서 계획을 세워야 한다. 예상치 못한 비용이 소요될 수 있다는 것을 고려해두어야 한다.

Tip11. 현지인과 접촉하는 것도 여행의 또 다른 즐거움이다.

여행사에서 제공되는 버스를 타고 여행사가 정해준 코스를 따라 가이드가 안내하는 멘트를 들으며 돌아다니는 여행은 진정한 여행이라 할 수 없다. '수박 겉 핥기' 식의 여행이라 할 수 있다. 스스로 목적지를 정하고 계획을 세워, 코스를 정해 대중교통을 타고 다니며 현지 식당에 들어가 주문을 하는 등 현지인과 접촉하면서 여행하는 것이 여행의 또 다른 즐거움이라 할 수 있다. 발로 뛰고 몸으로 부딪치며 하는 여행이 오랫동안 기억에 남는다. 세상에 어디에도 없는 나만의 여행을 즐기는 방법이다. 가이드가 제공하는 여행보다는 이동하는 거리는 짧고 볼 수 있는 것이 적을지라도 직접 체험하는 여행이 훨씬 가치 있는 여행이다. 관광지가 도쿄나 오사카와 같은 대도시라면 더욱 그렇다.

먹고 마시는 노하우

어느 나라를 가든 먹고 자고 이동하는데 비용이 소요되기 마련이다. 특히, 먹는 비용은 뺄래야 뺄 수 없는 예산이라 할 수 있다. 패키지 관광이면 가이드가 알아서 해주지만 개인적으로 떠나는 여행이라면 더욱 신경을 써야 하는 부분이다. 현지의 언어로 소통이 불가능한 경우는 더욱 그렇다. 이동하는데 필요한 교통은 이정표를 보면서 찾아가면 되지만 식당에서는 현지인과 부딪쳐야 하기 때문이다. 일본에서 먹는 비용은 우리나라에 비해 비싼 편이다. 이번에는 일본의 식당에서 가능한 저렴하게 식사를 해결하고 여행의 피로를 풀기 위해 한 잔 마시는 음주 문화에 대해 알아보자.

1. 주문식단제

일본 식당은 기본적으로 주문식단제다. 비용을 지불하지 않는 곁들이 반찬이 거의 없다고 보면 된다. 소고기 덮밥(규동) 집이나 라면을 파는 라면 집에 가보면 주문한 메뉴 하나 밖에 나오지 않는다. 많아야 단무지 두 세 조각이나 오싱꼬라 불리는 채소를 숙성시킨 일본식 김치 정도다. 곁들이 반찬이 아예 없다고 생각하면 된다. 우리나라 사람들 입장에서 보면 간에 기별도 가지 않는다.

[메밀 면(소바) 한 그릇]

갈비집(야끼니꾸)에 가면 사이드 메뉴로 김치나 상추가 있지만 이 메뉴는 별도로 주문해서 비용을 지불해야 한다. 우리나라에서 일식 집에 가면 메인 요리보다 '쯔끼다시(突き出し)'라 불리는 곁들이 반찬이 더 많이 나오는데 우리나라의 일식은 '한국식 일식'일뿐이다. 일본에서는 '오토오시(お通し)'라 하여 주문한 요리가 나오기 전에 간단히 나오는 찬으로 젓갈이나 삶은 콩 또는 오싱꼬 정도만 나온다. 추가로 김치나 상추를 원한다면 비용을 지불해야 한다. 어떤 요리든 메뉴가 추가되면 비용을 지불해야 한다는 점을 기억해야 한다.

일본 식당에 가면 별도의 반찬이 나올 때까지 기다린다거나 요구해서는 안 된다. 일본 사람들 인심이 매정하다고 생각할 수 있으나 일본에서는 추가로 요구하면 돈을 지불하는 것이 당연한 것이다.

2. 서서 먹는 식당

가장 저렴한 식당은 서서 먹는 식당일 것이다. 지금이야 익숙해졌지만 일본에 가서 처음으로 서서 먹는 식당을 보고 문화적 충격을 받았다. 아무리 돈도 중요하지만 저렇게 먹을 때도 불편하게 서서 먹어야 하나 하는 생각을 했었다. 일본에서는 자연스러운 풍경이다.

서서 먹는 식당에서는 주로 우동이나 라면, 메밀면 등을 판다. 우동집의 경우는 250~500엔 내외의 가격이다. 생선초밥(스시)은 조금 비싼 경우로 7~800엔대의 메뉴도 있다. '다찌구이'라 하여 간판에 '立食い' 또는 '立ち喰い'라고 적혀 있으면 서서 먹는 식당이다. 관광객 입장에서 처음 들어가려면 시스템을 몰라 약간 두려움이 있을 것이다. 하지만 히라가나 정도만 읽을 수 있으면 들어가서 "우동" 또는 "소바"라고 말하고 손가락으로 수량만 표시해줘도 주문하는 데는 문제가 없으니 반드시 도전해보시길 권한다.

선불 식당이 있고 후불 식당이 있지만 서서 먹는 식당은 선불이 많다.
최근에는 대부분 메뉴 자판기로 주문하기 때문에 자판기에서 원하는 메뉴의
식권을 구입하여 주문하면 된다. 자판기 중에는 다국어 서비스를 제공하는
곳도 많이 늘었다. 식당의 바깥 또는 안쪽에 자판기가 있어 자판기에서
원하는 메뉴의 식권을 구매한 후 카운터에 올려놓으면 주문한 메뉴의 음식이
나온다.

[서서 먹는 식당(메밀면, 우동)의 전경]

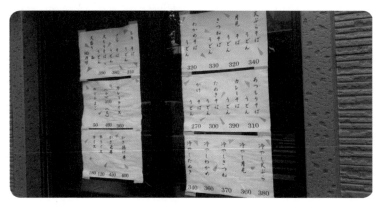

[서서 먹는 식당의 가격표]

비교적 고가로 알려진 생선초밥(스시)을 서서 먹는 식당도 있다. 음식을 먹을 때라도 편하게 앉아 먹으면 좋겠지만 얇은 호주머니를 생각한다면 이렇게 서서 먹는 것도 여행의 즐거움으로 생각하면서 즐기는 것도 좋을 것이다. 가격은 두 개 들이 한 접시에 100엔대에서 250엔대의 사이가 많다. 주의해야 할 점은 상점 밖에 간판에 75엔이라고 적어져 있을 경우에 한 접시인지, 한 개인지 확인해야 한다. 다음의 경우는 1개에 75엔이라고 적혀 있다. 이런 경우 한 접시는 150엔이 된다.

[서서 먹는 생선초밥 식당]

3. 삼각 김밥과 도시락

　일본은 우리나라보다 도시락 문화가 발달해있다. 점심시간 즈음에 회사원이 많은 오피스 빌딩 주변이나 학생들이 많은 캠퍼스 근처의 공원에 가보면 여기 저기 의자에 앉아 도시락을 먹는 광경을 목격할 수 있다. 일본에서 생활할 때 친구들과 편의점에서 도시락과 음료를 구입하여 공원의 벤치에서 수다를 떨며 점심식사를 한 적이 많았다. 일본은 삼각 김밥이나 도시락 문화가 발달하여 웬만한 식당 못지 않은 메뉴와 질을 보장한다.

우리나라의 삼각 김밥도 일본에서 들어온 식문화라 할 수 있다. 개인차는
있겠지만 삼각 김밥 한 두 개면 충분히 한 끼를 때울 수 있다.

[편의점에 진열된 각종 도시락]

편의점 외에도 거리에 도시락 전문점이 있다. 이 도시락 전문점은
편의점보다 더 질 좋은 도시락이 많다.

[도시락 전문점]

관광을 가서 매 끼니를 도시락으로 때울 수는 없겠지만 한 번쯤 도시락으로 요기를 하는 것도 좋을 것이다. 특히 호텔에서 조식을 포함하지 않은 경우라면 아침에 가까운 편의점에서 도시락이나 삼각 김밥을 구입하여 호텔에서 먹는 것도 돈을 절약할 수 있는 방법의 하나다.

4. 생선초밥(스시)

아마도 일본 요리 중에 세계적으로 가장 많이 알려진 요리가 '스시(寿司)'라 불리는 생선초밥이 아닌가 생각된다. 일본은 바다로 둘러싸인 섬나라로 생선이 많이 나오고 전통적으로 벼농사를 지어 쌀을 주식으로 하는 환경에서 이 두 가지 식재료를 가장 어울리게 먹는 방법이 생선초밥이다. 손으로 주물러 만든 것을 '니기리 스시', 김, 해초류 등으로 말아서 만든 것을 '마끼 스시'라 한다. 생선초밥은 대체적으로 고가에 속한다. 좌석이 있는 일반 식당에서 두 사람이 생선초밥을 먹을 경우, 최소 10만원 이상의 비용을 지불해야 한다. 물론 그만큼 서비스는 좋지만 가성비를 따지는 입장이라면 부담스러운 금액이다.

그래도 일본 여행을 왔으니 현지에서 생선초밥을 먹어보겠다면 비교적 저렴한 회전초밥(回転寿司)식당이나 서서 먹는 생선초밥 식당을 권한다. 생선초밥도 일본 전통 요리이지만 여기에 일본인 독특한 아이디어가 만들어낸 시스템이 '회전초밥'이다. 중앙의 주방을 중심으로 손님들이 둥그렇게 둘러앉고 그 앞에는 컨베이어 벨트처럼 생긴 이동장치 위에 생선초밥이 담긴 접시가 돌아가면 손님은 제 자리에 앉아서 먹고 싶은 종류의 생선초밥을 선택해서 먹을 수 있는 시스템이다. 생선의 종류에 따라 가격이 다르기 때문에 접시의 색깔로 가격이 구분되도록 각기 다른 색상의 접시에 담겨있다. 입맛에 따라, 주머니 사정에 따라 원하는 접시를 골라 먹을 수 있다. 주방에서는 손님들이 비운 접시를 확인하면서 생선초밥을 보충하기 때문에 수요와 공급의 균형을 맞출 수 있다. 우리나라에서도 많이 도입되어 있기 때문에 그리 낯설지는 않을 것이다.

회전초밥 식당의 가격은 저렴한 것은 두 개 들이 한 접시에 100엔대이며 비싼 생선의 경우 200엔, 300엔, 400엔대까지 있다. 물론 식당에 따라 약간의 차이는 있다. 접시의 색상에 따라 가격이 다르니 주머니 사정을 고려하여 잘 선택하여 즐기도록 한다. 150엔에서 200엔 정도의 생선초밥을 5~7 접시 먹었다면 10,000원대에 해결할 수 있다. 국물이 필요하면 된장국인 '미소시루'를 별도로 주문하면 된다.

서서 먹는 식당에서도 언급했듯이 '서서 먹는 생선초밥(立ち喰い寿司)' 식당에서 즐기는 것도 저렴하게 생선초밥을 먹을 수 있는 방법의 하나다.

[회전초밥 식당]

5. 덮밥 요리(규동)

　일본에는 수 많은 덮밥 요리가 있다. 식당에 들어가면 'OO丼'이라 쓰여진 요리는 덮밥 요리다. 'OO동'으로 발음한다. 한자의 모양에서 알 수 있듯이 우물 정(丼)에 점이 들어가 있어 가운데 얹어놓은 듯한 형상이다. 우리에게 가장 많이 알려진 음식이 소고기 덮밥인 '규동(牛丼)'이다. 200엔대 후반부터 300엔 중반대의 가격으로 충분히 한 끼를 해결할 수 있다. 얇게 썬 소고기와 양파를 삶아 쌀밥 위에 얹어놓은 요리다. 취향에 따라 베니쇼가(紅生姜)라 불리는 빨간색 생강을 넣거나 7가지 맛의 고춧가루(七味: 시찌미)를 뿌려 먹는다. 김치나 샐러드(일본식 표현: 사라다)를 추가 주문하여 먹는다고 해도 500엔 내외에서 해결할 수 있다.

　보통 규동 식당은 자판기를 통해 식권을 구입한 후 카운터에 앉아 식권을 내놓으면 음식이 나온다. 최근의 자판기는 다국어 기능을 지원하고 있어 한국어로도 식권을 구매할 수 있어 일본어를 모른다 할지라도 그리 어려움 없이 구매할 수 있다.

[규동 요리]

소고기 덮밥은 프랜차이즈 가게가 많은데, 일본에 가장 많은 점포를 운영하고 있는 곳은 마쯔야(松屋), 요시노야(吉野家), 스끼야(やき家) 세 곳이다. 일본의 어느 지역을 가더라도 세 식당 중 한 곳은 있다고 할 정도로 많은 규동집이 있다.

[규동 체인점 중 하나인 요시노야]

소고기 대신 돼지고기를 얹은 부따동(豚丼), 튀김을 얹으면 텐동(天丼), 장어를 얹은 우나기동(ウナギ丼), 돈까스를 얹은 가쯔동(かつ丼), 새우를 얹으면 에비동(エビ丼), 닭과 계란을 얹어 오야꼬동(親子丼)이라고 한다. 여기에서 재미있는 것은 오야꼬(親子)는 부모와 자식을 말하는데, 닭이 어미이고 계란이 자식이라 하여 오야꼬(親子)라 부른다. 이와는 달리 돼지고기와 계란을 얹은 덮밥을 타닌동(他人丼)이라 하는데 돼지와 계란은 타인이라는 의미에서 그러한 이름이 붙었다고 한다. 이와 같이 일본은 다양한 덮밥 요리가 있으며 재미있는 이름도 많다. 이러한 덮밥 요리는 어느 재료를 얹느냐에 따라 가격이 차이가 있다. 500~800엔 내외의 가격이다.

6. 면 요리(라면, 우동, 메밀면)

우리나라에서도 많이 볼 수 있는 면 요리다. 최근 몇 년 사이에 우리나라에도 일본 라면 집이 늘어났다. 우리나라와 달리 식당에서 판매하는 라면은 인스턴트 라면이 아니라 생라면이다. 다양한 면발의 생면에 식당에서 우려 낸 국물과 다양한 식재료를 가미하여 라면을 요리한다. 일본은 각 지역별로 라면이 발달하여 특색을 지니고 있다. 북쪽으로 홋카이도(北海道) 지방의 삿뽀로(札幌) 라면에서부터 남쪽의 후쿠오까(福岡) 지방의 하카타(博多) 라면 등 지역에 따라 면의 굵기나 찰기, 국물을 내는 재료, 첨가되는 양념 등이 다르다. 하카타 라면은 돼지 뼈로 우려낸 국물을 사용하는 반면, 삿뽀로 라면은 일본식 된장인 미소를 이용하여 국물 맛을 낸다. 면의 굵기도 다르고 들어가는 양념이 다르다. 들어가는 재료에 따라 이름이 정해지기도 한다. 김치가 들어가면 김치 라면, 파가 들어가면 네기 라면, 간장의 쇼유 라면, 된장의 미소 라면 등 셀 수 없이 많은 종류의 라면이 있다. 라면 가격은 500엔 내외로 형성되어 있다.

[하카타 라멘]

일본에 전통 면 요리 중 메밀 면과 우동을 빼놓을 수 없다. 메밀 면은 우리나라에서도 일본식 발음인 '소바(蕎麦 : そば)'라는 단어를 그대로 사용하는 경우도 있다. 우동(うどん) 역시 우리말과 발음이 같다.

먹는 방법에 따라 크게 두 가지가 있는데 보통 우동이나 소바 앞에 '자루'가 들어가 '자루 우동', '자루 소바'라 하는데 이는 우동 또는 메밀 면과 쯔유(汁)라 불리는 국물이 따로 나와 국물에 면을 적셔서 찍어먹는 우동이나 메밀 면을 말한다. 또 하나는 '가케' 또는 '붓카케'라는 단어가 들어가 '가케 우동(소바)' 또는 '붓카케 우동(소바)'이 있는데, '가케'가 들어가면 우리들이 흔히 먹는 국물의 우동을 말하고 '붓카케'가 들어가면 우동 그릇에 면을 넣고 취향에 따라 '쯔유'를 붓고 파와 같은 간단한 양념을 추가하여 먹는 국물 우동이다.

[자루 소바]

7. 햄버거와 커피숍

세계 어느 나라를 가도 햄버거를 먹을 수 있다. 일본도 맥도날드, 롯데리아, 버거킹 등 우리에게도 친숙한 체인점이 운영되고 있다. 종류나 주문 방법은 우리와 크게 차이가 없어 쉽게 접근할 수 있다. 단, 한 끼 정도는 괜찮겠지만 일본까지 가서 현지식이 아닌 햄버거를 먹는다는 것은 아깝다는 생각이 든다. 가격대도 우리와 큰 차이가 없어 부담이 없이 먹을 수 있는 음식이다.

커피숍도 우리와 큰 차이가 없다. 세계적인 체인 스타벅스를 비롯하여 르노와르와 같은 일본 체인점도 있다. 우리나라처럼 많은 수는 아니지만 어디에서나 쉽게 볼 수 있다. 필자의 경험으로 권한다면 백화점과 같은 고층 빌딩의 커피숍의 이용을 권하고 싶다. 예를 들어, 신주쿠 역사에 붙어있는 오다큐(小田急)백화점의 11층에 있는 브릴란트(Brillant) 커피숍은 신주쿠 고층건물들을 한 눈에 관망할 수 있다. 커피 가격도 550엔 정도로 신주쿠 도심을 관망하면서 커피를 즐기는 일석이조의 효과를 누릴 수 있는 것을 생각하면 그리 비싼 것만은 아니다.

[커피숍에서 바라본 신주쿠 거리]

8. 기타 일본 먹을거리와 마실 거리

일본의 요리는 우리나라에도 많이 소개되어 있어 익숙한 요리가 많다. 그 중 대표적인 요리 몇 가지를 살펴보면,

생선 회(사시미: 刺身)

일본어로 '사시미(刺身)'라 하는데 우리나라 사람들 중에서도 일본어를 그대로 사용하는 사람들이 많다. 신선도가 높은 어패류를 잘게 썰어 간장(쇼유), 겨자(와사비), 생강을 곁들여 먹는 음식이다. 야채나 해초류와 함께 먹기도 한다. 일본 요리이긴 하지만 우리나라 사람들의 1인당 소비량이 일본보다 앞선다고 한다. 그만큼 우리나라 사람들도 좋아하는 음식이다. 일본에서 생선 회를 즐기기에는 가격적인 부담이 많다. 특히, 우리나라처럼 곁들이 찬이 없어 비용 면에서 부담스러울 수 있다.

튀김(덴뿌라: 天婦羅´ 天ぷら)

생선류과 어패류 또는 고구마, 가지, 호박 등의 야채를 밀가루와 계란에 묻혀 기름에 튀긴 요리다. 저렴한 서서 먹는 식당에서부터 고급 요정에 이르기까지 어디에서나 접할 수 있는 대중적인 요리라 할 수 있다. 우리나라 분식점에서도 쉽게 먹을 수 있는 음식이다. 음식점 골목에 가보면 튀김 전문점이 많다. 튀김 전문점은 비교적 고가이며 선술집인 이자카야에서 비교적 저렴하게 먹을 수 있다.

샤부샤부(しゃぶしゃぶ)

의성어로 우리말로 표현하면 '살랑살랑'에 해당된다. 얇게 썬 고기(쇠고기, 돼지고기, 닭고기 등)를 야채, 두부 등을 끓인 물에 넣어 살짝 데쳐서 간장,

참기름 등에 찍어서 먹는 음식이다. 일본에서도 약간은 고가인 고급 요리라 할 수 있으며 한국도 비슷한 실정이다. 최하 3~5,000엔이상으로 가성비를 따지는 여행객 입장에서 즐기기에는 약간은 부담스러운 가격의 음식이라 할 수 있다.

[샤부샤부]

돈까스(豚カツ)

우리나라에서도 즐겨먹는 음식으로 돼지고기를 밀가루, 계란, 전분 등에 묻혀 기름에 튀긴 요리다. 여기에 된장국인 미소 시루와 일본식 김치인 오싱꼬를 곁들여 먹는다. 대형 마트 식품코너에서도 쉽게 찾아볼 수 있다. 돈까스 전문점도 많이 있지만 편의점 또는 도시락 전문점에서 판매되는 도시락 메뉴에도 돈까스 요리가 있다. 부담없이 먹을 수 있는 음식이다.

스키야끼(すき焼き)

전골 요리의 하나로 전용 철판이나 냄비에 얇게 여민 쇠고기를 야채, 버섯, 두부와 함께 익혀서 먹는 요리다. 양념은 간장, 설탕, 계란 등이다. 최하

3~5,000엔대의 가격으로 가성비를 생각하면 약간은 부담스러운 가격의
음식이라 할 수 있다.

[스끼야끼]

다꼬야끼(タコ焼き)

간식이나 군것질용으로 우리나라의 붕어빵에 해당되며 우리나라에서도
거리에서 '다꼬야끼'라는 이름의 포장마차를 쉽게 볼 수 있다. 일본의 축제와
같은 이벤트나 행사장, 먹거리 골목에 반드시 등장하는 먹거리의 하나다.
'다꼬'는 문어를 말한다. 문어를 잘게 썰어 밀가루와 계란 반죽에 묻혀
3~5cm크기로 둥근 다꼬야끼 틀에 넣어 굽는다. 재료로는 파, 당근, 피망
등 다양한 야채와 소스, 마요네즈, 가쓰오부시 등을 넣는다. 오사카(大阪)
지방에서는 이쑤시개와 같은 것으로 먹고, 도쿄(東京) 지방에서는
젓가락으로 먹는다. 문어 대신 오징어를 넣어 '이까야끼'라 한다. 간식으로
본고장의 다꼬야끼의 맛을 느껴보는 것도 좋을 것이다.

오코노미야끼(お好み焼き)

우리나라 지지미 또는 파전과 비슷한 일본식 파전이다. 철판 요리의 하나로 밀가루와 야채, 계란, 면 등을 섞은 후 소스를 가해서 부친 후 가쓰오부시나 마요네즈를 뿌려 철판에서 익힌다. 양배추, 계란, 고기, 오징어 등을 넣어 만든 '칸사이 스타일' 또는 '오사카 스타일'과 양배추, 콩나물, 중화 메밀국수를 계란을 풀어서 부치는 '히로시마 스타일'이 유명하다. 가격은 700~1,000엔대 정도다. 한 번쯤 먹어볼 만한 음식이 아닌가 생각된다. 전문점이 아닌 이자카야에서는 조금 더 저렴하게 즐길 수 있다.

[오코노미야끼]

찬꼬나베(ちゃんこ鍋)

찬꼬나베는 일본의 전통 스포츠인 스모(우리나라의 씨름) 선수들이 먹는 음식이다. '찬꼬'는 스모 선수들이 만드는 요리를 말하고 '나베'는 냄비를 말한다. 커다란 냄비에 해산물, 고기, 두부와 채소를 넣어 끓이는 요리다. 최하 3,000엔 이상으로 가성비를 생각하는 여행객 입장에서는 부담스러운 금액이라 할 수 있다.

[찬코나베]

말고기(馬肉)

우리나라에서는 먹지 않는 음식이지만 일본에서는 말고기를 먹는다. 특히, '바사시(馬刺し)'라 하여 말고기 회를 먹는다. 말고기 전문점은 고가의 요리에 속하기 때문에 부담스러운 금액이다. 하지만 일부 술집에서는 말고기 회 메뉴를 갖추고 있는 집도 있으니 맛을 보고자 한다면 한 접시 정도는 주문해도 되지 않을까 생각된다. 필자도 서서 먹는 술집에서 주문해 먹은 적이 있다. 고기의 색상이 벚꽃 색상과 비슷하다 하여 '사쿠라니꾸(桜肉)'라는 이름으로 판매되기도 한다.

홋삐(ホッピ)

일본에만 있는 마실 거리로 '짝퉁 맥주'라 할 수 있는 홋삐는 1940년대 말부터 인기를 얻은 맥아발효 음료다. 이자카야에서도 쉽게 볼 수 있다. 알코올이 0.8%로 주세법상으로 청량음료로 취급되지만 맥주의 기분을 낼 수 있다. 소주에 희석시켜 마시기도 한다.

[홋삐]

츄하이(酎ハイ)와 사와(サワー)

츄하이와 사와는 거의 유사한 음료다. 일본 소주에 얼음과 함께 레몬과 같은
과일을 내온다. 소주에 얼음을 넣고 레몬과 같은 과일즙을 짜서 마신다. 손님이
직접 만들어 마시는 칵테일이라 할 수 있다. 사와도 비슷한 음료로 탄산이 섞인
주스라 할 수 있다. 일본에서는 주로 이자카야 등에서 술을 잘 마시지 못하는
사람이나 여성들이 즐겨 마신다.

9. 이자카야(居酒屋)

일본의 대학생과 직장인들이 가장 많이 찾는 곳이 선술집인 이자카야(居酒屋)다. 우리나라에서도 일본어 그대로 '이자카야'라는 이름으로 영업을 하고 있는 업소가 많다. 관광객으로 일본에 가서 쉽게 한 잔 할 수 있는 장소가 이자카야일 것이다. 비교적 저렴하고 다양한 종류의 음식과 음료 그리고 알코올을 즐길 수 있다. 여독을 푸는 의미에서 한 잔을 하고 싶다면 이자카야를 권하고 싶다. 하지만 서너 명이 들어가서 메뉴를 하나 둘씩 주문하다 보면 우리 돈으로 100,000원이 훌쩍 넘어서니까 주머니 사정을 고려하여 주문해야 한다.

일본은 이자카야 체인점이 많다. 널리 퍼져있는 체인점으로 와라와라(笑笑), 시로기야(白木屋), 토호우캔분로쿠(東方見聞録), 와타미(和民), 우오타미(魚民), 쇼야(庄屋) 등이 있다. 이곳 역시 주문식단제로 거의 모든 메뉴를 하나씩 주문해야 된다. 기본적으로 나오는 것으로 '오토오시(お通し)'라 하여 삶은 콩(껍질이 붙어있는 상태)이나 채소를 저린 오싱꼬 정도만 나온다. 이자카야의 메뉴판은 요리 사진이 있어 일본어를 구사하지 못하더라도 주문하기에 불편함이 없다.

혹시 메뉴판에 사진이 없으면 사진으로 된 메뉴판을 요구하면 된다. 대부분의 이자카야는 사진이 들어있는 메뉴판을 가지고 있기 때문이다. 한국인들이 많이 찾는 지역에는 한국어 메뉴판을 제공하는 곳도 있다. 최근에는 테블릿 PC를 이용하여 주문하는 시스템으로 바뀌고 있다. 화면에 음식 이미지와 가격이 표시되어 원하는 메뉴를 터치하고 수량만 입력하면 된다. 일본어가 되지 않더라도 쉽게 주문할 수 있다.

늦은 시간에 이자카야에 가보면 취기가 올라온 대학생, 직장인들의 소리가 술집임을 실감케 한다. 아무리 주변 사람들을 배려하는 일본인이라고 해도 술을 마시면 큰소리로 떠드는 것은 우리와 다를 바가 없다.

[이자카야의 영문 메뉴판의 예]

10. 야타이(屋台)

우리나라의 포장마차다. 분위기도 비슷하다. 안쪽에 서빙을 하는 주인이 있고 테이블을 사이에 두고 둘러앉아 간단한 요리와 술을 판매한다. 겨울에는 바람막이로 비닐을 두른 것도 우리와 비슷하다. 마츠리와 같은 축제 현장에도 빠지지 않는다. 주로 전철역 주변이나 유흥가 뒷골목에 많다. 가장 유명한 곳이 아사쿠사역에서 5분 거리에 있는 아사쿠사 홋삐토오리(浅草ホッピー通り)다. 취급하는 요리는 다양하다. 술안주용 꼬치구이, 오징어 구이부터 간식거리인 초코 바나나, 옥수수구이도 있고 식사로도 충분한 야끼소바, 라면, 닭요리, 냄비요리도 있다. 심지어 우리나라 요리인 김밥이나 떡볶이도 제공하는 야타이도 있다. 저녁시간이면

직장인들이 퇴근 후 하루의 피로를 달래며 한 잔 마시는 풍경이 우리와도 다를 바 없다. 연령층으로 보면 30대 이후 중년의 비율이 높다. 일본어나 일본 문화에 익숙하지 않은 관광객이 들어가기에는 약간 부담스러울 수 있다.

[우리나라의 포장마차 분위기의 '야타이(屋台)']

11. 꼬치구이(串焼き) 또는 닭꼬치(焼き鳥) 집

꼬치구이는 대표적인 서민 요리로 '야끼도리' 또는 '쿠시야끼'라는 간판으로 서민 동네의 식당가나 역 주변의 작은 뒷골목에 많이 있다. 닭고기, 껍질, 닭 내장 등을 파, 마늘, 버섯 등과 함께 막대에 끼워 소스를 묻힌 후 구운 요리다. 닭꼬치 전문점은 물론 포장마차에 해당하는 야타이(屋台)나 선술집인 이자카야(居酒屋) 등에서 쉽게 접할 수 있는 요리다. 가게에 들어가보면 뿌연 연기가 자욱하고 꼬치구이 냄새가 코를 자극한다. 맥주나 소주와 함께 여로를 푸는데 제격이라 할 수 있다. 신주쿠의 대표적인 서민 먹자골목인 '오모이데요코쵸(思い出横丁)'에 들어가보면 대낮에도 꼬치구이 집에서 연기를 피우며 술잔을 기울이는 사람들을 만날 수 있다. 신주쿠 서쪽 출구(西口)로 나와 가부키쵸(歌舞伎町)로 향하는 길목에 '思い出横丁'라고 쓰여진 초록색 간판이 보인다. 좁은 골목에 전봇대와 전선이 뒤얽혀 있고 작은 간판이 즐비하게 늘어서 있다. 골목에 들어서면 꼬치구이의 냄새가 코를 자극한다. 꼬치구이뿐 아니라 라면 등 다양한 요리를 저렴하게 팔면서 술 한 잔을 들이킬 수 있는 골목이다.

[닭꼬치]

[오모이데요코쵸 골목 풍경]

지하철 닌교쵸(人形町)역 바로 옆에 있는 아마자케요코쵸(甘酒横丁), 기치조지역의 하모니카요코쵸(ハモニカ横丁), 시부야역의 뒤편에 있는 논베이요코쵸(のんべい横丁), 우에노역의 아메요코(アメ横)로 철로 밑의 좁은 골목 사이에 늘어선 작은 선술집에서는 꼬치구이뿐 아니라 오뎅이나 냄비 요리 등 각종 요리와 함께 한 잔을 즐길 수 있다. 뒷골목의 작은

선술집에 들어가 일본의 서민 요리를 맛보는 것도 즐거움이 아닐까?

12. 서서 마시는 술집(立ち飲み)

길거리를 가다 보면 서서 먹는 식당은 많이 볼 수 있는데 서서 먹는 술집은 쉽게 눈에 띄지 않는다. 점포 수가 식당보다 적은 것도 있지만 대부분 술시가 되는 저녁 즈음에 영업을 시작하기 때문이다. 서서 마시는 집의 특징이 좁은 공간에 많은 사람들이 들어갈 수 있어 저렴하다는 것이 특징이다. 그렇다고 안주 수가 적은 것도 아니다. 메뉴판에 빼곡하게 쓰여진 메뉴 종류를 보면 놀라울 정도다. 샐러드나 꼬치구이, 소시지와 같은 간단한 안주부터 일손이 많이 들어가는 파스타와 냄비 요리, 생선 회도 있으며 심지어 말고기도 있다. 술 종류도 맥주를 비롯하여 한국의 소주, 일본주, 각 지방의 술, 위스키, 보드카와 같은 양주도 다양하다. 서서 마시는 술집이라 뜨내기 손님이 많을 것 같은데 안쪽 벽의 장식장에는 키핑해 놓은 술이 즐비하다. 이곳을 즐겨 찾는 지인의 말에 의하면 퇴근 길에 간단히 한 잔 하고 가는 곳으로 안성맞춤이라고 한다. 오랫동안 서 있으면 다리가 아파 짧은 시간에 간단히 한 잔 하는 정도로 과음하지 않아 좋다고 한다. 무엇보다 일반 가게에 비해서 저렴하다는 것이 직장인들에게 사랑을 받는 이유이지 않을까?

신주쿠, 우에노, 이케부쿠로, 시부야 등 큰 역 주변에 많이 있다. 도쿄에서 서서 마시는 술집으로 가장 유명한 지역의 하나로 샐러리맨이 많은 신바시역(新橋駅) 주변이다. 신바시역전 빌딩 지하를 들어가보면 복도 양쪽으로 서서 마시는 집이 나란히 들어서 있다. 각 가게마다 다양한 특징으로 손님들의 발길을 잡는다. 이자카야 스타일, 서양의 바 스타일과 같이 가게의 분위기에 따라 특징이 있으며 생선, 꼬치구이, 튀김, 다코야끼 등 음식 종류에 따라 손님들의 발길을 멈추게 한다. 저녁 시간이면 퇴근길 샐러리맨들이 삼삼오오 모여 하루의 피로를 푸는 모습을 볼 수 있다.

술을 못 마시더라도 한 번쯤 가보는 것도 재미있을 것이다. 우리나라에서는 찾아보기 이색적인 풍경과 일본인들의 삶의 한 단면을 볼 수 있지 않을까? 서서 마시는 것이 익숙하지 않겠지만 알코올이 아니더라도 간단한 음료와 음식을 맛볼 수 있는 곳이다.

[신바시 역전 빌딩 지하에 늘어선 서서 마시는 술집]

13. 스나쿠(スナック)

'스낵 바'다. '스낵'의 일본식 발음이 '스나쿠'다. 우리나라에서 스낵은 단순히 간식류를 제공하는 식당이지만 일본은 술을 마시는 식당의 이미지가 강하다. 스낵 바는 간단한 식사나 안주가 제공되고 술을 마실 수 있는 가게다. 우리와 가장 큰 차이는 노래를 부를 수 있는 가라오케(노래방) 기계가 있다는 것이다. 카운터를 중심으로 둘러앉아 있거나 테이블이 서너 개 놓을 정도의 그리 넓지 않은 공간이다. 한 두 명의 종업원이 주방 일을 하면서 서빙을 한다. 주인 한 명이 음식도 만들고 안주도 내오며 응대하는 곳도 많다. 때에 따라서는 손님과 함께 노래를 부르기도 한다. 바(bar)의 또 다른 형태라 할 수 있다.

[주인이 직접 노래를 부르는 스나쿠 바의 풍경]

14. 바와 클럽(バー, クラブ)

바(Bar)나 클럽(Club)은 가성비를 따지는 관광객 입장에서는 부담스러운 비용의 장소라 할 수 있다. 일본은 다양한 바와 클럽이 있다. 여기에서 바나 클럽을 자세히 소개할 수는 없으며 관광객의 입장으로 들어가기에는 조심스러운 부분이 있다. 단순히 음악을 즐기는 음악 카페와 같은 클럽이 있는가 하면 술과 함께 음악과 춤이 있는 곳도 있고, 여성들이 서빙하는 클럽 등 다양하다. 신주쿠 가부키쵸와 같은 유흥가에서 손님을 유인하는 곳에 따라갔다가 낭패를 당할 수 있으므로 조심해야 한다. 그런 사람들은 아예 따라가지 않는 것이 상책이다.

저렴한 바를 추천한다면 신주쿠가부키쵸 1쵸메(1丁目)의 뒷골목에 있는 '신주쿠 고르덴가이(新宿ゴールデン街)'를 권하고 싶다. 신주쿠 구청(구야쿠쇼) 건너편에 있다. 좁은 골목에 다닥다닥 가게들이 붙어있다. 종전 후에 형성된 곳으로 초창기인 1950년대 후반부터 작가나 저널리스트, 영화관계자 등 예술인들이 즐겨 찾았던 곳으로 유명해진 곳이다. 최근에는

서양에 도쿄의 명소 중 하나로 소개되어 서양 관광객들도 많이 찾는 지역이
되었다. 5년 전에 방문했을 때와 비교해보면 확실히 외국인들이 많이 눈에
띈다.

[신주쿠 고르덴가이 풍경]

[신주쿠 고르덴가이에 있는 바의 내부]

내부에 들어가 보면 3~4평 남짓한 공간에 호스티스 한 명 또는 두 명이
손님을 맞이한다. 카운터를 중심을 둘러 앉아 간단한 요리와 함께 알코올이
제공되며 주인과 손님이 이런 저런 이야기를 나누며 시간을 보낸다. 10명
남짓 들어가면 꽉 찰 정도의 공간이다. 혼술족이 주로 찾는 공간이다.

서서 마시는 집과 마찬가지로 가게에 따라 다양한 음식과 술을 제공하고

있다. 저렴한 편이라고는 하지만 한 두잔 기울이다 보면 상당한 금액이 될 수 있으니 주의해야 한다.

15. 음식과 술 주문 방법

해외 여행을 가면 식당에서 음식의 종류나 주문하는 방법에 대해 두려움이 있기 마련이다. 하지만 일본 요리는 우리와 비슷하고 우리나라에도 많이 알려져 있어 음식 종류나 내용에 대해서는 큰 어려움이 없을 것이다. 일본은 어디를 가나 주문식단제이기 때문에 추가로 주문할 때는 반드시 추가 비용이 소요된다는 점을 명심해야 한다. 주문하는 방법은 식당에 따라 다르기는 하지만 일반적인 방법을 소개하면,

(1) 자판기

가게의 내부 또는 외부에 있는 식권 자판기를 통해 식권을 구입한다. 주로 서서 먹는 식당이나 소고기 덮밥 집과 같이 간단히 먹을 수 있는 식당에서 이런 주문 방법을 도입하고 있다.

[식당 앞에 있는 식권 자판기]

(2) 메뉴판

식당이나 술집에서 가장 일반적인 방법이다. 사진으로 표시된 메뉴판이라면 음식 사진을 보고 주문하면 된다. 일본어로 의사소통이 되지 않고 사진으로 구성된 메뉴판이 없는 경우, 그 식당의 메인 요리를 주문하는 것이 무난하다. 예를 들어, 소고기 덮밥 식당에 가면 소고기 덮밥인 '규동(牛丼)'을 주문한다. 소고기 덮밥에는 보통인 '나미(並)'와 곱빼기인 '오오모리(大盛)'가 있다. 일반적으로 보통인 '나미(並)'를 주문하면 된다. 식당에서는 '테이쇼쿠(정식: 定食)'란 이름이 붙은 메뉴가 많다. '부타 쇼가야끼 테이쇼쿠(豚生姜焼き定食)', '카루비 야기니꾸 테이쇼쿠(カルビー焼肉定食)', '함바그 테이쇼쿠(ハンバーグ定食)', '텐뿌라 테이쇼쿠(天ぷら定食)' 등 '테이쇼쿠(定食)'라는 명칭이 들어간 메뉴다. 메뉴 이름 앞에 있는 요리에 쌀밥과 미소시루(된장국) 등이 세트로 되어 있는 요리를 말한다. 일본의 세트 요리다.

[햄버거 테이쇼쿠의 예]

단품 요리로 주문할 수 있지만 '테이쇼쿠'로 주문하면 단품 요리를 따로 따로 주문하는 것보다 저렴한 가격이다. 소고기 덮밥(규동: 牛丼) 집에도 이러한

'테이쇼쿠'가 있다. 소고기 덮밥과 미소시루 샐러드 등이 세트로 구성된다.

(3) 무제한 식당이나 술집

일본은 '타베호다이(食べ放題)', '노미호다이(飮み放題)'와 같이 무제한으로 먹고 마시는 가게가 있다. 주로 이자카야나 클럽에 있는 메뉴다. 정해진 메뉴를 무제한으로 먹고 마실 수 있는 시스템이다. 식당에 따라서는 음료만 무제한으로 마실 수 있는 '노미호다이(飮み放題)' 메뉴를 두기도 한다. 가게에 들어서면 무조건 무제한 먹을 수 있는 시스템이 아니라 단품으로 할 것인지, 무제한으로 할 것인지 결정한다. 즉, '타베호다이(食べ放題)' 또는 '노미호다이(飮み放題)'도 하나의 메뉴라 생각하고 선택하면 된다. 일본의 대학생이나 직장인들이 단체로 회식할 때 이용하는 메뉴다.

[노미호다이 메뉴의 예]

주의해야 할 점은 대부분 시간제로 운영된다는 점과 1인당 가격이라는 점이다. 보통은 1시간 반에서 2시간 정도로 정해져 있다. 시간을 마감할 즈음이 되면 종업원이 와서 '라스트 오더'를 받는다. 단체로 갔을 때 유용할 수 있으나 1인당 가격이라는 점을 고려하여 신중하게 선택해야 한다. 즉, 술을 마시지 못하는 사람도 노미호다이 가격을 지불해야 한다

(4) 1인당 가격제

입장료를 받는 가게는 기본적으로 1인당 가격제를 실시한다. 우리나라는 술집에 들어가면 주문한 음식과 술의 양에 따라 계산을 하지만 일본은 1인당 입장료와 주문한 양에 따라 비용을 청구하는 곳이 많다. 대표적인 예로 노래방(가라오케)을 보자. 우리나라는 노래방에 들어가면 한 명이 들어가든 세 명이 들어가든 한 룸의 가격을 시간으로 정산하지만 일본은 1인당으로 계산한다. 무제한 먹고 마시는 가게도 기본적으로 1인당 요금이며, 가게에 따라서는 인원 수의 제한을 두기도 한다. 메뉴판에 'お一人様'라고 쓰여져 있으면 1인당 가격이다. 혹시라도 입장료가 있는 클럽이나 바에 들어가게 된다면 테이블 가격이 아니라 1인당 가격이라는 것을 잊지 말아야 한다.

일본에 가서 일본의 음식 문화와 음주 문화를 즐기는 것도 여행의 즐거움의 하나라 할 수 있다. 단순히 끼니를 때우고자 한다면 우리에게 익숙한 햄버거나 우동만으로도 가능하겠지만 현지의 다양한 음식 문화를 체험한다는 의미에서라도 여러 종류의 식당에 들어가 여러 음식을 도전해봤으면 한다. 또, 성인이라면 간단한 맥주나 일본 전통주를 맛보는 것도 여행의 피로를 풀고 일본인들의 음주 문화를 엿볼 수 있는 기회를 갖는 것도 좋지 않을까? 부담되지 않는 범위 내에서 간단히 한 두 잔을 즐기면서 추억의 한 페이지를 만들 수 있을 것이다.

쇼핑하는 노하우

관광을 목적으로 외국에 나가지만 맨손으로 들어오기에는 어딘지 모르게 허전한 느낌을 받을 때가 있다. 그래서인지 공항에서 입국하는 사람을 보면 외국을 다녀오는 사람들의 손에는 반드시 쇼핑의 흔적이 보인다. 일본에서 쇼핑을 하는 경우는 질 좋은 제품을 찾고자 할 때와 주변 사람들에게 나눠줄 선물을 구하는 경우가 대부분이다. 사실 저렴한 가격 때문에 일본에서 쇼핑하는 경우는 극히 드물다. 일본 전자제품의 명성이 높았던 시절에는 밥솥을 비롯한 전자제품을 구입하는 사람들이 많았는데, 지금은 우리나라 제품의 질이 향상되면서 잠잠해졌다. 하지만 아직도 많은 일본 제품은 질적인 면에서 세계적으로 정평이 나있다. 일반적인 공산품은 세계 어디를 가도 비슷한 제품들이다. 주변 사람들에게 선물을 하는 경우라면 세계 어느 나라를 가더라도 구할 수 있는 제품이 아닌 일본인의 독특한 아이디어가 가미된 상품이나 일본풍의 디자인과 기술로 만들어진 상품을 선택하는 것이 중요하다. 쇼핑을 위한 노하우로 매장 종류로 분류하여 간단한 특징을 살펴보자. 면세점은 세계 어느 나라를 가더라도 있기 때문에 여기에서는 언급하지 않겠다.

1. 편의점

편의점에서 쇼핑을 한다는 것이 피부에 와 닿지 않을 수 있으나 품목에 따라서는 유용할 수 있다. 우리나라의 편의점과 별반 차이는 없다. 일상생활에서 사용하는 간단한 생활용품과 음료수와 우유, 빵과 도시락 등 간편식품, 맥주나 와인 등 알코올 종류와 안주류, 만화와 잡지, 간단한 읽을 거리 등 다양한 종류의 상품이 진열되어 있다. 가격은 할인점에 비해 저렴한 편은 아니지만 그렇다고 바가지를 쓸 정도의 가격이 아니다. 급히 필요한 우산이나 생리대 등을 쉽게 구매할 수 있으며, 도시락이나 음료도 간단히 구매할 수 있다. 노트북이나 휴대폰 충전기를 이용할 때 우리나라 콘센트 삽입구가 맞지 않아 곤란을 겪는 관광객이 많다. 이때 연결을 해주는 어댑터가 필요한데 호텔에서 대여해주지 않을 경우에는 가까운 편의점에서 구입하면 된다. 관광객이 많이 투숙하는 호텔 근처의 편의점에는 반드시 이런 어댑터를 비치해놓고 있다.

2. 드럭스토어

말이 '드럭스토어'지 약뿐 아니라 만물상에 가까울 정도로 많은 종류의 상품이 있다. 일반용 의약품을 비롯하여 건강과 미용에 관련된 상품이 주를 이루고 있다. 감기약이나 소화제를 비롯한 약품과 파스나 근육통에 바르는 크림이나 스프레이, 미세먼지용 마스크 등 건강과 관련된 상품, 화장품과 마사지 용품 등 미용관련 상품, 티슈나 세제용품, 간단한 음료와 인스턴스 식품, 맥주와 와인 등 다양한 상품을 비치해놓고 있다. 어떤 곳은 여성의 속옷과 같이 간단한 의류도 취급하는 가게도 있다. 관광객들이 비교적 저렴한 비용으로 여성에게 선물할 수 있는 소품이 많다.

일본의 드럭스토어는 체인으로 운영되는 곳이 많다. 대표적인 곳이 다이코쿠(ダイコク), 마쯔모토기요시(マツモトキヨシ), 잇뽄도(一本党), 세이죠(セイジョー), 뉴도락구(ニュードラッグ) 등이 있다.

선물용으로 구매하는 상품으로는 중저가 화장품이나 간단한 상비약이 인기가 있다. 우리나라에 '동전 파스'로 알려진 파스와 같이 비교적 저렴하면서 어른들에게 선물하기 좋은 제품이 많이 팔린다. 중저가의 선물을 구매하고자 한다면 일본의 드럭스토어를 추천하고 싶다. 관광객이 많이 찾는 대형 역 주변에 있는 드럭스토어에는 한글, 영어, 중국어 등으로 관광객이 선호하는 제품을 전시해놓고 설명문을 붙여놓은 곳도 있다. 화장품이나 의약품 등 5,000엔 이상 구매하면 면세혜택을 받아 8% 디스카운트 효과가 있으니 구입하려고 한다면 한 장소에서 구입하는 것이 노하우라면 노하우다.

[거리에서 쉽게 볼 수 있는 드럭스토어]

[드럭스토어에 진열된 상품]

3. 초저가 할인점

초저가의 상품을 판매하는 할인점이다. 국내에서도 서민들에게 인기가 있는 1,000원숍은 일본의 100엔숍에서 들어온 것이다. 다이소를 비롯하여 세리아, 칸두(CAN-DO), 로손스토어100 등 일본 적국적으로 수 천 곳의 매장이 있다. 그 중에서도 가장 큰 곳이 국내에도 진입하여 잘 알려진 '다이소'다. 초저가이기 때문에 'Made in Japan'은 드물고 외국에서 생산된 제품이 많다. 국내에는 들어와 있지 않은 상품도 상당히 많다. 일본풍의 디자인과 색체를 띤 제품을 구매하고자 할 때는 유용할 것이다. 시간적인 여유가 된다면 보물찾기를 하듯 뒤지다 보면 의외로 질 좋은 상품을 저렴한 가격에 구입할 수 있을 것이다.

다음으로 전국적으로 매장을 넓혀가며 인기를 얻고 있는 곳이 '돈키호테(ド ン・キホーテ)'다. '종합 디스카운트 스토어'라는 이름으로 저가 상품의 백화점이라 할 정도로 많은 상품을 판매하고 있다.

[초저가 할인점의 하나인 돈키호테]

취급하는 상품은 일용잡화, 화장품, 의류, 각종 레저용품, 인테리어 가전용품, 시계와 가전제품, 모바일 기기 및 관련 액세서리가 있다. 특히 유명 브랜드 제품과 성인용품까지 갖추고 있다. 저가이다 보니 외국에서 생산된 제품이 많다. 상품중에 일본에서 생산된 제품에는 큰글씨로 'Made in Japan'이라고 적혀있는데, 이는 중국 관광객을 위해서다. 이유인즉, 중국 관광객이 일본에 와서 'Made in China'를 구입해가고 싶어하지 않기 때문에 일본생산 제품이라는 것을 어필하기 위해서다.

4. 대형 양판점

이케부쿠로(池袋)를 중심으로 신주쿠(新宿), 시부야(渋谷), 유라쿠쵸(有楽町) 등의 역 주변에 점포를 두고 있으며 전국적으로 많은 점포를 두고 있는 '빗꾸카메라(Bic Camera)'와 신주쿠(新宿)를 중심으로 아키하바라(秋葉原), 우에노(上野) 등 전국적으로 점포를 둔 '요도바시카메라(Yodobashi Camera)'가 대표적인 대형 양판점이다.

[전자제품 양판점의 하나인 요도바시카메라]

두 회사 모두 초기에 카메라를 중심으로 판매하다가 시계, 가전제품, 게임기, 컴퓨터, 모바일 제품으로 영역을 넓혀 나갔다. 어린이 용품과

장난감, 각종 피규어 상품도 판매하고 있다. 취미관련 상품을 판매하는 '호비칸(ホビ一館)' 매장에 가보면 다양한 취미관련 상품이 있는데 특히 오타쿠(오덕)관련 상품이 많이 있다. 건담 오타쿠를 위한 건담 모형(프라모델), 전철 오타쿠를 위한 전철관련 모형, 탱크와 총기 등 군 관련 모형, 각종 게임이나 애니메이션의 캐릭터와 피규어 등 일본의 특징적인 상품들을 볼 수 있다.

[양판점의 호비(취미)관의 내부]

이런 제품은 우리 관점으로 보면 어린이 장난감이지만 실제 내방객들의 연령층은 어린이들보다 30~40대 중년의 남자들이 더 많다. 어린이들이 가지고 놀기에는 매우 세밀하고 고가인 상품이 많다. 이러한 상품이 판매되고 있다는 것은 그만큼 소비시장을 형성하고 있다는 증거이기도 하다. 일본에서 전철과 관련된 취미를 가진 사람이 많은데(일명, 전철 오타쿠) 그 중에서도 플라스틱 모형을 조립하는 사람들을 위한 상품이 많다. 또, 만화나 애니메이션의 피규어나 관련 캐릭터 상품도 많은 어린이뿐 아니라 성인 고객층도 많다. 이러한 피규어나 모형을 구경하는 것으로도 일본 문화의 한 단면을 볼 수 있다. 어린이 장난감을 선물로 구입하려면 좋은 장소이기도 하다. 우리나라에서도 방영되는 일본 애니메이션의 캐릭터 상품도 많고,

중저가의 시계나 카메라 용품 등 다양한 상품이 있다. 상품을 구입하지 않더라도 한 번쯤 방문해서 놀이 문화를 눈으로 확인해보는 것도 재미있을 것이다.

생활잡화를 중심으로 판매하는 양판점으로 유명한 곳이 '도큐핸즈(TOKYU HANDS)'다. 도쿄역, 긴자, 신주쿠, 이케부꾸로, 시부야 등 역세권 주변에 점포를 갖고 있다. 시계 및 가방, 여행용품, 각종 액세서리, 문구용품과 장난감, 실내 인테리어용품, 주방용품, 뜨개용품과 같은 핸드메이드 용품 등 일상생활과 밀접한 용품을 중심으로 판매한다. 일상생활 속에서 편리하게 활용할 수 있는 아이디어 상품과 주변을 꾸미기 위한 장식 용품에 관심이 있다면 적극 추천한다. 저가 할인매장에 비해 가격은 조금 비싸겠지만 질은 훨씬 높은 편이다. 어린이 장난감, 학용품과 사무실 용품과 집안의 장식을 위한 인테리어 소품도 많다.

[도큐핸즈(TOKYU HANDS)]

5. 백화점

일반적으로 가격이 높은 상품이 많기 때문에 가성비 좋은 여행을 위한 쇼핑 장소로는 어울리지 않을 것이다. 도쿄의 웬만한 규모를 가진 전철역 역사나 주변에는 대형 쇼핑센터나 백화점이 있다. 한동안 일본에서 매장이 제일 넓었던 이케부꾸로(池袋)역의 토부(東武)백화점을 비롯하여 우에노역, 도쿄역, 시나가와역, 시부야역, 신주쿠역 등 사람이 많이 몰리는 전철역 주변에는 백화점이 들어서있다. 직접 물건을 구입하지 않더라도 패션 트랜드를 살핀다거나 질 좋은 상품의 윈도우쇼핑이나 분위기를 파악하는 의도로 돌아보는 것도 나쁘지 않을 것이다. 제품에 따라서는 의외로 저렴한 상품도 있고 세일과 같은 이벤트 시에는 우리나라보다 저렴하게 판매하는 상품도 많다. 견물생심이라고 했던가? 보면 사고 싶어지는 충동구매만은 자제하시길…

6. 서점

일본에 관광하러 가서 무슨 책을 구입할 일이 있을까 생각하는 사람이 있지만 우리나라 사람들이 의외로 일본 책을 구매하는 경우가 많다. 특히, 일본의 전문서적을 구입하는 대학생이나 직장인이 상당히 많다. 일본의 전문서적 책값은 우리보다 비싼 편이다. 필자의 느낌으로는 페이지 수와 가격을 고려해보면 1.5배 정도 비싸다는 느낌을 받는다. 일본어가 능숙하지 않는 사람이라 하더라도 만화나 화보, 그림책을 구입하기도 하고 뜨개질과 같은 패션이나 디자인 계열의 책도 한국인들이 선호하는 책 종류라 할 수 있다.

각 백화점에 서점이 있으며 전국적으로 가장 많은 체인점을 운영하고 서점은 '키노쿠니야(紀伊国屋)' 서점이다. '북 퍼스트(Book 1st)',

'츠타야(TSUTAYA)'도 유명하다. 그 중에서 신주쿠 본점이 가장 많은 사람들이 붐비는 곳이다. 신주쿠역의 동쪽 출구(東口) 건너편에 있는 매장은 우리와 마찬가지로 만남의 장소로도 널리 이용되고 있다. 지하1층부터 8층까지 다양한 종류의 책이 진열되어 있다. 책값이야 어느 서점을 가더라도 정가라고 봐야 할 것이다.

[키노쿠니야 서점]

각 서점마다 포인트카드를 이용하여 포인트를 쌓을 수 있지만 관광객 입장에서는 큰 의미는 없다.

일본도 스마트폰이나 IT 기기의 영향으로 책을 읽는 비율이 낮아지기는 했지만 우리나라에 비해 책을 읽는 독자가 많고 출판시장도 훨씬 크다. 당연히 서점 문화도 발달해있다. 신간서점 외에 중고서점의 시장도 크고 활성화되어 있다. 중고서점의 가장 큰 체인점이 '북오프(Book-Off)'다. 헌책이나 CD, DVD 등을 사고 판매한다. 도쿄에 어디를 가더라도 쉽게 발견할 수 있다.

[중고서점 전국 체인인 BOOK-OFF]

일본에서 책을 저렴하게 구입할 수 있는 팁의 하나로 이 중고서점을 활용하는 방법이다. 필자의 경험으로는 일반 서점에 가서 책을 훑어보고 필요한 책은 중고서점에 가서 구입하는 경우가 많다. 물론 중고서점에 책이 모두 있는 것은 아니지만 어마어마한 양을 보유하고 있어 저렴한 가격에 다양한 책을 구입할 수 있다.

[가격이 100엔인 책이 진열된 중고서점]

어린이들의 그림책이나 만화, 뜨개질과 같은 취미서, 디자인관련 서적이나 화보, 영문서적 등은 우리나라 사람들도 쉽게 볼 수 있어 유용하게 활용할 수 있다. 책값은 분야나 발행일자, 재고량에 따라 다양하지만 저렴한 것은 반값 이하에 구입할 수 있다. 심지어 100엔에 구입할 수 있는 책도 많다.

7. 관광객을 위한 면세 혜택

일본에서는 상품을 구입할 때는 물건 가격의 8%의 소비세가 징수된다. 하지만 해외 여행객을 유치하기 위한 일환으로 관광객에 대해서는 특별 조치로 백화점, 양판점, 드럭 스토어나 디스카운트 스토어 등에서 일정한 수속을 마치면 8%의 소비세를 돌려받을 수 있다. 즉, 소비세를 내지 않아도 된다.

· 면세 대상 및 금액

면세 조치를 받을 수 있는 조건은 일본에 입국한지 6개월 이내인 외국 국적의 사람이나 6개월 이상 경과했다 하더라도 체류자격이 외교나 공용인 경우는 면세 대상이 된다. 일행이 있다면 한 번에 모아서 면세 혜택을 받는 것이 좋다. 한 매장에서 하루에 구매한 가격이 가전제품과 같은 일반 물품은 10,000엔 이상이거나 식품, 음료, 화장품, 의약품과 같은 소모품은 5,000엔 이상 50만엔까지 해당된다.

· 절차

일반적으로 앞의 조건에 해당되는 물품을 구입하면 카운터에서 면세 혜택(수속)을 받을 것이냐고 묻는다. 카운터에서 점원이 묻지 않는 경우, 면세 조건에 해당되면 "맨제이 데쯔즈키 오네가이시마스.(免税手続き、お願いします.)" 또는 "텍스후리 오네가이시마스(Tax Free、お願いします.)"라고 말하면 점원이 면세 절차에 맞춰 서류를 갖춰준다.

담당자에게 여권을 건네면 '수출면세물품 구입기록표'를 기록하고 출국시 국외 반출한다는 내용이 적힌 구입 서약서를 여권에 붙여준다. 소모품의 경우는 30일 이내에 반출해야 하며, 구입한 제품을 투명한 비닐로 포장하여 서류와 함께 주는데 이 서류를 반드시 지참하도록 한다. 주의해야 할 점은 상점에서 포장해준 상태 그대로 가져가야 한다. 출국 시에 특별한 조치가 없을 경우는 문제가 되지 않지만 검사를 했을 때 포장이 뜯겨 있으면 8%의 소비세를 부담할 수도 있다.

   이러한 대응을 해주는 가게는 가게 입구에 'Japan, Tax-free Shop'라는 마크가 있거나 관광객을 끌어 모으기 위해 큰 글씨로 적어놓는다. 한글로 '면세점'으로 표기해놓기도 한다.

[면세점임을 표시하는 마크]

8%이면 적은 금액이 아니므로 소모품은 5,000엔, 일반 물품 10,000엔이 넘으면 면세 혜택을 받는 절차를 밟아 혜택을 받아야 한다.

철도 이용법

일본은 철도가 발달한 나라다. 여기에서 말하는 철도는 전철, 지하철, 고속철도를 통칭한 표현이다. 도쿄의 철도 지도를 보면 빈틈이 없을 정도로 촘촘하다. 우리나라와 달리 민영화되어 수 많은 철도회사가 있다. 도쿄를 중심으로 운행되는 철도회사만 해도 JR 동일본, 각 지하철(도쿄 메트로), 케이세이, 케이큐우, 세이부, 토우부선, 케이오, 오타큐 등 40여 회사가 있다. 서로 경쟁을 하다 보니 할인권이나 세트 권을 발행하여 고객을 유치하고 있다.

1.승차권(티켓) 구입 및 승차

전철 승차권(티켓)을 구매하거나 승차하는 방법은 우리와 크게 다를 바 없다. 창구에서 승무원에게 구매해도 되고 개찰구 근처에 있는 자동 발매기를 이용할 수도 있다. 도쿄사쿠라토라무(구 명칭: 토우덴 아라카와선(東電荒川線))과 같이 승차를 하면서 기관사에게 직접 구입하는 경우를 제외하고는 유사하다. 승차권 발매기에서 구입하는 방법은 다음과 같다.

(1) 먼저, 목적지까지의 요금을 확인한다.

구매 시 주의해야 할 점은 현재 역에서 목적지까지의 금액을 정확히 파악해야 한다. 요금체계가 우리나라보다 세분화되어 있어 각 역마다 금액이 다르기 때문이다. 예를 들어, 서울 지하철 2호선에 해당하는 야마노테선(山手線)의 경우, 6번째 정거장까지는 150엔인데 7번째는 160엔이고 9번째는 190엔이 된다. 이렇게 각 역마다 요금이 다르기 때문에 목적지까지의 요금을 정확히 파악해야 한다.

(2) 승차권 발매기에 돈을 투입한다.

10엔 이상의 주화와 1,000엔짜리 지폐만 이용 가능한 기기도 있으나 5,000엔이나 10,000엔 지폐도 사용할 수 있는 발매기도 있다. 최근에는 거의 모든 지폐를 사용할 수 있는 기계가 늘어나고 있다.

(3) 그러면 투입된 금액에 맞춰 구입 가능한 금액의 버튼 또는 버튼 모양의 터치 패널에 불이 들어온다.

터치 패널식인 경우, 먼저 행선지의 요금을 선택한 후 돈을 투입하는 방식도 있다.

[승차권 발매기에 돈을 투입한 후 화면]

(4) 해당 금액의 버튼을 누르면 승차권이 발매되고 잔돈이 나온다.

자동 발매기를 이용하지 않을 경우는 역무원이 있는 창구에서 구입한다. 가고자 하는 목적지를 말하고 돈을 주면 승차권을 발행해준다. 예를 들어, "신주쿠 오네가이시마스(新宿、お願いします。)" 또는 "신주쿠에 이끼따이데스(新宿へ行きたいです。)"라고 말하면 금액을 알려주고 돈을 건네면 승차권을 건네준다.

[미도리노 마도구찌와 뷰 마크]

신칸센과 같은 고속전철이나 장거리 버스 등은 JR 승차권 발매소인 '미도리노 마도구찌(緑の窓口)'나 여행 센터인 '뷰 프라자(びゅうプラザ)'의 창구에 가서 구입한다. '뷰 프라자'에 가면 철도 승차권 발매를 비롯하여 항공권 등 다양한 여행 정보를 얻을 수 있다.

이렇게 구매하면 JR선을 탑승했다가 지하철인 메트로로 갈아타거나 다른 철도회사의 전철로 갈아탈 때마다 승차권을 구매해야 하기 때문에 매우 번거롭다. 가장 좋은 방법은 우리나라의 T-머니와 같은 교통카드(Suica 또는 Pasmo)를 구매하여 이용하는 것이 승차권을 구매하는 시간도 절약할 수 있고 간편하다. 전철의 승하차는 우리와 다를 바 없다. 개찰구의 구조도 비슷하다. 승차권 발매기에서 구매한 승차권은 개찰구의 승차권 투입구에 넣으면 앞쪽으로 튀어나온다. 이를 받아 들고 승차할 홈으로 가서 승차한다. 교통카드인 스이카(Suica)나 파스모(Pasmo)는 개찰구의 센서에 터치를 한다.

도쿄의 전철역의 홈은 서울의 신도림역이나 서울역과 같이 많은 홈이 있기 때문에 목적지 홈을 정확히 파악하여 탑승해야 한다. 같은 홈이라 하더라도 들어오는 열차의 종류가 다양하다. 특히, 각 역을 정차하는 각역정차, 몇 개의 역을 건너뛰는 준급, 특급, 급행 등 여러 종류가 있다. 들어오는 열차가 목적지 역에서 멈추는지 확인하고 탑승해야 한다.

목적지에 도착하면 개찰구를 나올 때 승차권 투입구에 넣으면 된다. 구입한 승차권의 금액을 초과한 경우는 부족분을 정산을 해야 한다. 개찰구 앞에 있는 정산기에 승차권을 넣으면 부족한 금액이 표시된다. 부족한 금액만큼 돈을 투입하면 된다. 조금 복잡하다고 생각되면 출구 앞에 있는 역무원에게 내보이면 금액을 알려준다. 그 금액만큼 추가로 지불해야 한다.

2. 교통카드: 스이카(Suica)와 파스모(Pasmo)

우리나라의 T-머니와 같은 기능을 하는 교통카드로 도쿄에서는 '스이카(Suica)'와 '파스모(Pasmo)'가 있다. 1일권을 구매하지 않는다면 이러한 교통카드를 구매하여 활용하는 것이 편리하다. 전철을 탈 때마다 매번 승차권을 구매해야 하는 번거로움이 없어 편리하게 사용할 수 있다.

· 스이카(Suica) :

JR동일본에서 발행하는 선불식 교통카드로 1,000엔 단위로 충전할 수 있으며 최대 20,000엔까지 충전할 수 있다. 창구에서도 구매할 수 있고 일반 승차권 발매기에서도 구매할 수 있다. 보증금이 500엔이 붙는다. 따라서, 발매할 때 2,000엔을 내면 1,500엔만 사용할 수 있다. 2001년 발행 당시에는 도쿄 인근을 중심으로 수도권 내에서만 사용하였으나 각 지역의 교통카드와 제휴하여 점차 지역이 확대되어 나고야, 오사카 지역에서도 사용할 수 있게 되었다. 지방에서 사용하려면 사용 가능 여부를 확인한 후 사용하는 것이 좋다. 각 지역의 교통카드사와 확대해가고 있으나 일본의 모든 철도나 버스회사와 제휴된 상태가 아니기 때문이다. Suica 카드 가맹점에서는 현금 카드처럼 사용할 수도 있다.

[교통카드의 일종인 스이카(Suica)와 파스모(Pasmo)]

· 파스모(Pasmo) :

　스이카(Suica)와 유사한 교통카드의 하나로 주식회사 파스모가 발행한 교통 카드겸 전자 머니 카드다. 이 카드 역시 초기에는 도쿄를 중심으로 한 수도권에서 사용되었으나 제휴를 통해 지역을 넓혀가고 있다. 파스모(Pasmo)와 스이카(Suica)의 제휴에 의해 상호이용(일부 사업자 제외)이 가능하다. 따라서 파스모(Pasmo)는 스이카(Suica)의 사용 지역에서 같이 사용할 수 있다고 생각하면 된다. 이 카드도 가맹점 각 창구나 도쿄 메트로의 창구나 승차권 발매기에서 구매할 수 있다. 구매할 때는 보증금 500엔이 필요하며 카드 반환 시에 보증금은 돌려받을 수 있다. 충전은 기본적으로 1,000엔 단위이며 일부 사업자는 10엔 단위로도 가능하다. 몇 번이고 충전이 가능하며 최대 20,000엔까지 충전할 수 있다. 전자머니 가맹점에서는 현금카드처럼 사용할 수 있다. 가맹점에는 Pasmo 마크가 표시되어 있다.

다음은 자동 발매기를 통해 Pasmo 카드를 구입하는 순서다. 스이카(Suica)도
비슷한 방식으로 구입할 수 있다. 영문을 이용할 경우는 상단에 있는
[English] 버튼을 누른다.

(1) 분홍색 버튼(충전, 잔액이력, 신규구입)을 누른다.

(2) [PASMO新規購入] (PASMO 신규구입) 버튼을 누른다.

충전을 하려면 [チャージ、残額履歴](챠지, 잔액이력) 버튼을 누른다.

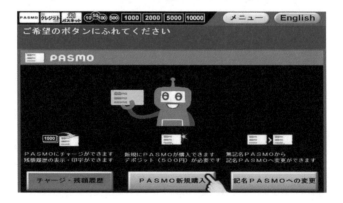

(3) 오른쪽의 [無記名 PASMO 購入] (무기명 PASMO 구입) 버튼을 누른다.

(4) 구입 또는 충전할 카드의 금액을 선택한다.

하단에 보증금 500엔이 포함되었다는 메시지가 표시된다. 지정한 금액의
돈을 투입한다.

(5) 구입 금액과 투입한 금액이 표시된다.

카드가 발행되면 꺼낸다. 영수증이 필요한 경우는 하단의 [領収書](영수증)
버튼을 누른다.

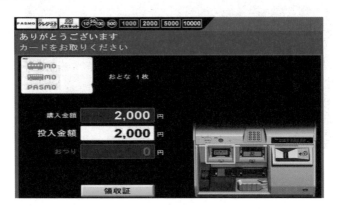

3. 할인 승차권

일본은 각 철도회사마다 할인 승차권이나 세트 형식의 상품을 많이
내놓는다. 가장 대표적인 것이 1일 자유이용권, 2일 자유이용권 등 1일 또는
2일 동안 얼마든지 타고 내릴 수 있는 기간한정 자유 승차권이다. 전철이
지나는 역을 중심으로 자유롭게 타고 내리면서 관광을 하려면 이러한 할인
승차권이나 자유 이용권을 활용하는 것이 경제적이다.

주의해야 할 점은 발행하는 승차권의 종류에 따라 탑승할 수 있는 전철이
있고 탑승할 수 없는 전철이 있다. 도쿄라 하더라도 23구에서 내에서만
탑승할 수 있고 23개 구를 벗어나면 별도의 요금을 지불해야 하는 경우도
있다. 우리처럼 공영화되어 일괄 관리하는 시스템이 아니라 민영화되어 있어

각 운영 주체에 따라 별도로 관리되기 때문이다.

다음은 도쿄 지역에서 발행되는 자유 이용 승차권이다.

출처: GO TOKYO(www.gotokyo.org)

도쿄 프리 깃뿌(승차권)
JR선 23구(区)내, 도쿄 메트로, 도에이 지하철[1], 도쿄사쿠라토라무, 도에이 버스, 닛뽀리도네리 라이너의 전구간을 하루 동안 자유롭게 승차하

가격	1,590엔(성인), 800엔(어린이)
유효 기간	1일
발매 장소	도쿄도 23구의 JR 동일본 주요 역의 미도리노 마도구치, 뷰 플라자, 도에이 지하철 각 역, 닛포리 · 도네리 라이너 각 역, 도쿄 메트로 각 역
탑승 가능 철도 및 버스	JR선 23구내, 도쿄메트로, 도에이 지하철, 도버스, 도쿄사쿠라토라무(도덴 아라카아선), 닛포리 · 도네리라이너

도에이 마루고토 깃푸(승차권)
도쿄도 전철(도덴), 도에이 버스, 도에이 지하철, 닛포리 · 도네리 라이너를 하루 동안 자유롭게 승하차

가격	700엔(성인), 350엔(어린이)
유효기간	1일
발매 장소	도에이 지하철 각 역의 자동매표기, 도에이 버스 · 도쿄도 전철(도덴)의 차내, 닛포리 · 도네리 라이너 각 역의 자동 매표기에서 당일 발매. 예매는 도에이 지하철 각 역(일부 제외)의 창구, 도에이 버스 영업소 · 지소, 아라카와 전철 영업소, 도에이 지하철 · 도에이 버스 · 도쿄도 전철(도덴) 및 닛포리 · 도네리 라이너의 정기권 발매소(일부 제외)에서 발매
탑승 가능 철도 및 버스	도에이 지하철, 도버스, 도덴, 닛포리 · 도네리 라이너

---

1 도에이 지하철, 도에이 버스 : '도에이(東営)'는 도쿄도가 운영하는 회사다. 즉, 도쿄도가 운영하는 지하철과 버스를 가리킨다. '도덴(東電)'도 도쿄도에서 운영한다.

도쿄메트로, 도쿄도에이 지하철 공통 1일 승차권
도쿄 메트로와 도에이 지하철 전선을 하루 동안 자유롭게 승하차

가격	1,000엔(성인), 500엔(어린이)
유효 기간	1일
발매 장소	도에이 지하철 · 도쿄메트로 각 역의 자동매표기에서 당일 발매
탑승 가능 철도 및 버스	도쿄메트로, 도에이지하철

도쿄메트로 24시간 승차권
사용 개시 이후 24시간에 한해 도쿄메트로 모든 노선에서 자유롭게 승하차

가격	600엔(성인), 300엔(어린이)
유효 기간	사용 개시 이후 24시간. 단, 구매 당일 막차가 될 때까지 탑승하지 않으면 무효가 됨.
발매 장소	예매권은 도쿄메트로 각 역의 정기권 판매소(일부 정기권 판매소매장은 제외)에서 발매. 당일권은 도쿄메트로 각 역(일부 역은 제외)의 자동 발매기에서 당일 판매
탑승 가능 철도 및 버스	도쿄메트로

JR동일본 도쿄도 구내패스
도쿄 23구 내의 보통열차(쾌속 포함)의 보통차 자유석을 하루 동안 자유롭게 승하차

가격	750엔(성인), 370엔(어린이)
유효 기간	1일
발매 장소	JR 동일본 자유탑승 가능 역의 지정석 매표기, 창구, 미도리노 마도구치, 뷰 플라자 등(일부 제외)에서 발매 사용하기 1개월 전부터 구입 가능
탑승 가능 철도 및 버스	JR

도덴(東電) 1일 승차권
도쿄사쿠라토라무(도덴 아라카와선)을 하루 동안 몇 번이라도 승하차

가격	400엔(성인), 200엔(어린이)
유효 기간	1일
발매 장소	아라카와 전차 영업소, 도덴 정기권 발매소에서 발매. 또 당일권은 도덴 차내에서도 발매(현금만 취급)
탑승 가능 철도 및 버스	도쿄사쿠라토라무선(도덴 아라카와선)

유리카모메 1일 승차권
유리카모메선을 하루 동안 몇 번이라도 승하차

가격	820엔(성인), 410엔(어린이)
유효 기간	1일
발매 장소	유리카모메 각 역(신바시역・도요스역은 예매권도 가능)에서 발매
탑승 가능 철도 및 버스	유리카모메

린카이선 1일 승차권
린카이선을 하루 동안 한해 몇 번이라도 승하차

가격	700엔(성인), 350엔(어린이)
유효 기간	1일
발매 장소	린카이선 각 역(오사키역에서는 자동 매표기만 발매)
탑승 가능 철도 및 버스	린카이선

도쿄 지하철 자유 승차권	
도쿄를 방문하는 여행자(외국인과 지방 사람들)들을 위해 공항과 여행대리점 등 한정된 지역에서 판매하며 1일, 2일, 3일 자유권을 구입하여 정해진 기간 내에 자유롭게 승하차	
가격	1일: 800엔(성인), 350엔(어린이) 2일: 1,200엔(성인), 600엔(어린이) 3일: 1,500엔(성인), 750엔(어린이)
유효 기간	1일, 2일, 3일
발매 장소	하네다, 나리타 공항 카운터 주의: 도쿄 시내에서는 구입할 수 없다.
탑승 가능 철도 및 버스	도쿄 지하철 전 노선

할인 승차권을 구입할 때, 목적지와 코스를 고려하여 판단해야 한다. 저렴하다고 무턱대고 구입해놓고 실제 두 세 번만 탑승한다면 손해가 될 수 있다. 예를 들어, 도쿄 지하철 3일권은 하루당 500엔 꼴이지만 목적지를 통과하는 지하철역이 없는 경우가 있어 별도의 요금을 지불하고 JR전철을 탑승할 수도 있기 때문이다. 우에노와 아사쿠사, 도쿄 스카이트리를 관광한다고 하면 1,590엔의 '도쿄 프리 깃뿌'보다는 1,000엔의 '도쿄메트로, 도쿄도에이 지하철 공통 1일 승차권'이 더 효율적이다. '도쿄메트로, 도쿄도에이 지하철 공통 1일 승차권'보다 더 저렴한 승차권은 800엔인 '도쿄 지하철 자유 승차권'이다. 단, 이 승차권은 공항에서만 구입할 수 있으므로 미리 계획을 세워 입국할 때 공항에서 구입해야 한다.

다음은 도쿄에서 운행되는 지하철의 종류와 노선 이름이다.

구분	노선 이름
도에이 지하철	도에이 아사쿠사선(都営浅草線), 도에이 미타선(都営三田線), 도에이 신주쿠선(都営新宿線), 도에이 오에도선(都営大江戸線)
도쿄 메트로	긴자선(銀座線), 마루노우치선(丸ノ内線), 히비야선(日比谷線), 도자이선(東西線), 치요다선(千代田線), 유라쿠초선(有楽町線), 한조몬선(半蔵門線), 난보쿠선(南北線), 후쿠도심선(副都心線)

4. 노선 및 열차 종류별 승차 방법

전철이나 지하철을 탈 때 주의해야 한다. 워낙 많은 노선이 얽혀있다 보니 노선도를 보는 것도 어렵지만 어느 홈에서 어느 열차를 타야 할지 고민스러울 때가 많다.

먼저, 노선을 정확히 확인한다. 신주쿠, 이케부꾸로, 우에노, 도쿄, 시나가와, 시부야 등 큰 역은 수 많은 전철과 지하철이 교차하기 때문에 목적지에 정차하는 노선을 정확히 확인해야 한다.

다음으로 홈에서 열차의 종류를 확인한다. 우리나라 지하철은 일부를 제외하고는 거의 모든 역에서 정차한다. 일본의 철도는 종류에 따라 정차하는 역이 있고 그렇지 않은 역이 있다. 다음의 예는 신주쿠에서 출발하는 오다큐선(小田急線)의 노선도다.

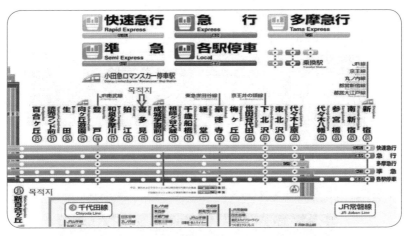

[오다큐선의 노선도의 예]

노선도에는 다양한 색상으로 표시되어 있다. 위쪽에 범례에는 쾌속급행(快速急行), 급행(急行), 다마급행(多摩急行), 준급(準急), 각역정차(各駅停車)가 있다. 각 색상 노선에 흰색 동그라미가 있는 곳이 정차를 하는 역이다.

예를 들어, 오렌지색의 쾌속급행은 '신유리가오카(新百合ヶ丘)'역까지 두 번만 정차하고 세 번째 역이 된다. 빨간색의 급행은 네 번 정차하고 다섯 번째 역이다. 기타미역(喜多見駅)을 가려면 급행(急行) 또는 준급(準急)을 타고 세이조가쿠엔마에역(成城学園前駅)에서 각역정차(各駅停車) 열차로 환승하여 한 정거장을 간다. 가장 안전한 방법은 각역정차 열차를 타고 가는 것이겠지만 그러면 시간이 너무 많이 소요된다. 따라서 열차 종류를 적절하게 활용해야 한다. 각역정차 열차를 타야 하는데 급행이나 쾌속급행을 탔다가는 한 참을 되돌아와야 하는 불상사가 발생할 수도 있다.
플랫폼에 가면 중앙에 다음과 같은 전철의 정보가 표시된다. 타는 홈, 전철의 종류, 목적지, 발차시간 및 차량 수가 표시된다.

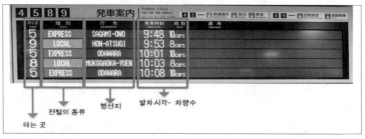

각 홈에는 다음과 같이 도착하는 열차에 대한 정보가 표시된다.

이 정보를 확인하고 탑승한다. 회사에 따라 표시 방법이 차이가 날 수 있으나 대부분 비슷한 시스템으로 안내하고 있다. 여하튼 일본의 철도는 우리보다 많은 편이 운행되고 많은 종류가 있으므로 복잡하기 때문에 탑승할 때는 주의를 기울여야 한다.

5. 공항에서 도쿄 도심으로

도쿄의 관문인 하네다(羽田) 공항이나 나리타(成田) 공항에 도착하면 도쿄 도심으로 들어가기 위해 여기 저기 두리번거리게 된다. 우리나라에서도 낯선 곳에 가면 어색하고 약간의 설렘과 두려움이 있는데 외국의 공항에 나서면 훨씬 더할 것이다. 어느 나라 공항이나 시스템은 비슷하기 때문에 차분히 둘러보면서 가장 먼저 관광 안내소를 찾는다. 도쿄의 관문인 하네다(羽田)든 나리타(成田)든 관광 안내소가 있으며 한국어가 가능한 직원이 있다.

[하네다 공항에 있는 관광정보센터]

이곳에서 도쿄 관광에 대한 정보를 최대한 얻도록 한다. 한국어로 인쇄된 안내 전단지나 책자가 비치되어 있으므로 이 자료들을 잘 챙기도록 한다.

특히, 도쿄 전철과 지하철 노선도가 있으면 반드시 챙겨오도록 한다. 도쿄에서의 관광은 100% 전철(지하철)로 이동한다고 생각하면 된다. 매우 유용하게 활용할 수 있다.

[공항에 비치되어 있는 한글로 된 관광 정보지]

하네다와 나리타에서 도쿄 도심으로 들어가는 교통은 여러 방법이 있다. 대표적인 방법을 소개하면 다음과 같다. 택시는 비용이 너무 많이 소요되기 때문에 제외한다. 나리타에서 도쿄 도심으로 택시를 이용하면 우리 돈으로 최소 150,000원에서 200,000원 내외가 소요된다.

출처: GO TOKYO(www.gotokyo.org)

공항	교통 수단 및 요금	도착지
하네다 공항	리무진 버스 930엔(40분~50분) 케이큐선(京急) 410엔–시나가와(品川)역 환승–JR 170엔 (약35분) 도쿄 모노레일 490엔–하마마츠초(浜松町)역 환승–JR 160엔 (약30분)	도쿄역
	리무진 버스 1,230엔(약 1시간) 케이큐선(京急) 410엔–시나가와역 환승–JR 200엔(약40분)	신주쿠역
	케이큐선(京急) 410엔–시나가와역 환승–JR 200엔(약45분)	우에노역
	리무진 버스 1,000엔~1,200엔(약40분~1시간반)	주요 호텔
	리무진 버스 820엔(30분~50분)	도쿄시티 에어터미널 (T–CAT)

✈️ **하네다 공항에서의 교통안내**

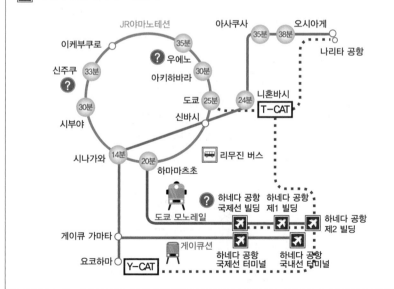

THE 엑세스 나리타/도쿄셔틀 버스 1,000엔(약1시간) JR 소부선(総武) 쾌속 1,320엔(90분) JR 나리타 익스프레스 3,020엔(60분)	도쿄역
나 리 타 공 항	리무진 버스 3,100엔(1시간반~2시간) JR 나리타 익스프레스 3,190엔(80분) 나리타 스카이라이너 2,470엔-우에노(上野)역 환승-JR 200엔(약70분)	신주쿠역
	나리타 스카이라이너 2,470엔(43분)	우에노, 닛뽀리역
	리무진 버스 2,800엔~3,100엔(1시간~2시간)	주요 호텔
	리무진 버스 3,000엔(1시간~1시간반)	도쿄시티 에어터미널 (T-CAT)

✈ **나리타 공항에서의 교통안내**

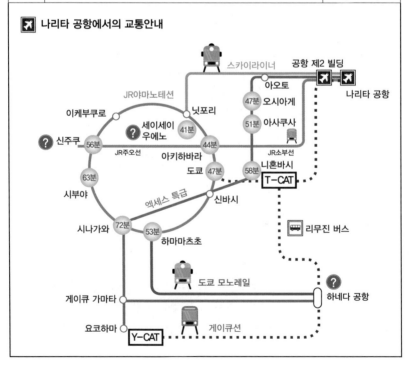

이 밖에도 다양한 조합과 방법으로 목적지에 도착할 수 있으나 낯선 곳에서 복잡하면 그만큼 시간도 많이 소요되기 때문에 생략했다. 나리타에서 신주쿠역까지 가는 방법의 하나로 나리타 스카이라이나를 타고 우에노(上野)역 또는 닛뽀리(日暮里)역으로 가서 JR 야마노테(山手)선을 타고 신주쿠로 가면 2,470엔 + 200엔 = 2,670엔으로 시간은 1시간 10분정도에 도착할 수 있다. 리무진 버스나 나리타 익스프레스보다 저렴하게 도착할 수 있다.

표에서 보는 바와 같이 한 번에 빠르게 도착하는 방법은 금액이 높으며, 환승을 통해 가면 저렴한 비용으로 도착할 수 있다. 하네다에서 신주쿠까지 리무진 버스로 가면 1,230엔이지만 전철을 이용하여 시나가와(品川)역에서 한 번 환승해서 가면 절반 정도의 금액인 610엔에 갈 수 있다. 리무진 버스는 호텔에서 바로 공항으로 가기 때문에 편리하기는 하지만 교통 사정에 따라 시간이 지체될 수 있다.

[도쿄의 야마노테선의 주요 역]

테마별 여행

01. 7,000원으로 오덕 성지 순례:
하루 정도는 오덕이 되자.

아키하바라

　오타쿠의 발상지는 일본이며 우리나라에 들어오면서 일본어 발음을 변형시켜 '오덕' 또는 '덕후'라는 이름으로 불리기도 한다. '오타쿠(オタ ク)'라는 단어는 일어로 쓸 때는 히라가나가 아닌 외래어를 표기할 때 쓰는 가타가나로 쓴다. 영어는 일본어 발음을 그대로 'OTAKU'로 쓰일 정도로 세계적으로 통용되는 단어가 되었다. 오타쿠들 사이에서는 오타쿠 관련 상품이나 관련 매장과 많은 오타쿠들이 모여 정보교류를 이루는 곳을 '성지(聖 地)'라 부른다. 또, 특정 애니메이션이나 만화에서 배경으로 나왔던 장소를 가리키기도 한다. 오타쿠 성지로 대표적인 곳이 아키하바라(秋葉原)역 주변이다. 원래는 전자상가로 1970년대부터 90년대 초반까지 번성했던 곳이 차차 만화와 애니메이션 콘텐츠가 늘어나면서 오타쿠 거리로 탈바꿈한 곳이다. 오타쿠 성지 순례는 도쿄에서 오타쿠 성지라 불리는 대표적인 장소를 하룻동안 돌아보는 코스다. 관심사에 따라 재미있는 이야깃거리를 만들 수 있고, 오타쿠 세계를 엿볼 수 있는 색다른 관광이 될 수 있다. 하룻동안 오타쿠가 된 기분으로 오타쿠 세계로 빠져보자. 장소는 많지 않지만 제대로 보려면 하루도 부족하다 할 수 있다.

> 〈참고〉 [오타쿠란?]
>
> 　일반적으로 오타쿠는 「어떤 하나의 사물이나 장르에 심취하여 그것만을 위해 매진하여 연구하고 찾아 다니는 사람」을 말한다. 즉, 하나의 취미나 관심사에 깊이 빠진 사람이다. 이들이 주로 갖는 관심사는 애니메이션, 만화,

게임과 같은 서브컬쳐 장르가 대부분이다. 이들을 분류할 때 인격적으로나 심리학적 관점에서 분류하지 않고 단순히 취미의 패턴에 의해서 분류한다. 비슷한 취미와 관심사를 가진 사람들이므로 심리학적으로도 분석한다면 비슷한 결과가 나오지 않을까 생각된다.

이전부터 오타쿠라는 존재는 있었지만 이들을 오타쿠로 정의할 초기 무렵에는 '관심을 가질만한 연령(20대 후반 이후의 연령대)이 지난 나이임에도 애니메이션, 만화, 철도, 컴퓨터, 아이돌, 게임, 프라모델 등에 심취한 독신의 남성'이나 '애니메이션 만화와 관련된 동인 활동을 하는 사람' 또는 '특정 취미 분야에 생활하는데 필요한 시간이나 소득의 대부분을 쓰는 사람' 을 가리키기도 했다. 이 당시에는 오타쿠를 외모상으로도 특정하기도 했다. '배가 뿔뚝 튀어나온 뚱뚱한 체격에 검고 두꺼운 안경테의 안경을 걸치고 머리카락은 정돈되지 않은 채 자주 빨지 않은 듯한 허름한 옷차림'이 특징이었다. 이러한 이유로 인해 초기에는 '일반인들은 이해하기 힘든 기묘한 행동을 하는 사람' 또는 '여성들이 싫어하는 남성' 등 부정적인 시각이 많았다.

[전형적인 오타쿠의 외모]

　최근에는 오타쿠가 해당 분야에서 가진 지식이나 능력을 인정받으면서 어두운 이미지에서 밝은 이미지로 바뀌어가고 있다. 즉, '특정 관심 분야에 깊이 연구하며 이 분야에서 지식이 풍부한 전문가'라는 이미지로 바뀌어가고 있다. 초기에는 남성에게만 한정되었던 오타쿠가 여성에게도 적용되기 시작했다. '여성 오타쿠'라는 호칭도 사용하기도 하지만 썩은 여성이라는 의미의 '후죠시(腐女子)'라는 호칭으로 불리기도 한다.('21세기 신문화의 리더 오타쿠(이진천)' 중에서)

　도쿄에서 오타쿠의 성지로 알려진 곳은 아키하바라(秋葉原)를 포함하여 나카노(中野), 이케부쿠로(池袋)를 꼽을 수 있다. 신주쿠가 숙소인 경우 두 가지 경로를 생각할 수 있다. 가까운 곳에서 먼 곳으로 가서 돌아오는 코스(신주쿠-나카노-이케부쿠로-아키하바라-신주쿠)와 먼 곳을 먼저 가서 점점 가까운 곳으로 돌아오는 코스(신주쿠-아키하바라- 이케부쿠로-나카노-신주쿠)다.

[오타쿠 성지 코스]

〈Tip〉 설계를 할 때 주의해야 할 것은 상가가 보통 오전 10시 이후에 영업을 시작하기 때문에 아침 일찍 서두른다고 해도 너무 빨라서 개점할 때까지 기다려야 할 수도 있다. 이러한 점을 고려하여 이동에 시간이 많이 소요되는 아키하바라를 먼저 관광하는 것이 시간을 적절하게 쓰는 노하우라 할 수 있다.

신주쿠

　　JR소부선 치바행 탑승(170엔)

아키하바라　　3시간　　아키하바라

　　JR야마노테선 이케부쿠로행 탑승(200엔)

이케부쿠로　　2시간 30분　　오또메 로드 등 이케부쿠로

　　JR야마노테선 신주쿠에서 추오선으로 탑승(170엔)

나카노　　2시간 30분　　나카노 브로드웨이

　　JR 추오선 신주쿠행 탑승(160엔)

신주쿠　　호텔

[오덕 코스 설계]

　이번 오타쿠 성지 순례는 JR을 이용하도록 하자. JR 1일 자유이용권이 750엔이므로 이를 활용할 수도 있고, 전철을 네 번밖에 타지 않기 때문에 교통카드를 활용해도 큰 차이는 없다. 1일 자유이용권은 750엔인데 반해 교통카드로 이용할 경우 700엔이 소요된다. 교통카드인 PASMO나 SUICA를 사용하면 1% 할인을 해주기 때문에 교통카드가 있다면 이를 활용하는 것이 더 절약된다. 자주 갈아타는 경우라면 자유이용권이 유리하지만 많은 횟수의

승하차를 반복하지 않는 경우는 교통카드가 경제적일 수 있다.

신주쿠역에서 JR 소부선 치바행(ＪＲ総武線・千葉行)을 타고 아키하바라역(秋葉原駅)으로 향한다. 시간은 약 25분 정도 소요된다. 역사 바닥과 벽에는 홍보용 만화 캐릭터가 장식되어 있어 콘텐츠 관련 지역임을 체감할 수 있다. 개찰구를 빠져 나와 전기상점가 출구 (電気街口)로 빠져나오면 역사 앞 밖의 건물 외벽에 붙은 광고판에도 다양한 만화 캐릭터가 등장한다. 이곳이 콘텐츠의 거리이며 오타쿠의 성지라는 것을 말해주고 있다.

전기상점가 출구로 나와 왼쪽에 있는 건물에 '라디오 회관(ラジオ会館)'이 있다. 오래 전부터 오타쿠의 메카로 불리는 곳이기도 한다. 라디오 회관은

원래 전기전자 제품 매장을 주를 이루었으나 지금은 각종 콘텐츠 관련 매장으로 탈바꿈했다. 라디오 회관은 아키하바라 거리의 역사를 말해주는 건물이라 할 수 있다.

[역사 바닥에 장식된 캐릭터] #

〈Tip〉 일본 지하철은 매우 복잡해 출구가 많기 때문에 개찰구에서 빠져나오기 전에 출구를 정확히 확인하도록 한다. 출구 표시는 한글로도 표기가 되어 있기 때문에 그리 어렵지 않다. '전기상점가 출구(電気街口)'도 한글로 표기되어 있으므로 쉽게 찾을 수 있다.

[아키하바라 역 앞의 풍경(왼쪽 두 번째 건물이 라디오 회관)]

[외벽에 붙은 만화 캐릭터 광고] #

곳곳에 애니메이션 포스터가 붙어 있고 LAOX, LABI와 같은 전자제품 양판점 간판과 SEGA, Nintendo와 같은 게임 소프트웨어 회사의 로고 등 우리들의 눈과 귀에 익숙한 브랜드가 보인다. 콘텐츠의 거리로 변모했다고는 하지만 전자상가로서의 위용은 그대로 유지하고 있다. 70년대부터 90년대 초반까지 하드웨어 매장 중심에서 90년대 중반 이후에 소프트웨어(콘텐츠) 매장이 늘어나면서 콘텐츠 관련 비즈니스가 메인이 된 거리다. 이곳에서는 시간을 잘 배분하여 움직여야 한다. 만화나 애니메이션, 게임과 관련 정보를 훑어볼 수 있는 애니메이트나 도라노아나 등 콘텐츠 유통 매장에 들르고 일본에서 떼창을 하는 대표적인 걸 그룹 AKB48의 공연장인 'AKB48 극장'도 관광 코스에 넣어둘 필요가 있다. 여건이 된다면 매이드 카페에서 차 한 잔을 할 수도 있다. 전자제품 양판점을 구경하려면 거리 여기 저기 산재해 있으므로 언제든 들어가 볼 수 있다. 야마다덴기 LABI, 요도바시카메라, 카메라노기무라야, LAOX 등 쉽게 접할 수 있다. 한 두 곳에 들어가 둘러보다 보면 시간이 훌쩍 지나게 된다. 한 매장에서 구경하다 보면 시간이 한 시간은 쉽게 지난다.

전자상가 출구(북쪽)로 나와 오른쪽으로 나가면 정면에 간담 카페(ガンダム

카フェ: 東京都千代田区神田花岡町1-1, Tōkyō-to, Chiyoda-ku, Kandahanaoka-cho, 1 Chome－1)가 있다. 로봇 애니메이션인 간담을 테마로 한 인테리어와 간담을 주제로 한 메뉴가 있는 식당이다. 간담을 제작한 '반다이(BANDAI)'에서 운영하는 카페다. 아마도 세계적으로 특정 캐릭터를 대상으로 플라스틱 모형(프라모델)에 대한 팬이 가장 많은 것이 간담일 것이다. 일본뿐 아니라 우리나라를 비롯하여 세계에 많은 간담 팬이 있으며 간담 프라모델 전문 숍이 있을 정도다. 간담이나 간담 프라모델에 심취한 '간담 오타쿠(덕후)'가 있다. 어느 가게에서나 제공하는 음식인데 이름을 간담과 연계하여 짓거나 음식을 내올 때 간담스럽게 치장하여 간담 오타쿠들의 말초신경을 자극하는 카페다. 간담과 관련된 각종 기념품도 판매하고 있으며 '간뿌라야끼'라 하여 우리나라의 붕어빵인데 붕어 모양 대신 로봇인 간담의 모형이 찍히는 빵을 판매하기도 한다. 간담 애니메이션이나 모형에 관심이 있는 팬이라면 빼놓지 말아야 장소일 것이다.

〈참고〉 [기동전사 간담]

　일본의 대표적인 로봇 애니메이션이다. 1979년에 텔레비전 시리즈로 제작되어 인기를 얻어 일본은 물론 전세계에 방영되었고 영화판도 제작되었다. 애니메이션의 인기에 힘입어 장난감, 만화, 빠칭코 등에도 간담이 등장하였다. 특히 인기를 모은 것이 로봇의 프라모델(플라스틱 모형) 조립이다. 지금도 전세계에서 인기를 끌고 있다. 간담을 좋아하고 연구하며 각종 프라모델을 만드는 간담 오타쿠가 많다. 간담 오타쿠는 단어를 압축하여 '가노다'라고 부르기도 한다. 간담 애니메이션은 오타쿠 세대를 구분하는 하나의 기점이 되고 있다. 오타쿠의 세대를 구분할 때 텔레비전 애니메이션으로 나누기도 하는데 1세대는 우주전함 야마토, 2세대는 기동전사 간담, 3세대는 신세기 에반게리온, 4세대 진격의 거인과 같이 한 시대를 풍미한 애니메이션으로 구분 짓기도 한다. 이중에서 가장 오랜 인기를 구가하고 있는데 간담 오타쿠의 영향 때문이다.

[간담 카페]

전기상점가 출구로부터 100m 정도 직진한 후 왼쪽을 보면 강과 다리가 하나 보인다. 이 다리가 '만세이바시(万世橋)'다. 이 다리 밑을 흐르는 천이 '간다천(神田川)'이다. 이곳을 기점으로 오른쪽으로 큰 거리가 나타나는데 '추오 거리(中央通り)'다. 우리말로 하면 중앙로다. 아키하바라의 메인 스트리트다.

[추오 거리] #

양쪽에 늘어선 건물에는 화려한 간판이 어지럽게 붙어 있다. 또, 건물 곳곳에 어디에서 많이 본듯한 애니메이션 캐릭터나 아이돌의 대형 브로마이드가 장식되어 있다. 추오 거리를 따라 늘어선 가게를 구경하고 걷다 보면 오른쪽에 DORANOANA(東京都千代田区外神田4-3-1, Tōkyō-to, Chiyoda-ku, Sotokanda, 4 Chome－3－1)라는 오렌지색 간판이 보인다. 전국적인 점포를 갖고 있는 체인점으로 동인지, 동인 게임, 만화, 성우 CD, 애니메이션 DVD, 미소녀 게임을 중심으로 유통을 전개하는 회사다. 초기에는 동인지 중심으로 유통을 했으나 지금은 일반 만화나 애니메이션 관련 상품도 유통하고 있다. 이 가게에 들어가 보면 각종 동인지와 만화, 게임 등 수 많은 상품이 어지러울 정도로 진열되어 있다. 야한 포즈를 취한 애니메이션 캐릭터도 눈에 띤다.

[도라노아나]

[아키하바라의 콘텐츠 유통 상점]

이 거리에서는 이러한 류의 비즈니스를 펼치는 가게들을 쉽게 만날 수 있다. 'ANIMATE', '소후맙뿌', 'MANDARAKE' 등도 비슷한 종류의 콘텐츠 유통을 전개하고 있다.

이러한 가게에서는 게임, 애니메이션과 같은 콘텐츠 상품만 있는 것이 아니다. 각 점포에서는 만화, 애니메이션뿐 아니라 이와 관련된 피규어, 소품, 기념품 등이 진열되어 있다 인기 있는 캐릭터가 들어간 과자, 뱃지, 피규어, 노트 등 다양한 상품으로 통행하는 사람들의 눈길을 끌고 있다.

[아키하바라스러운 상품] #

〈참고〉 [동인지]

동인지는 만화나 애니메이션에 관심을 갖는 동호인(同好人)이 자신이 창작한 작품을 자비를 들여 소책자 형식으로 만든 작품집이다. 기존의 상업화된 작품을 패러디하거나 변형 또는 모방한 작품도 있는데 이를 '제2창작'이라 한다. 이런 작품이 가끔씩 저작권 문제에 휘말리기도 한다. 또 성인물에 버금가는 야한 작품으로 문제가 되기도 한다. 주관에 따라서 외설과 예술의 구분이 되기도 하지만 적어도 이러한 작품을 창작하는 사람의 입장에서는 예술일 것이다. 원래 이러한 동인지는 '코미케('코믹 마켓'을 줄인 말)'라 불리는 코믹 마켓이라는 이벤트를 통해 동호인들끼리 판매하고 구입했으나 DORANOANA, ANIMATE, K-BOOKS와 같은 전문 유통매장이 생겨나면서 기간과 장소에 구애받지 않고 활발하게 거래되고 있다.

[동인지의 예]

일본이 만화, 애니메이션, 게임 분야에서 세계에서 가장 강한 나라가 된 것은 이러한 거래시장이 형성되어 있기 때문일 것이다. 매장에 들어가보면 아마추어 작가들의 작품이 많은데 이 작품을 많은 사람들에게 소개하고 이를 일반 소비자가 구입할 수 있는 시스템이다. 꼭 유명 작가가 아니더라도 일반 대중에게 알릴 수 있는 장이 되는 곳이다. 작가는 이러한 매장을 통해 작품에 대한 소비자의 반응을 알 수 있고, 작은 금액이나마 수입을 얻을 수 있기 때문에 작품활동을 영위할 수 있다. 이러한 매장은 마이너 작가들의 작품 전시장이며 유통 시장이다. 아마추어 작가들은 이러한 장을 활용하여 프로 만화가와 프로 애니메이터의 꿈을 키워가고 있다.

도라노아나에서 나와 조금 더 전진하면 도라노아나와 유사한 유통 매장인 'ANIMATE'건물이 보이고 그 건물을 지나면 저가의 잡화 양판점인 '돈키호테' 건물이 나타난다. 이 건물 8층에 AKB48 극장(東京都千代田区外神田4丁目3-3, Tōkyō-to, Chiyoda-ku, Sotokanda, 4 Chome− 3 −3)이 있다. 명칭은 극장이지만 영화관이 아니라 공연장이다. 이 AKB48 극장에는 거의 매일 AKB48 그룹의 공연이 열릴 뿐 아니라 멤버관련 상품을 판매하는 가게와 카페가 있다. 이 매장에서 앨범을 비롯하여 이들의 캐릭터 상품을 구매하기도 한다. 여기에서는 CD 발매 주일에 팬과의 악수 이벤트를 개최하기도 하는데 이 악수 이벤트가 있는 주에는 싱글 차트가 올라가지만 그 이후로는 순위가 대폭 떨어지거나 50위 밖으로 밀려나는 경우가 많다. 악수 이벤트를 하는 지역인 도쿄는 높지만 그렇지 않은 지역에서는 낮은 순위를 기록한다. 이런 판매 방법을 'AKB 상술'이라는 단어가 만들어지기도 했다. 여러 평가가 있기는 하지만 아키하바라 오타구발(發) 연예 뉴스의 한 꼭지를 장식하는 그룹이며 이곳이 본거지라 할 수 있다.

[AKB48 극장 건물]

〈참고〉[AKB48]

AKB48은 2005년에 탄생한 여성 아이돌 그룹이다. 오타쿠 관련 엔터테인먼트 산업의 대표적인 그룹으로 유명하다. 여기에서 'AKB'는 아키하바라의 약어인 '아키바(AKiBa)'의 이니셜이고 '48'은 여성 멤버의 인원 수를 의미한다. 이 AKB48 멤버는 기수 별로 멤버가 구성되어 탈퇴(졸업)하거나 신규로 가입하기도 하여 48명 전후가 된다. 이들은 꾸준한 공연과 함께 앨범도 발표하고 있다. 일반인들은 아이돌이 가까이에 있는 존재라는 느낌을 갖지 못하는데 AKB48은 '만나러 갈 수 있는 아이돌'이라는 컨셉트로 아이돌이 우리 가까이에 있다는 것을 확인시켜주며 아이돌의 성장과정을 눈으로 확인할 수 있는 '아이돌 성장 프로젝트'이기도 하다. 종종 일본의 싱글 차트에서 1위를 차지하기도 할 정도로 인기가 높다. 이 그룹에서 졸업한 후 솔로로 데뷔하기도 하고 배우로 데뷔하여 성공을 거둔 연예인도 많다. 아키하바라역 앞에 전문 AKB48 카페와 전문 매장을 운영하고 있다. 간담 카페와 나란히 붙어 있다.

[아키하바라역 앞에 있는 AKB48 카페와 기념품 숍] #

인원 수가 많은 이유는 아무리 까다로운 오타쿠라 하더라도 그 중에서 한 명은 마음에 드는 아이돌이 있을 수 밖에 없다는 것에 주목한 것이다. 여기의 멤버는 대부분 오디션에 의해서 선출되며 이를 발판으로 연예계에 진출하기도 한다. 인원이 많다 보니 여러 가지 화제를 일으키기도 한다. 어린

소녀로 구성된 멤버 중 한 명의 임신 파문이나 공연 중 속옷 노출, 티켓 판매에 대한 문제 등 다양한 화제를 일으켰다. 오사카 지역에는 난바 지역명을 따서 'NMB48', 나고야의 사카에 지역을 본거지로 한 'SKE48', 후쿠오카의 하카타 지역을 본거지로 한 'HKT48', 니이가타 지역을 본거지로 한 'NGT48' 등이 있다.

공연은 평일에는 저녁 시간대, 주말에는 낮 시간대에 펼쳐진다. 금액은 성인의 경우 3,000엔대가 일반적인 금액이다. 특별한 공연을 관람하려면 시간적 여유가 있어야 하기 때문에 입구를 둘러보고 오는 정도가 되지 않을까 싶다.

AKB 극장을 나와 대로변을 건너 한 블록 정도 가면(스에히로초역 방향) 작은 골목이 나온다. 골목에 들어서면 아키하바라 가차뽕 회관(秋葉原ガチャポン会館: 東京都千代田区外神田3-15-5, Tōkyō-to, Chiyoda-ku, Sotokanda, 3 Chome－１５－5)이 나온다. 동전을 넣고 스위치를 돌리면 피규어나 모형이 들어있는 투명한 케이스가 튀어나오는 기계다. '가차뽕'이라는 용어는 의성어에서 따온 말이고 원래는 '캡슐토이'라는 기계다. 캡슐 안에 들어있는 장난감을 말한다. 우리나라에서도 초등학교 근처의 문방구 앞에 설치되어 있는 완구 뽑기 기계다. 이곳은 가차뽕 전문 매장으로 가차뽕 기계로 가득 차 있다. 가게 안에 들어서면 청소년 일행이 여기 저기 기계 앞에서 웃으며 떠드는 소리가 들린다. 우리나라에서는 어린이들이나 하는 게임기 정도로 인식되어 있지만 일본에서는 아니 적어도 아키하바라에서는 성인들에게도 상당한 인기를 얻고 있다. 이 거리를 찾는 사람들이 갖고 싶어 하는 상품이 많이 들어있기 때문이다.

어느 것이 당첨되어 떨어질지 모르는 상황에서 자신이 원하는 것이 당첨되는 기쁨을 누리기 위한 재미라 할까? 실제 투입한 금액보다 고가의 상품이 섞여 있어 운이 좋으면 이러한 상품이 떨어질 수 있다. 결과적으로는 돈을 지불하고 직접 구입하는 것보다 비싸지만 행운을 기대하는 마음으로 도전하게 된다.

[가차뽄 기계의 예]

인간의 심리 한 구석에 잠재되어 있는 도박 심리를 자극하는 상술이 아닐까 하는 생각이 든다. 같은 건물 2층에는 매이드 카페 큐어(東京都千代田区外神田3-15-5 2F, Tōkyō-to, Chiyoda-ku, Sotokanda, 3 Chome- 1 5 - 5 2F)가 있다. 아키하바라에서 점심을 해결하려고 한다면 스에히로쵸(末広町)역 방향으로 2~30m만 전진하면 MOS BURGER(東京都千代田区外神田3丁目1 6-1 4, Tōkyō-to, Chiyoda-ku, Sotokanda, 3 Chome- 1 6 -14)라는 간판이 보인다. 일본인 취향에 맞춰 만든 햄버거 체인점이다. 맥도날드에 이어 두 번째로 큰 체인점이다. 일반 햄버거 가게와 다른 점은 미리 만들어놓은 것을 판매하는 것이 아니라 주문을 받고서 만드는 '에프터 오더 방식'이라는 것이다. 아키하바라점이 아니더라도 햄버거를 먹고 싶다면 일본산 햄버거인 'MOS BURGER'를 추천하고 싶다. 우리나라에도 진출해있지만 본고장에서 오리지널 맛을 즐겨 보시길…

[녹색 간판의 모스 버거]

거리를 거닐다 보면 매이드 복장(매이드 코스프레)을 하고 전단지를 나눠주는 여성들을 만날 수 있다.

[코스프레 복장으로 전단지를 나눠주는 여성과 전단지]

이 전단지는 매이드 카페를 소개하는 내용이 많다. 매이드 카페는 매이드 즉, 하녀가 주인님에게 심부름을 하고 주인이 심심하면 같이 놀아주는 카페다. 일본스러운 서비스라 할 수 있다. 종업원이 하녀 복장을 하기 때문에 '코스튬 카페'라 불리기도 한다. 하녀 코스프레를 한 카페라할 수 있다.

매이드 카페 앗토 호무 카페(@ほぉ〜むカフェ: 東京都千代田区外神田 1-11-4, Tōkyō-to, Chiyoda-ku, Sotokanda, 1－1 1－4)에 들어가면 하녀가 주인을 대하듯 "주인님"이라는 호칭을 사용하여 "주인님, 어서 돌아오십시오.(お帰りなさいませ。ご主人様！)"라고 인사를 한다. 음료나 음식을 주문하면 서빙하는 하녀(?)가 와서 같이 말동무가 되어주기도 하고 게임을 하며 놀아주기도 한다.

[매이드 카페가 들어선 건물]

[매이드 카페에서 나온 음료]

손님이 하녀를 지명기도 한다. 음료나 음식이 나오면 매이드가 과장된 표정으로 가슴 높이에 손을 대고 하트를 그리며 "모에모에 큔~"과 같은 소리를 내며 애교를 부린다. 낯 간지러운 웃음이 절로 나온다. 음료나 음식에는 하트나 캐릭터 그림을 그려 내놓는다.

주문한 음식을 다 먹고 나면 매이드와 게임을 즐긴다. 쉽게 즐길 수 있는 단순한 게임기를 가져온다. 예를 들어, 칼자루를 꽂을 수 있는 구멍에 칼을 꽂으면 해적의 머리가 튀어 나오는 해적 룰렛과 같이 단순한 게임이다. 게임이 끝나면 지명한 매이드와 함께 사진을 찍는다. 토끼의 귀나 양의 뿔 모양의 머리띠를 씌워준다. 낯간지러워서 거절을 해도 몇 번이나 권유해서 어쩔 수 없이 쓰게 된다. 사진은 가게에서 준비해 놓은 즉석 사진기다. 손님이 가지고 간 카메라나 휴대전화는 사용할 수 없다. 외부에서 가져간 스마트폰이나 카메라의 촬영은 절대 금지다. 계산을 하고 가게를 나올 때는 "다녀오십시오, 주인님(잇떼 이랏샤이마세, 고슈징사마)"라고 인사를 한다. 마음에도 없는 하녀의 인사말을 들으면 다시 한 번 웃음이 나온다.

매이드 카페는 한 번쯤 들어가보면 재미있을 것 같기는 하지만 상당한 비용이 소요된다. 기본적으로 입장료가 1인당 500~600엔 정도다. 소프트 드링크를 마실 경우는 1,000엔 내외고, 식사를 한다면 2,000~3,000엔 내외의 비용이다. 입장을 해서 아무것도 주문하지 않을 수 없다. 가게에 따라서 대학생이나 고등학생은 할인혜택을 주기도 한다. 기본적으로 한 시간 요금이며 시간이 추가되면 추가 비용을 지불해야 한다. 요금은 평일과 주말에 차이가 있고 저녁 시간대와 심야 시간대는 할증 요금을 받는 것이 일반적이다. 가성비를 따지는 입장에서는 이 가게에 들어가 즐기기에는 무리가 따른다. 다른 비용을 아껴서 한 시간만 하녀에게 투자를 할 것인지 고민해봐야 할 것이다. 그렇다고 한 시간 내내 하녀가 옆에 앉아 있는 것도 아니기 때문이다. 라이선스 카드를 발급해주는데 뒷면에는 자신의 이름과 함께 'OOO주인님'이라고 손 글씨로 써준다. 이것도 상술의 하나로 다음 번에도 지명해주기를 바라는 의도일 것이다.

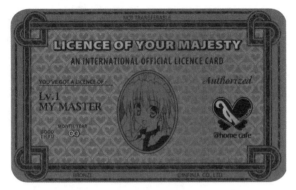

[라이선스 카드]

〈참고〉 [코스프레 비즈니스]

우리나라에서는 '코스프레'라는 단어를 결코 좋은 이미지로 사용하지 않는다.
거짓 행세하는 것을 가리킬 때 많이 사용하기 때문이다. 예를 들어, 가해자가
피해자인 척 하는 행동을 '피해자 코스프레'라는 식으로 사용하기 때문이다.
일본에서는 코스프레 관련 비즈니스가 활발하다. 앞에서 다룬 매이드 카페를
비롯하여 반대의 역할을 하는 집사 카페도 그렇다. 또, 매이드가 청소를
대행해주는 매이드 청소대행 서비스다. 실제 매이드는 청소를 한다기보다는
주인과 이야기를 하는 것이 메인이다. 항공기나 지하철의 이미지를 꾸며놓고
장난을 치는 이미지 클럽이 있다. 가상의 공간을 꾸며놓고 못된 짓을 하는
장사다. 술집인데 각종 코스프레 의상을 입은 호스티스가 서빙을 하는
코스프레 클럽도 있다. 코스프레 의상을 갖춰놓고 다양한 캐릭터로 변신하며
사진을 찍을 수 있는 코스프레 사진관, 코스프레 의상을 제작해주거나 각종
도구를 제작, 판매하는 비즈니스도 활발하다. 코스프레를 테마로 하나의
비즈니스 장르를 형성하고 있다.

아키하바라 거리를 거닐다 보면 작은 전자부품을 판매하는 곳에서부터 PC 및 모바일 기기, 가전제품 매장과 같이 전자상가 거리의 이미지와 함께 게임, 만화, 애니메이션관련 상품 등 독특한 오타쿠적인 분위기를 만끽할 수 있다. 오타쿠들이 많이 모이는 거리인 만큼 이들을 타깃으로 한 산업도 활발하다. 오타쿠를 위한 오타쿠적인 비즈니스로는 여자의 무릎을 배게 삼아 귀지를 청소해주는 귀지 청소방, 애니메이션이나 만화에 나오는 캐릭터의 복장을 하고 사진을 찍을 수 있는 코스프레 사진관, 코스프레 용품을 판매하는 매장, 전철이나 탱크와 같은 각종 모형(프라모델)을 판매하는 매장, 만화나 캐릭터의 캐릭터를 모형으로 만든 피규어를 판매하는 매장, 성인용품 매장, 오타쿠 물건(오타구즈)을 물물교환할 수 있는 매장 등 셀 수 없이 많은 가게들이 들어서 있다. 이런 일본스러운 풍경을 볼거리로 생각하는 외국 관광객들이 많이 몰려오면서 외국인을 대상으로 하는 매장도 늘어나고 있다. 특히, 중국 관광객이 늘어나면서 많은 매장이 중국어 안내판을 내걸고 있다. 중국의 연휴 기간이나 명절이 되면 중국인 관광객이 많아 중국의 인해전술을 실감할 수 있다.

[각종 캐릭터로 뒤덮인 매장 입구]

이곳을 찾는 외국인들은 전자제품이나 기념품을 구입하기도 하지만 아키하바라의 분위기나 풍경을 관광하기 위해 찾는 사람들이 많다. 그만큼 다른 나라에서는 보기 드문 거리의 분위기와 풍경이라 할 수 있다.

발걸음을 돌려 걸어왔던 만세교(万世橋) 방향으로 가면 아키하바라 라브매루시(秋葉原ラブメルシー: 東京都千代田区外神田1-2-7, Tōkyō-to, Chiyoda-ku, Sotokanda, 1 Chome－1－2－7)라는 간판이 보인다. 이곳은 성인용품 전문 매장이다. 기본적으로 만18세 이하는 입장할 수 없다. 지하 1층부터 4층까지 모두 성인용품을 판매하는 곳이다. 우리나라에서 성인용품은 국도변에 트럭을 세워놓고 판매한다거나 유흥가 뒷골목에 자리를 잡고 있는 것에 비하면 전혀 다른 감각이다. 우리나라는 일반적으로 성인 남성들이 많이 찾는데 반해 이곳에는 여성들의 모습도 쉽게 볼 수 있다. 가장 놀라웠던 것은 남녀 커플이 함께 들어와 성인용품을 쇼핑하는 광경이다. 쑥스러운 표정이라고는 찾아볼 수 없이 자연스러운 표정이다. 이런 생각은 필자뿐 아니라 우리나라 사람이라면 똑같은 생각을 하지 않을까? 이런 광경을 보고 일본을 '성(性)진국'이라 하는지도 모르겠다. 이곳뿐 아니라 만세교를 지나 아키하바라역으로 가다 보면 역 바로 앞에 m's Tower(東京都千代田区外神田1-15-13, Tōkyō-to, Chiyoda-ku, Sotokanda, 1 Chome－１５－１３)가 있는데 이 건물도 통째로 성인용품만 판매하는 곳이다.

세계의 성인용품 시장의 많은 상품이 일본제라고 한다. 생산지는 중국이 많지만 실제 원산지는 일본산이라 할 수 있다. 모든 것을 세밀하게 분석하고 깊이 파고드는 일본인들의 오타쿠적 성향과 성에 대해 남다른 끼(?)를 발휘하여 어른들의 밤 문화를 연구하고 이를 상품으로 완성시킨 것이

어른들의 장난감인 성인용품이라 할 수 있다. 실제 이런 용품을 구입하는 사람보다 호기심에서 구경하러 들르는 사람들이 많다고 한다. 이것 또한 일본스러운 광경이다. 성(性)에 대한 인식, 작은 것까지 연구하고 파고드는 탐구 정신, 모노쯔구리로 대변되는 물건 만드는 기술, 밤 문화를 상품화하는 상품 기획력이 발휘된 제품이 아닌가 생각된다. 들어가기에는 낯이 간지럽기는 하지만 성인이라면 구경하는 차원에서 한 번쯤 들어가보는 것도 재미있는 경험일 것이다. 이렇게 건물을 통째로 성인용품을 판매하는 곳이 있다는 것도 아키하바라만의 특징이 아닌가 싶다.

[엠즈타워] #

여자 오타쿠들의 성지, 이케부쿠로(池袋)

이렇게 아키하바라 거리를 돌아다니다 보면 2~3시간은 훌쩍 지나버린다. 아키하바라 역으로 돌아와서 이케부쿠로역(池袋駅)으로 향한다. 서울의 지하철 2호선에 해당하는 JR 야마노테선(山手線)을 타고 이케부쿠로 방향으로 9개 역으로 약 20분정도 소요된다. 역에서 내려 동쪽 출구(東口)로 나간다. 왼쪽 편을 보면 대형 양판점인 빗쿠카메라(BIC Camera: 東京都 豊島区東池袋１－４１－５, Tōkyō-to, Toshima-ku, Higashiikebukuro, 1 Chome－４１－５)가 보인다. 신주쿠에 요도바시카메라가 있다면 이케부쿠로는 빗쿠카메라다. 두 회사의 본사가 각각 신주쿠와 이케부쿠로에 있다. 빗쿠카메라는 1980년에 창업한 초기에는 카메라 디스카운트 숍으로 시작하여 가전 및 각종 전자제품을 판매하는 회사로 발전하였다.

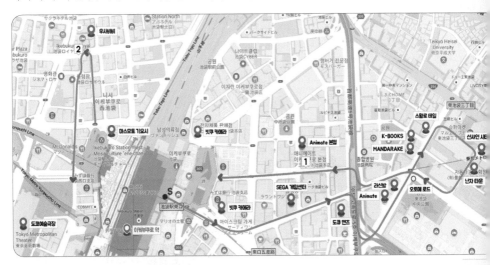

이케부쿠로(池袋)는 도쿄의 서쪽 위에 있으며 사이타마현(埼玉県)으로 나가는 길목에 있어 교통의 요충지다. 선샤인 빌딩과 선샤인 시티, 수 많은 백화점과 호텔이 밀집해 있다. 도쿄예술극장과 소극장이 있으며

릿쿄대학(立敎大学) 등 대학과 학원이 많아 젊은이들이 많이 모이는 곳 중 하나다. 이케부쿠로 역은 하루 유동인구가 250만이 넘을 정도로 많은 사람들이 오가는 역이다.

아키하바라가 남자 오타쿠의 거리라고 한다면 이케부쿠로는 여자 오타쿠 거리라 할 수 있다. 아키하바라처럼 큰 상점가로 북적거리는 것은 아니지만 조용하고 한적한 느낌이 든다. 이케부쿠로역에서 동쪽 출구(東口)로 나와 61층 건물이 있는 선샤인 시티 방향을 향해 걸어간다. 100여 미터를 걸어가면 롯데리아(東京都豊島区東池袋 1 － 1 1 － 4, Tōkyō-to, Toshima-ku, Higashiikebukuro, 1 Chome－ 1 1 －4)가 나타나는데 롯데리아를 왼쪽으로 두고 조금 더 걸으면 볼링장과 SEGA 게임센터(SEGA GiGo: 東京都豊島区東池袋1-21-1、Tokyo, Toshima, Higashiikebukuro, 1 Chome－ 2 1 － 1)가 나타난다.

[선샤인 빌딩이 보이는 이케부쿠로 동쪽 출구]*

[SEGA 게임센터 앞] #

내부로 들어가면 젊은이들로 북적거린다. 지하 1층부터 7층까지 8개층으로 이루어진 일본 최대의 아케이드 게임센터다. 지하1층과 1층은 경품 게임기, 2층은 체험형 게임, 3층은 메달 게임, 4층은 비디오 게임, 5층은 네트워크 대전 게임, 6층과 7층은 프린트 씰(일명: 뿌리쿠라) 기계가 있다.

[하츠네 미쿠 캐릭터가 그려진 리듬게임기]

〈참고〉 [하츠네 미쿠]

2007년에 등장한 가상 아이돌 '하츠네 미쿠(初音ミク)'다. 성우의 음성 데이터베이스를 바탕으로 사용자가 가사와 전자악기의 디지털 데이터(MIDI) 악곡 데이터를 지정하면 소프트웨어가 이를 해석해 노래를 부른다. 즉, 사용자가 작사한 가사와 악곡으로 노래를 불러주는 가상의 캐릭터다. 투고 사이트를 통해 많은 사용자들로부터 다양한 작품이 올라오고 소개되어 폭발적인 인기를 얻었다. 인기를 타고 공연장에서는 가수 캐릭터가 홀로그램으로 나타나 실제 공연을 펼치기도 한다. 사용자들은 목소리뿐 아니라 캐릭터를 이용하여 다양한 창작활동을 한다. 사용자 조작형 가수다. 하츠네 미쿠라는 가수를 활용하여 자신의 가사나 악곡에 맞춰 노래를 부르기도 하고 다양한 동작을 선보이기도 한다. 가상 캐릭터 하츠네 미쿠는 만16세로 158cm, 48kg으로 소개되고 있다.

[하츠네 미쿠의 캐릭터 이미지]

하츠네 미쿠 캐릭터는 만화와 게임의 소재, 피규어 등 다양한 분야에 활용되고 있다. 이 가상의 가수에 열광하는 사람 중에는 오타쿠가 상당한 비중을 차지한다.

[여성 전용 뿌리쿠라]

이케부쿠로가 여성의 취향에 거리라는 것을 이러한 곳에서도 알 수 있다. 두 개 층을 사용하고 있는데 일반 여성을 위한 층과 오타쿠 성향이 강한 여성들을 위한 게임이나 만화, 애니메이션 코스프레 층으로 나누었다. 이곳에는 메이크업실과 옷을 갈아입을 수 있는 탈의실이 있고 150벌 이상의 코스프레 의상과 각종 소품을 갖추고 있어 게임이나 만화, 애니메이션의 캐릭터로 변신할 수 있다. 의상을 갈아입고 기계 앞에서 다양한 포즈를 취하며 즉석 사진을 찍는다. 여성들은 들어가서 한 번쯤 변신을 해보는 것도 좋지 않을까?

SEGA 게임센터를 나와 건너편을 보면 오른쪽에 생활잡화 양판점인
도큐 핸즈(TOKYU HANDS) 이케부쿠로 점(東京都豊島区東池袋1-28-
10、Tōkyō-to, Toshima-ku, Higashiikebukuro, 1 Chome- 2 8 -10)이
나타난다. 문방구나 인테리어 용품, 핸드메이드 관련 상품 등을 쇼핑하려면
이곳에 들어가보면 좋을 것이다. 건물 전 층에 걸쳐 다양한 상품을 볼 수 있다.
도큐핸즈 앞에는 'SUNSHINE CITY'라는 푯말이 보이는데 에스컬레이터를
타고 가면 선샤인 시티와 연결되는 지하상가가 나온다.

[선샤인 시티 입구]

지하상가로 들어가지 말고 바로 앞에 있는 고속도로 고가 밑의 횡단보도를
건너면 도요타 자동차 쇼룸으로 사용되었던 '토요타 AMLUX'라는 파란색의
둥근 건물이 나타난다. 지금은 Victoria 스포츠 몰(東京都豊島区東池袋3-
3-5、Tōkyō-to, Toshima-ku, Higashiikebukuro, 3 Chome− 3 − 5)로
탈바꿈했다. 이 건물을 지나 선샤인 시티 프린스 호텔 방향으로 가면 프린스
호텔 건너편에 오또메 로드(乙女ロード)가 나타난다. '오또메(乙女)'는
우리말로 처녀 또는 소녀를 말하는데 아키하바라와는 달리 여성 고객들이
많이 모이는 거리라 하여 '오또매 로드(乙女ロード)'라 불리게 되었다. 이

거리는 200여 미터 정도로 아키하바라에 비해 짧은 편이다.

[이케부쿠로 오또매 로드] #

[이케부쿠로 오또매 로드]

〈참고〉 [여성 오타쿠]

여성 오타쿠는 썩은 여성이란 의미의 '후죠시(腐女子)'라 부른다. 원래 '부녀자(婦女子)'의 일본어 발음이 '후죠시'인데 이를 '부(婦)'대신 '썩다'라는 의미의 한자 '부(腐)'를 넣어도 같은 발음이 된다. 그래서 '부녀자(婦女子)' 대신 '썩은 여자'라는 의미로 '후죠시(腐女子)' 또는 줄여서 '후죠(腐女)'라 부른다. 이 후죠시의 특징은 남녀간의 이성적인 사랑이 아니라 동성인 남성들만의 연애를 다룬 만화, 소설, 게임 등을 좋아한다는 것이 특징이다. 그것도 여성이 아닌 남성들의 동성애를 다룬 작품을 즐긴다. 이런 동성애적인 정서나 작품을 좋아하고 망상을 즐기는 것에 대해 '썩었다'는 자조적인 인식을 전제로 하여 후죠시라는 표현이 된 것이다.

[후죠시들이 즐기는 보이스 러브 만화의 캐릭터]

만화나 애니메이션의 원작인 남성 캐릭터를 이용하여 남성들 사이의 동성애를 묘사한 2차 창작이나 이런 소재를 주제로 한 만화나 소설 작품을 가리켜 '야오이'라 말한다. '야오이(やおい)'는 일본어의 '야마나시, 오찌나시, 이미나시(やまなし、おちなし、いみなし)'의 두문자를 딴 것으로 '클라이맥스도 없고, 결말도 없고 의미도 없는 만화나 게임, 소설'을 가리킨다. 이런 작품은 주로 여성 고객을 타깃으로 한 것으로 대부분이 직접적인 성 묘사에 치중하여 구성된 작품이다. 이와 비슷한 의미로 쓰이는 용어가 남성들의 사랑이라는 의미의 'Boy's Love'를 줄여 표현한 'BL'이다. '여성을 타깃으로 한 남성들 사이의 동성애를 다룬 장르'를 가리킨다. 특히 'Boy'가 의미하듯이 주로 10대 소년 즉, 미소년들의 연애를 다룬 작품을 말한다. 성인 남성들의 연애를 다룬 작품을 '장미' 또는 '맨즈 러브(Man's Love)'라고도 한다. 한편으로 생각해보면 남성들이 즐기는 미소녀 게임처럼 미소녀를 즐기는데 대한 반발 심리가 작용했다고 할 수도 있다.

가장 먼저 눈에 띄는 건물이 Animate(東京都豊島区東池袋3-2-1、Tōkyō-to, Toshima-ku, Higashiikebukuro, 3 Chome－2－1)다. 게임, 만화, 에니메이션 관련 상품을 유통하는 전국 규모의 체인점이다. 아키하바라에도 있지만 이곳 이케부쿠로가 본점이다. 선샤인 시티에서 동인지 판매 이벤트(일종의 코미케)를 개최하면서 주변에 관련 매장이 생겨나게 되었다. 그 중에서 2000년대 초에 애니메이트가 여성 취향의 상품을 중심으로 취급하게 되었고, 이어서 K-BOOKS가 여성용 동인지를 취급하게 되면서 여성 중심의 거리로 변모하게 되었다. 이곳이 오또메 거리로 자리잡게 된 계기를 마련한 공로자가 애니메이트(Animate)라 할 수 있다. 매장 안에는 각종 장르의 상품이 많은데 역시 여자 오타쿠가 즐겨 찾는 남자들의 사랑을 다룬 야오이 계열의 만화나 애니메이션, 음반 등을 중심으로 진열되어 있다. 1층부터 4층까지는 소녀만화를 중심으로 한 서적 코너, 5층과 6층은 피규어, 인형, 프라모델 등 캐릭터 숍이며 7층은 애니메이션, 게임, 성우 CD 등 오디오와 비디오관련 상품이 있다. 최상층에는 공연을 할 수 있는 공연장이 있어 각종 이벤트 공연을 펼치기도 한다. 또 정기적으로 코스프레 이벤트를 개최하기도 한다.

[애니메이트 매장의 내부]

애니메이트에서 나오면 바로 옆에 라신방(らしんばん: 東京都豊島区
東池袋3-2-4, Tōkyō-to, Toshima-ku, Higashiikebukuro, 3 Chome－2
－4)과 K-BOOKS(東京都豊島区東池袋3-2-5, Tōkyō-to, Toshima-ku,
Higashiikebukuro, 3 Chome－2－5)이 있다. 두 점포 모두 애니메이트와
유사한 동인지, 만화, 애니메이션 관련 상품을 취급한다. K-BOOKS는 코믹관,
애니메이션관, VOICE관, 동인관 등으로 구분되어 점포를 가지고 있다. 이러한
점포가 전국적인 체인점으로 운영되고 있다는 것은 동인지나 관련 상품이
활발하게 거래되고 있다는 것을 증명해주고 있다. 이것이 일본의 만화나
애니메이션이 세계적인 명성을 얻는 토대가 되고 있다.

아키하바라에서 남자가 하녀(매이드)의 응대를 받았다면 이케부쿠로에서는
여자가 집사로부터 응대를 받는다. 2000년대 초반부터 이케부쿠로 주변에서
집사 카페가 등장하기 시작했다. 대부분 80~120분 정도의 시간제로
운영되며 남자 집사가 여성에게 시중을 드는 카페다. 여성이 입장하면
도어맨이 "어서 돌아오십시오. 아가씨!(お帰りなさいませ、お嬢様。)"라고
인사말을 건넨다.

[오또메 로드에 붙은 광고판에 집사카페의 광고(K-BOOKS옆)]

연미복을 입은 미남의 남자 집사가 역할을 분담하여 시중을 든다. 미남의 젊은 남자와 고급스러운 분위기의 인테리어와 고급 메뉴로 여성들의 마음을 사로잡는다. 비용은 저녁 식사의 경우 4,000~5,000엔 정도로 부담스러운 금액이다. 남자의 입장도 제한은 없으나 필자도 실제 들어가보지는 못했고 주변 사람들로부터 분위기를 전해 들었을 뿐이다. 이케부쿠로에서는 연미복을 의미하는 스왈로 테일(Swallowtail: 東京都豊島区東池袋3-12-12, Tōkyō-to, Toshima-ku, Higashiikebukuro, 3 Chome－１２－１２)이 유명하다. 시부야에는 서양의 젊은 남자 집사가 짧은 일본어로 응대하는 집사 카페도 있다. 일반 카페와 크게 다를 바 없지만 매이드 카페를 벤치마킹하여 손님을 끌어 모으기 위한 상술이 하나라 할 수 있다.

오또메 로드 관광을 마치고 길을 건너면 선샤인 시티(東京都豊島区東池袋3-1, Tokyo, Toshima, Higashiikebukuro, ３-１)다. 한때 일본에서 제일 높은 건물이었던 61층의 선샤인 빌딩이 있다. 서울에 있는 63빌딩을 지을 때 당시 일본의 최고층 건물인 선샤인 빌딩보다 높게 짓기 위해 63층으로 결정했다고 한다. 이 건물을 기점으로 이케부쿠로 역까지 이어지는 지하로 연결된 선샤인 시티 거리가 있다. 호텔을 비롯해서 수족관과 각종 숍이 늘어선 쇼핑몰이다. 이곳에는 게임회사 나무코(NAMUCO)에서 운영하는 종합 놀이공간인 난챠 타운(ナンチャタウン: 東京都豊島区東池袋3-1-3, Tōkyō-to, Toshima-ku, Higashiikebukuro, 3 Chome－１－3)이 있다.

선샤인 시티 컨벤션센터 옆에 위치하고 있다. 각종 놀이시설과 식당이 하나의 도시처럼 꾸며져 있다. 선샤인 시티는 지하도로 연결되어 있어 비가 내리는 날도 즐기는데 전혀 지장을 받지 않는다.

[난차타운의 안내도]

이케부쿠로의 색다른 카페를 하나 소개하면, 이케부쿠로에 있는 애완용 토끼 카페인 '우사비비'다. 애완용 개나 고양이는 많이 들어봤어도 토끼는 조금 생소하다. 오또메 로드에서 선샤인 시티 통로를 통해 이케부쿠로 역으로 되돌아와서 반대편인 서쪽 출구(西口)로 나온다.

[이케부쿠로 서쪽 출구 앞]

정면에 드럭스토어 '마쓰모토 키요시'가 있는데 그 골목으로 들어가 300미터 정도 직진하면 이케부쿠로 로얄 호텔이 나온다. 이 호텔에서 3~40미터만

가면 일반 오피스 건물인 나카가와(中川) 빌딩에 핑크색으로 쓰인 우사비비(うさびび: 東京都豊島区池袋 2 － 4 2 － 9 中川ビル5F, Tōkyō-to, Toshima-ku, Ikebukuro, 2 Chome－ 4 2 － 9 5F)라는 간판이 보인다.

[건물 입구의 간판과 요금표]

이 카페는 기본 입장료를 받고 시간제로 운영되며 음료는 무료로 마시면서 토끼와 같이 노는 공간이다. 토끼를 한 시간 빌릴 수도 있고 자신이 키우는 토끼를 맡겨두는 토끼 호텔과 토끼의 발톱을 깎아주는 서비스도 있다. 토끼의 먹이와 각종 용품도 판매하고 있다. 애완견 카페와 유사한 시스템으로 대상이 토끼라는 점이다.

[토끼 카페의 홈페이지]

이케부쿠로가 여성 오타쿠들의 성지라 했지만 사실 오타쿠 문화에 관심이 없는 사람들의 입장에서 보면 평범한 번화한 상점가다. 역사 주변에 백화점이 많고 도쿄예술극장(東京芸術劇場 : 東京都豊島区西池袋1-8-1, Tōkyō-to, Toshima-ku, Nishiikebukuro, 1 Chome－8－1)이 있으며 게임센터, 파칭코, 술집들이 즐비한 곳이다. 이케부쿠로에 있는 토부 백화점은 아시아에서 제일 넓은 면적의 백화점이다. 하지만 시점을 바꿔 여성 오타쿠에 맞춰서 보면 여성들 취향에 어울리는 것이 의외로 많다는 것이다. 관심을 어디에 맞춰 관광하느냐에 따라 느낌은 천차만별이라 할 수 있다. 아는 만큼 보이고 보고자 하는 관심사를 어디에 두느냐에 따라 보이는 것도 달라진다 할 수 있다.

오타쿠들의 박물관, 나카노(中野) 브로드웨이

　　오타쿠들의 박물관이라 할 수 있는 나카노역(中野駅)으로 향한다. 이케부쿠로역에서 JR야마노테선(山手線)을 타고 신주쿠역으로 가서 신주쿠역에서 JR중앙선(中央線)으로 갈아타고 나카노역(中野駅)으로 향한다. 시간은 약 20분정도 소요된다.

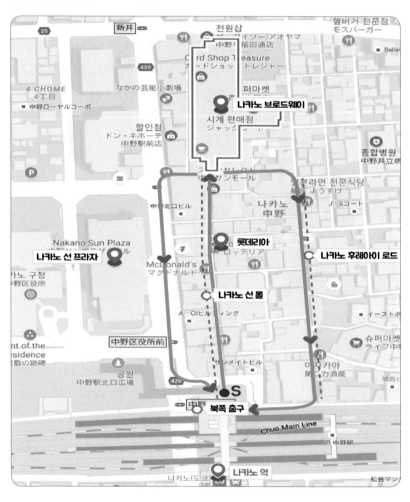

나카노역에서 북쪽 출구(北口)로 나오면 상가인 나카노 선 몰(나카노 산모르: 中野サンモール)이 있다. 통로 양쪽에 펼쳐진 쇼핑몰을 구경하면서 200여 미터 정도 걸으면 나카노 브로드웨이(NAKANO BROADWAY) 간판이 보인다.

[나카노 브로드웨이 입구]

나카노 브로드웨이로 가는 길목의 쇼핑몰 중간 지점에 코알라 빵(코아라노 마치 야끼)을 판매하는 가게가 있다. '세계에서 여기뿐'이라고 하는데 그리 대단한 것 같지는 않지만 손님의 발길이 끊이지 않는 곳이다. 이곳은 특이하게도 전국적인 햄버거 체인점인 롯데리아(東京都中野区中野5-59-8, Tōkyō-to, Nakano-ku, Nakano, 5 Chome − 5 9 −8)다. 롯데리아는 전국적으로 체인망을 가지고 있지만 이곳에서만 판매한다는 것이 독특하다. 이렇게 잘 팔린다면 왜 다른 점포에서는 판매하지 않을까? 상술의 하나가 아닌가 생각된다. 사실 '코알라 빵'이라 하지만 우리나라의 붕어빵과 비슷한 종류다. 한 개에 150엔이라는 가격이라 구입해서 맛보기에는 아깝다는 생각이 들 정도다. 두 개면 한 끼를 때울 수 있는 규동 한 그릇 가격이다.

[세계에서 유일하게 코알라 빵을 판매한다는 롯데리아]

아키하바라가 게임, 애니메이션, 만화 중심이라면 나카노 브로드웨이는 앤틱 중심의 오타쿠의 깊이를 더하는 곳이라 할 수 있다. 1층에는 빈티지 의류를 비롯하여 신발이나 잡화 상가가 있다. 2층부터 4층은 게임, 애니메이션, 만화, 피규어, 카드, 코스프레 용품 등 수 많은 오타구즈를 만날 수 있다. 나카노에 있는 만다라케(MANDARAKE: 東京都中野区中野5-52-15, Tokyo, Nakano, 5 Chome-５２-１５)는 일본 최대의 오타구즈 유통 매장이다. 일본 최대이니 세계 최대가 될 것이다. 만다라케는 아키하바라에도 매장이 있지만 본점이며 원조는 이곳 나카노 브로드웨이에 있다.

〈참고〉 [오타구즈]

오타쿠 굿즈(Goods)의 약어로 일반적으로 피규어, 프라모델, DVD, 화보집, 잡지, 카드, 각종 모형, 코스프레 의상 및 도구 등 오타쿠 관련 모든 상품을 말한다. 캐릭터에 연정을 품는 성향의 모에 오타쿠들에게는 애니메이션 DVD, 피규어, 모형, 코스프레 용품 등을 말한다. 나카노 브로드웨이나 아키하바라에는 만다라케(MANDARAKE)를 비롯해 많은 매장이 있으며 애니메이트, K-BOOKS, 라신방 등은 이런 오타쿠즈를 유통하는데 전국적인 체인망을 가지고 있다. 콘텐츠 관련 신상품은 물론 동인지와 중고 물품을 유통하기도 한다. 인터넷 사이트에서도 활발하게 거래되고 있다. 이런 매장을 통해 숨어있는 무명 작가들이 작품을 판매하기도 하고 이름을 알리기도 한다.

[각종 오타쿠 상품이 진열된 매장]

만다라케는 1980년에 두 평 정도의 만화전문 고서점으로 출발하여 전국에 10여 개 점포를 운영하고 있으며 인터넷을 통해 유통하기도 하는데 해외에서의 매출 비중도 상당히 높다고 한다. 만화책, 피규어, 코스프레 의상, 게임이나 셀화 등 서브컬처의 앤틱 상품을 중심으로 취급한다. 가끔은 희귀한 애니메이션 원화나 셀화가 나오기도 하는데 일반인들은 상상할 수 없는 고가에 거래된다. 이 업계에서는 모르는 사람이 없는 오타쿠의 상징적인 곳이다. 오리지널 오타쿠들은 아키하바라보다 이곳을 더 선호한다. 정통 오타쿠 매장과 상품이 많기 때문이다.

일반인들에게는 장난감처럼 보이는 피규어나 그냥 캐릭터가 그려진 카드이지만 이러한 물품을 수집하는 오타쿠들에게는 금액으로 환산할 수 없는 가치를 지닌다. 오타쿠즈는 희소성에 따라 가치가 책정되어 이곳에서 거래된다. 이러한 오타구즈를 구매하지 않더라도 다양한 상품을 보는 것만으로도 재미있는 시간이 될 것이다. 특히 일본의 만화나 애니메이션에 관심이 많은 관광객이라면 눈에 익은 캐릭터를 많이 볼 수 있을 것이다.

[거래를 위해 전시된 각종 피큐어]

[만다라케에 전시되어 있는 각종 오타구즈]

이곳에는 오래된 물건들도 많이 취급하고 있다. 예를 들어, 1968년에 창간한 주간 만화 잡지인 '소년 점프'의 70년대 발행본을 비롯하여 시리즈를 갖추고 있다. 청량음료인 환타나 콜라의 6~70년대 생산품이 내용물과 함께 진열되어 있다. 수 십 년이 지난 영화 포스터, LP 음반, 코스프레 의류, 기차 프라모델 등 다양한 종류의 골동품류의 상품이 진열되어 거래되고 있다. 수집 오타쿠들이 소장하고 있는 보물들이 많다. 당시에 거래되었던 금액보다 훨씬 높은 가격에 거래된다. 아마도 희귀성 때문일 것이다. 오래된 완구나 브로마이드 등 중장년이나 노년층에서 보면 어린 시절에 즐겼던 장난감의 골동품 가게라고 할 수 있다. 오래된 잡지나 캐릭터 상품을 수집하는 사람들의 교류의 장이 되고 있다.

[만다라케 진열장에 전시된 토이스토리의 '우디' 피규어]

이곳에 전시된 상품은 전문 회사에서 제작한 상품도 있지만 일반인들이 만든 동인지와 게임, 음반, 캐릭터 상품도 많이 나와 있다. 상업적으로 돈을 벌기 위한 목적도 있지만 자신의 실력을 뽐내기 위한 작품이 주를 이룬다. 이러한 시장이 형성되어 무명 작가들의 밥벌이의 터전이 되고 메이저 무대로 나아가기 위한 발판이 되기도 한다. 즉, 언더그라운드에서 활동하는 숨은 실력자들이 소비자(독자, 팬)와 접할 수 있는 통로의 역할을 한다고 할 수 있다. 이 상가를 둘러보면 '콘텐츠 강국 일본'이 있게 한 배경을 확인할 수 있다. 콘텐츠라는 것이 하루 아침에 대작이 나올 수 없다. 작은 콘텐츠가 쌓이고 문화가 형성되어야 좋은 콘텐츠를 생산해낼 수 있는 토대가 되는 것이다. 그런 측면에서 보면 빈약한 우리의 현실과 대비되어 부럽다는 생각이 들기도 한다. 콘텐츠 관련 전공자나 업무 종사자, 관련 업무를 하고자 하는 꿈을 지닌 사람이라면 꼭 한 번 둘러봤으면 한다.

[창간호부터 소장된 만화잡지인 '소년 점프']

엘리베이터를 타고 4층에서 내리면 바로 앞에 '나카노 TRF(中野TRF)'라는 게임센터가 있는데 개업 초기부터 비디오 게임으로 유명하다. 수시로 개최되는 게임 이벤트(게임 대결)로 비디오 게임 매니아들을 흥분하게 만드는 장소다. 이 밖에도 여자 오타쿠들이 자주 찾는 고서점 'TACO che', 피규어 전문점 '리버티', 셀화 전문점 '애니메 숍 코미토' 등이 있다. 타코 쉐(TACO che: 東京都中野区中野5-52-15 3階, Tokyo, Nakano, 5 Chome－５２－１５ 3F)에서는 자가 제작하는 책이나 잡지를 비롯해 일반적으로 유통되지 않는 서적이나 인디 계열의 CD나 영상, 그림, 잡지들을 취급하는 숍으로 그야말로 오타쿠적인 것들을 취급한다.

나카노 브로드웨이에 가서 빠트리지 않고 맛봐야 할 것이 특대 소프트아이스크림이다. 나카노 브로드웨이 상가에서 지하로 내려가면

특대 소프트아이스크림을 판매하는 데이리 치코(デイリーチコ: 東京都
中野区中野5-52-15, Tokyo, Nakano, 5 Chome－５２－１５ 地下1階,
Tokyo, Nakano, 5 Chome－５２－１５ B1F)가 있다. 이곳에서 판매하는
아이스크림은 크림의 높이만 30cm이며, 콘을 포함하면 40cm가까이 된다.
가격은 소프트아이스크림치고는 조금 비싼 5,000원(480엔) 정도다. 중간
크기는 350엔 내외다. 하지만 그 크기에 비하면 비싼 가격이라 할 수 없다.

[브로드웨이 상가 모습]

[특대 소프트아이스크림 판매점 '데이리 치코']

여기에 소프트아이스크림과는 어울리지 않게 사누끼 우동을 판매한다.
2,000원(200엔)~5,000원(480엔) 정도의 가격으로 나카노에서 가장

저렴하다고 홍보하고 있다. 소프트아이스크림과 우동은 어울리지 않는 조합이지만 이곳에서 우동으로 요기를 하고 디저트로 특대 소프트아이스크림을 맛보는 것은 어떨지?

나카노 후레아이로드(中野ふれあいロード : 東京都中野区中野5-57-4, Tōkyō-to, Nakano-ku, Nakano, 5 Chome - 5 7 - 4)는 나카노 선 몰 옆에 위치한 좁고 다닥다닥 붙은 골목길이다. 이곳에는 비좁은 골목길 사이로 오래된 가게들이 들어서 있다. 대부분 음식점들이다. 고급스럽지는 않지만 일본 라면이나 메밀면(소바) 등 가벼운 주머니로 한 끼를 해결할 수 있는 식당이 많다. 숙소로 돌아가는 시간대가 저녁 즈음이라면 망설이지 말고 이 골목의 어느 한 집을 들르는 것도 나쁘지 않은 선택이다.

[나카노 후레아이 로드 정경]

〈코스설계 TIP〉

오타쿠의 성지라 불리는 세 곳(아키하바라, 이케부쿠로, 나카노)을 소개했지만 각 지역의 특색이 있다. 남자 오타쿠 중심의 아키하바라(秋葉原), 여자 오타쿠 중심의 이케부쿠로(池袋), 앤틱 중심의 오타구즈를 판매하는 오타쿠 거리의 원조격인 나카노(中野)다. 가장 규모가 크고 다양한 곳은 오타쿠 거리의 대표적인 거리가 아키하바라다. 전자상가와 더불어 각종 오타구즈 유통 상점과 AKB극장, 매이드 카페, 코스프레 매장과 같은 관련 비즈니스가 활발하게 이루어지고 있는 곳이다. 이케부쿠로는 겉으로 드러나는 매장은 많지 않지만 SEGA 게임센터와 같이 여성 중심의 놀이시설 등 주변의 분위기를 즐길 수 있는 곳이다. 나카노 브로드웨이는 면적으로는 넓지 않지만 깊이가 있는 곳이다. 좁은 면적에 집중적으로 많은 가게가 모여 있어 이동하는데 많은 시간이 소요되지 않기 때문에 편리하다. 세 곳을 설렁설렁 둘러본다면 4~5시간으로도 충분하겠지만 조금 관심을 갖고 자세히 본다면 하루도 부족할 수 있다. 특별한 아이템에 관심이 있어 집중적으로 본다면 하루도 부족하다. 따라서 어느 장소에서 무엇을 중점적으로 볼 것인지 정한 다음에 시간 계획을 세워야 한다.

02. 5,500원으로 패션 거리 탐방 :
눈으로나마 패셔니스트가 되어보자.

일본의 패션은 세계적으로도 유명하다. 패션 디자이너인 미야케잇세이(三宅一生), 다카다켄조(高田賢三), 야마모토요지(山本耀司), 고시노(コシノ) 자매, 모리하나에(森英惠) 를 비롯해 에드윈, 유니클로, JUN, 꼼데가르송, 보석의 미키모토 등 유명 디자이너나 브랜드가 많다. 필자는 패션 쪽과는 관계가 없는 일을 하고 관심이 많은 편은 아니지만 시부야, 하라주쿠, 아오야마 등지에서 만나는 사람들을 보면 색다른 패션 감각의 거리라는 것을 느끼게 된다. 도쿄에서 패션 거리로 불리는 지역에는 패션관련 점포가 많고 지나다니는 사람들도 거리의 분위기에 맞춰 옷을 입고 나온 것인지 몰라도 패셔니스트한 분위기를 풍긴다. 사실 '패션'이라는 테마에 맞추기는 했지만 패션에 대한 소개가 아니라 거리를 감상하는데 초점을 맞춰 안내하기로 한다.

도쿄에서는 패션의 거리로 젊은이들 사이에서는 시부야, 하라주쿠가 알려져 있고 럭셔리한 곳으로는 긴자, 아자부와 롯뽕기, 아오야마와 오모테산도가 있다. 신주쿠는 세대를 가리지 않고 아우르는 장소라 할 수 있다. 또, 헌옷과 같은 빈티지 스타일은 시모기타자와(下北沢), 기치조지(吉祥寺) 최근에는 새로운 패션 메카로 떠오른 코우엔지(高円寺), 다이칸야마(代官山)라 할 수 있다. 노인들의 패션은 스가모(巢鴨)가 대표적이다. 패션 거리를 관광하기 위해서는 많이 걸을 각오를 해야 한다. 약간 피곤하기는 하겠지만 아자부주반, 롯뽕기, 도쿄미드타운을 걸어서 관광할 수 있고 시부야, 아오야마, 오모테산도, 하라주쿠도 모두 걸어서 관광할 수 있다. 조금 더 힘을 낸다면 이 두 지역을 걸을 수도 있다.

[패션의 거리 경로]

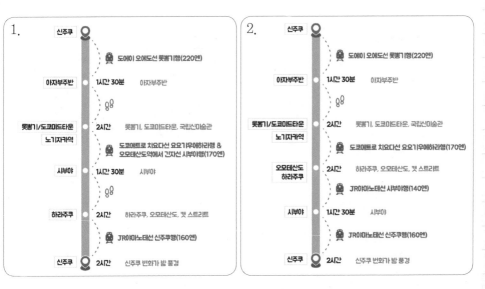

[패션의 거리 코스 설계]

아자부주반(麻布十番)

아자부(麻布)는 도쿄에서는 부촌으로 알려져 있다. 많은 외국대사관이 자리잡고 있어 외국인도 자주 눈에 띈다. 한국대사관도 미나미아자부(南麻布)의 한 켠에 있다. 아자부주반은 일본의 전통적인 거리 분위기(시타마치)와 현대적인 건물과 어우러진 지역이다. 100년이 넘은 오래된 가게와 함께 가까이 있는 롯뽕기 지역의 재개발로 인해 고급스러운 레스토랑과 부띠끄, 패션숍이 어우러져 있다. 오래된 전통 거리의 분위기와 함께 유행을 선도하는 패션과 고급스러운 인테리어로 장식된 현대식 건물이 공존하는 지역이다.

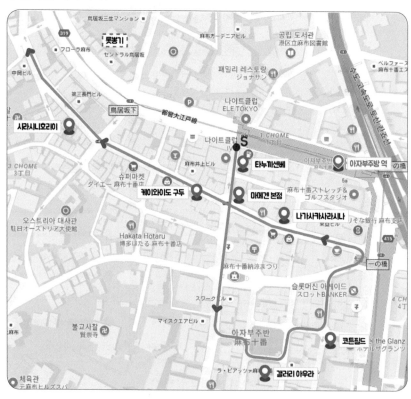

신주쿠역에서 지하철 도에이 오에도선(大江戸線)을 타고 롯뽕기(六本木) 방면으로 12분 정도 소요된다. 아자부주반은 지하철 아자부주반역(麻布十番駅) 7번 출구로 나와서 신호를 건너면 아자부주반 거리다. 그리 넓지 않은 골목 사이로 들어가면 깔끔한 현대식 상가와 일본 전통의 분위기를 풍기는 상점과 가옥이 묘하게 조화를 이루고 있다. 세계적 체인의 커피숍이 있지만 일본 전통 찻집도 있고, 세련된 부띠끄와 일본의 전통 의상실이 있으며, 이탈리아 요리와 프랑스 요리를 즐길 수 있는 레스토랑이 있는 반면 100년이 넘은 역사를 지닌 일본 식당도 자리하고 있다. 유명 브랜드 숍도 있지만 100엔숍도 있다. 고급스러운 와인 바가 있지만 이자카야와 같은 선술집도 있다. 동서양, 현대와 전통이 조화롭게 공존하는 거리다.

[한적한 아자부주반 거리]

[오전 시간의 한적한 아자부주반 상점가]

기존 일본의 주택과 상점가에 외국 대사관이 들어오면서 외국인들의 취향에 맞춘 레스토랑과 패션관련 상점들이 입점하면서 이러한 동서고금의 조화가 이루어진 지역이다. 서양식 분위기를 자아내는 점포라 하더라도 도쿄의 부동산 가격 때문인지 대부분 면적은 그리 넓지는 않다. 역에서 떨어진 지역으로 가면 한적한 주택가가 나타난다.

지하철역 7번 출구에서 나와 신호를 건너 들어가면 왼쪽 코너에 너구리 상이 서있는데 이곳이 전병을 만드는 타누끼센베(たぬき煎餅: 東京都港区 麻布十番1-9-13, Tōkyō-to, Minato-ku, Azabujūban, 1 Chome－9－13)다. 1928년에 창업한 전병(센베) 가게로 전병으로는 유일하게 황실에 납품한 전통과 품질을 인정받은 가게다. 니혼바시와 시부야의 백화점에 분점이 있으나 이곳 본점에서 맛을 보는 것이 오리지널 정통의 맛을 볼 수 있을 것이다. 가게에서 직접 굽는 전병이 많은 사람들로부터 인기를 얻고 있다.

[타누끼 센베]

그 다음 사거리의 모퉁이에 마메겐본점(豆源本店: 東京都港区麻布十番 1-8-12, Tōkyō-to, Minato-ku, Azabujūban, 1 Chome－8－12)이라는 흰색

간판이 보인다. 콩으로 만든 전통과자 전문점인 마메겐(豆源)은 1865년에 창업한 과자 회사로 150년을 넘기고 있다. 이 가게에 들어서면 일본 과자인 센베와 다양한 땅콩과자가 진열되어 있어 고소한 향기를 풍긴다. 진열된 과자가 아마도 100여 종류는 족히 넘지 않을까 생각된다. 단순히 과자를 만들어 파는 곳이 아니라 전통을 만들고 이를 이어가는 일본인들의 모습을 볼 수 있는 곳이다. 과자치고는 상당히 비싸다는 생각이 든다. 과자의 원가에 역사와 전통의 가치가 포함된 가격일 것이다.

[마메겐 본점]

[마메겐본점 매장과 구입한 과자]

마메겐본점에서 30여 미터를 내려가면 흰색 간판의 '나가사카사라시나(永
坂更科)'라는 메밀면 가게가 보인다. 나가사카사라시나
누노야타헤이에(永坂更科 布屋太兵衛 麻布総本店: 東京都港区麻布十番
1-8-7, Tōkyō-to, Minato-ku, Azabujūban, 1 Chome－8－7)는 1789년에
창업한 역사를 자랑하는 메밀면 가게다. 도쿄는 물론 홋카이도에서 규슈에
이르기까지 전국적으로 점포를 갖고 있으며 인터넷을 통해 메밀면과 간장,
양념을 판매하고 있다. 건물은 현대식이지만 그곳에 자리잡고 있는 가게는
230년의 역사를 간직하고 있다. 아자부주반 거리를 상징적으로 보여주는
가게라 할 수 있다.

[나가사카 사라시나 본점]

아자부주반에는 보석이나 의상 등 패션관련 점포도 많다. 갤러리
아우라(GALLERY AURA: 東京都港区麻布十番2-16-5, Tōkyō-to, Minato-
ku, Azabujūban, 2 Chome－１６－5)는 앤틱 보석 전문점이다. 앤틱이나
빈티지 물건은 최신 제품에는 없는 특별한 아우라가 있다는 의미에서 명명된
가게다. 내부 인테리어도 고대 조각상과 왕관 등이 장식되어 있고 박물관에서
많이 본듯한 느낌의 보석류, 장식품을 주로 취급하고 있다. 샤넬이나

크리스찬디오르와 같은 명품 브랜드의 보석도 취급하고 있다.

[갤러리 아우라의 내부와 앤틱 보석류]

코튼 필드(コットンフィールド: 東京都港区麻布十番2-21-14, Tōkyō-to, Minato-ku, Azabujūban, 2 Chome－２１－14)는 세상에서 하나뿐인 나만의 청바지를 만들어주는 가게다. 기성복의 여성복, 진, 케주얼웨어의 판매와 함께 프린트된 티셔츠와 청바지(진)를 제작하고 수리하는 가게다. 손님의 취향이나 체형에 맞춰 주문형으로 제작해주기도 한다. 세상에서 단 하나뿐인 자신만의 옷(티셔츠, 청바지)을 갖고 싶은 젊은 사람들이 많이 찾는다. 젊은층을 대상으로 하기 때문에 가격도 비교적 저렴하다. 티셔츠는 500엔대부터

1,000엔대 내외이며, 스포츠 쟈켓 등도 2,000엔대가 주류를 이룬다.

    케이와이도 구두점(ケーワイ堂靴店: 東京都港区麻布十番2-4-4, Tōkyō-to, Minato-ku, Azabujūban, 2 Chome－４－4)은 주로 주부와 어린이용 구두 전문점이다. 마메겐본점(豆源本店)에서 롯뽕기로 향하는 방향으로 3~40여미터 앞에 있다. 1954년에 문을 열어 초기에는 일반 구두 가게였으나 긴자로 출근하는 서비스업의 여성들이 많이 찾으면서 점점 여성용 구두를 중심으로 판매하게 되어 특화되었다고 한다. 여성들이 많이 찾다 보니 어린이용 구두도 자연스럽게 판매되면서 여성과 어린이용으로 특화된 가게가 된 것이다. 일반적으로 구두와 같은 공산품은 중국제나 동남아시아에서 많이 생산되지만 이 점포의 제품은 일본제품을 중심으로 취급하는 것도 특징이다.

[케이와이 구두점 내부]

    케이와이도 구두점으로부터 롯뽕기 방향으로 100여 미터를 걸으면 왼쪽 편에 메밀면(소바) 전문점인 사라시나호리이(更科堀井: 東京都港区元麻布3-11-4, Tōkyō-to, Minato-ku, Motoazabu, 3 Chome－１１－4)가 있다. 빨간색 5~6층 정도의 맨션 건물 1층에 자리한 이 가게는 200년(1789년

참업)이 넘는 역사를 지니고 있다. 이 가게의 이름을 딴 '사라시나 소바'는 쫄깃쫄깃한 면발이 씹는 즐거움과 함께 메밀면의 새로운 느낌을 선사한다.

[시라시나호리이 본점]

아자부주반은 건물은 현대식 건물이 많지만 역사와 전통을 지닌 오래된 가게가 많은 지역이다. 다른 번화한 지역에 비해 조용하고 차분한 느낌의 거리다. 시라시나호리이 메밀면 가게에서 조금만 더 걸으면 롯뽕기에 다다른다.

롯뽕기(六本木), 도쿄미드타운(東京ミッドタウン)

다음은 도쿄에서 가장 서구적인 지역으로 알려진 롯뽕기로 가보자. 아자부주반의 메밀면(시라시나호리이) 가게에서 3~400m남짓 걸으면 롯뽕기 힐즈가 나타난다.

〈Tip〉 아자부주반에서 둘러보면 약간 둥근 모양의 높은 건물이 보이는데 바로 롯뽕기 힐즈 건물이다. 롯뽕기로 가는 길은 좁고 비교적 한적한 길이어서 사람의 왕래가 적은 편이지만 찾아가는 데는 큰 어려움은 없을 것이다. 아자부주반역으로 되돌아 가서 올 때 탔던 도에이 오에도(大江戸線)선 롯뽕기행을 타고 갈 수도 있지만 시라시나호리이까지 갔다면 10분 이내의 거리이므로 그냥 걸어가는 것이 빠를 것이다.

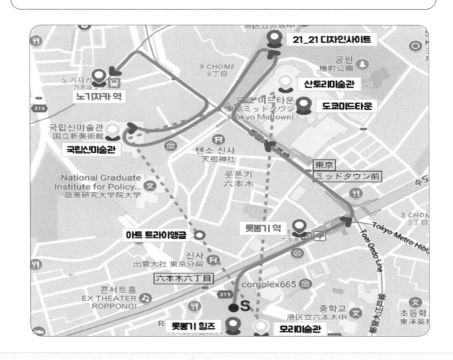

롯뽕기 힐즈(ROPPONGI HILLS: 東京都港区六本木6-10-1, Tōkyō-to, Minato-ku, Roppongi, 6 Chome－１０－１)는 롯뽕기 재건 사업의 상징으로 2003년에 세워진 건물로 주거시설, 미술관, 호텔, 방송사(아사히 텔레비전), 영화관이 들어서 있는 주상복합 빌딩이다. 배우나 가수 등 유명인이 많이 살고 있으며 IT 벤처기업의 입주가 많아지면서 '롯뽕기 힐즈족'이라는 신조어도 생겨나기도 한 곳이다. 건물 자체도 세련된 비정형 건물로 롯뽕기의 상징이 된 건물로 52층에는 전망대가 있어 도쿄를 관망할 수 있다.

[롯뽕기 힐즈]

[모리 미술관 및 전망대 입구]

사업주가 대형 부동산개발회사인 '모리(森) 빌딩'으로 이곳에 모리 아트센터와 모리 미술관이 들어서있다. 이곳에 있는 모리 미술관은 세계적인 기획전 등으로 일본에서도 유명한 미술관이다.

[건물 앞의 거대한 조형물]

롯뽕기 힐즈 광장에서 바라보면 도쿄 타워가 바로 눈앞에 보인다.

[롯뽕기 힐즈 광장에서 본 도쿄 타워]

롯뽕기는 부촌인 아자부와 가까이 있는 탓도 있겠지만 롯뽕기 힐즈를 비롯하여 고급 맨션이나 스페인, 시리아, 스웨덴, 오스트리아 대사관 등 많은 외국 대사관도 자리하고 있어 외국인의 왕래도 많고 벤츠나 BMW, 고급 외제 스포츠카도 많이 볼 수 있는 곳이다. 롯뽕기 번화가에는 각종 바나 클럽이 많은데 저녁 무렵부터 손님을 유혹하는 호객꾼도 많이 볼 수 있다. 흑인 호객꾼도 눈에 띈다. 밤시간의 화려한 일루미네이션 조명도 볼거리다. 필자가 20대 때 일본에서 처음으로 클럽에 갔던 곳이 이곳 롯뽕기였다. 신주쿠의 가부키초(歌舞伎町) 거리와 함께 대표적인 도쿄의 유흥지역 중 하나다. 그래서 그런지 밤에는 주의해야 하는 지역으로도 알려져 있다. 한국어도 제법 구사하여 우리나라에도 많이 알려진 연예인 쿠사나기 츠요시(초난강, 草彅 剛)가 롯뽕기 거리에서 한밤중에 만취상태에서 추태를 부려 뉴스가 된 적도 있다. 우리나라 이태원과 같은 분위기이지만 이태원과는 또 다른 분위기를 자아낸다. 롯뽕기는 도쿄에서 가장 미국적인 지역이라 할 수 있다.

[롯뽕기 야경] *

롯뽕기의 명소로 롯뽕기 힐즈와 함께 재개발 프로젝트의 일환으로 건설된 도쿄미드타운(東京都港区赤坂9-7-1, Tōkyō-to, Minato-ku, Akasaka, 9 Chome－7－1)이 있다. 롯뽕기 힐즈에서 수도고속도로를 지나 오에도선(大江戸線) 롯뽕기역(六本木駅) 앞에 자리하고 있다. 롯뽕기 힐즈와 도쿄미드타운은 지하로 이어져 있어 비가 내리는 날이라도 부담스럽지 않게 걸어갈 수 있다. 도쿄미드타운은 쇼핑센터, 사무실, 미술관, 의료기관, 호텔 등이 들어서 있는 54층의 초고층 빌딩과 어우러진 공간이다. 이곳에는 산토리 미술관을 비롯하여 야후 저팬, 시스코시스템 등 외국계 회사와 게임회사 코나미, 후지필름 홀딩스 등이 입주해있고 미국의 존홉킨스메디컬과 제휴한 도쿄미드타운 클리닉이 입주해있다. 리츠칼튼, 오크우드 호텔과 갤러리아, 이세탄과 같은 백화점도 들어서 있다. 거리에서 건물 외관으로만 봐도 고급스러운 분위기를 발산하는 지역이다. 롯뽕기 힐즈 주변이 번화한 도회지의 번잡한 분위기가 강한 반면 도쿄미드타운은 고층빌딩이 많이 들어서 있지만 숲이 많고 조용하고 아늑한 느낌의 지역이라 할 수 있다.

[도쿄미드타운 이정표]

도쿄미드타운 끝자락에 작은 분수와 물길로 만들어진 조용한 산책길이 있는데 뒤편에 숲과 연결되어 이 지역 도시인들의 안식처가 되고 있다. 건물 뒤편으로 돌아가면 잔디밭과 나무가 어우러져 전면의 번잡한 분위기와는 사뭇 다른 느낌으로 다가온다. 애완견과 산책을 즐기거나 트레이닝복을 입고 조깅을 하는 사람을 만날 수 있는 곳이다.

[숲과 정원으로 꾸며진 도쿄미드타운]

　도쿄미드타운 끝자락에서 숲길을 따라 안쪽으로 가면 21_21(투원 투원) 디자인 사이트(Design Sight: 東京都港区赤坂9-7-6, Tōkyō-to, Minato-ku, Akasaka, 9 Chome－7－6)가 있다. 외관상으로는 크게 드러나지 않지만 회색의 삼각형 철판 지붕이 두 개가 보이는데 이곳이 21_21 디자인 사이트다. 디자인에 대해 리서치하고 생각할 수 있는 사람과 비즈니스, 지식을 연계하는 디자인 거점을 표방한 '21_21(투원 투원) 디자인 사이트'는 세계적인 건축가 안도 타다오(安藤忠雄)가 미야케 잇세이(三宅一生)의 '한 장의 천' 컨셉트에서 영감을 받아 디자인한 공간이라고 한다.

〈참고〉 [안도 타다오(安藤忠雄)]
일본이 낳은 세계적인 건축가다. 고등학교를 졸업한 후 건축설계사무소에서 아르바이트를 하면서 독학으로 공부하여 건축사 시험에 합격한 독특한 이력을 가지고 있다. 전문적인 교육을 받지 않은 건축가로 도쿄대학 공학부 교수로 취임한 입지전적인 인물이다. 콘크리트를 사용하여 기하학적인 구조의 건축물이 많으며 자연적인 요소를 최대한 살리는 건축물 설계가 특징이다. '건축의 누드 작가'라는 칭호를 들을 정도로 콘크리트를 그대로 노출한 건축물이 많으며, 여러 방향에서 들어오는 빛을 교묘하게 조화시켜 미묘한 분위기를 자아내는 건축물로 유명하다. '21_21디자인 사이트'를 비롯하여 일본 국내외의 많은 미술관이나 박물관, 주택, 공원 등 다양한 건축물을 설계했으며 나오시마에 있는 재일동포 미술가 이우환 미술관도 안도 타다오의 작품이다. 미국과 유럽을 비롯해 여러 나라의 건축물을 설계했으며 우리나라에도 제주도의 지니어스 로사이, 본테 박물관, 원주의 뮤지엄 산, 서울의 재능문화센터 등이 안도 타다오의 작품이다.

21_21 디자인 사이트 건물은 일본에서 가장 긴 복층 유리(11.4미터)와 거대한 한 장의 철판(54미터) 지붕으로 건축되어 일본의 건축기술을 최대한 드러낸 곳이다. 이곳에서는 의상디자이너 미야케 잇세이, 그래픽 디자이너 사토 다쿠, 제품 디자이너 후카사와 나오토, 디자인 저널리스트 가와마키 노리코 등 일본의 유명 디자인 기획자들에 의해 전시회를 펼치는 디자인 공간이다. 매년 'Tokyo Midtown Award'를 발표한다. 이 상은 미래의 아티스트나 디자이너를 지원하기 위한 상으로 아트 꼼뻬와 디자인 꼼뻬로 나누어 시상한다. 이곳을 소개한 내용을 보면 '방문하는 사람들이 디자인의 즐거움을 접하고 신선한 놀라움을 만끽하는 체험의 장으로써 전람회를 중심으로 토크나 워크숍 등 다각적인 프로그램을 실시하고 한다. 시대가 필요로 하는 것이나 생활을 즐겁게 하는 문화로써의 디자인을 찾고 발견하고 만드는 시점(Sight)을 갖춘 활동 거점'[1] 이라는 것이다.

---

1 http://www.2121designsight.jp

[21_21 Design Sight]

도쿄미드타운 21_21 디자인 사이트에서 나와 도로를 건너 안쪽 골목으로 들어가면 국립신미술관(国立新美術館: 東京都港区六本木7-22-2, Tōkyō-to, Minato-ku, Roppongi, 7 Chome－２２－２)이 있다. 국립신미술관이 2007년에 이곳 롯뽕기로 옮겨오면서 도쿄미드타운에 있는 산토리 미술관, 롯뽕기 힐즈에 있는 모리 미술관과 함께 롯뽕기 '아트 트라이앵글'로 자리잡았다.

[도쿄신국립미술관] *

국립신미술관은 건축가 구로카와 기쇼(黑川紀章)가 설계한 건물로 엇갈린 유리 커튼의 외장의 곡선미 있는 형상과 정면에 있는 커다란 원뿔형의 조형물이 조화를 이루며 미술관 건물부터 하나의 미술 작품이라는 느낌이 든다. 일본 최대의 전시 스페이스를 자랑하고 있다. 다양한 기획전과 공모전을 펼치는 곳으로 일본 미술의 중심 역할을 하고 있다. 미술에 관심이 있는 사람이라면 롯뽕기와 도쿄미드타운에 있는 세 개의 미술관(아트 트라이앵글)을 돌며 미술작품을 만끽하며 하루를 보내는 것도 좋을 것이다.

아자부(麻布)라는 부촌을 배경으로 외교공관이 있고 2000년 중반부터 재개발 사업으로 롯뽕기 힐즈(2003년), 도쿄미드타운(2007년) 등이 건설되어 외국계 회사와 IT기업의 입주와 함께 레스토랑, 바, 상점 등이 들어서면서 중장년층의 패션의 메카로도 인기를 끄는 명소가 되었다. 유명 연예인을 비롯하여 IT 기업가, 외국계 회사 주재원 등 어느 정도 재력을 가진 다양한 부류의 사람들이 모이는 지역으로 개성 넘치는 지역이라 할 수 있다. 이곳은 노을이지면서 밤이 찾아오면 상점가에 불이 들어오고 퇴근길 직장인들이 늘어나면서 분주한 분위기로 바뀐다. 서양식 레스토랑과 와인과 각종 알코올을 즐길 수 있는 바와 음악과 춤이 어우러진 클럽은 아직도 롯뽕기의 밤의 명성을 이어가고 있다. 아트 트라이앵글과 같은 고급 문화와 세련된 패션, 숲과 현대식 건물이 조화를 이루는 고급스러운 분위기와 함께 밤의 유흥이 어우러진 곳이 롯뽕기와 도쿄미드타운 지역의 특성이라 할 수 있다.

청춘들의 열정이 넘치는 거리, 시부야(渋谷)

　다음은 젊음의 거리 시부야로 달려가보자. 국립신미술관 앞에 있는 노기자카역(乃木坂駅)에서 도쿄메트로 치요다선(千代田線)을 타고 요요기우에하라(代々木上原) 방향으로 향한다. 오모테산도역(表参道駅)에서 내려 도쿄메트로 긴자선(銀座線)으로 환승하여 시부야역(渋谷駅)으로 간다.

〈TIP〉 오모테산도역에서 갈아타지 않고 바로 내려서 아오야마, 오모테산도, 하라주쿠를 관광하는 것도 하나의 방법이다. 시부야를 먼저 볼 것인지, 하라주쿠를 먼저 볼 것인지 이 역에서 결정하면 된다.

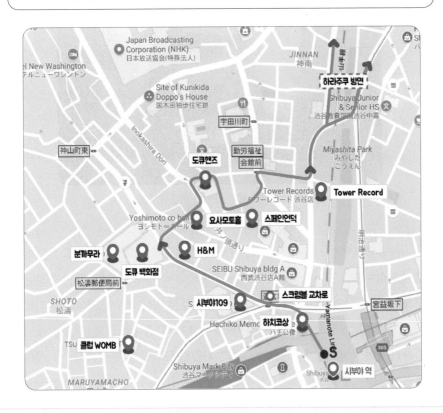

시부야는 두 말할 것도 없이 일본의 대표적인 젊은이의 거리로 알려져 있다. 우리나라 매스컴에서 일본의 거리 모습을 조명할 때 빠지지 않는 곳 중 하나가 시부야의 거리다. 가장 인상적인 곳이 신호가 바뀌면 모든 차량의 통행은 정지되고 사람들만 건너는 이른바 스크램블 횡단보도다. 러시아워에는 신호 한 번(1분30초)에 1,000명이 넘는 사람이 건넌다고 한다. 횡단보도가 관광명소가 된 곳이다. 그래서 스크램블 횡단보도를 내려다 볼 수 있는 스타벅스 커피숍(東京都渋谷区宇田川町21-6, Tōkyō-to, Shibuya-ku, Udagawachō, ２１－6)은 이 횡단보도를 보기 위한 손님이 많아 일본에서 가장 매출이 높은 가게로 알려져 있다.

[하치코우 출구 앞에서 본 스크럼블 교차로]

시부야 역에서 하치코우(ハチ公) 출구로 나오면 작은 광장이 보이고 정면에 개의 동상이 보인다. 이 동상의 주인공은 미국에서 리차드기어가 주연을 맡은 영화 '하치 이야기'의 주인공인 하치다. 원래 일본 대학 교수와 개의 이야기를 다룬 실화를 영화화 한 일본 영화를 미국에서 현대식으로 재구성하여 영화화하여 성공을 거둔 영화로 우리나라에서도 상영된 영화다. 이 개의 주인을 향한 충성심을 높이 사서 '공(公)'을 붙여 하치코우(ハチ公)라고

부른다. 시부야에서 약속을 잡을 때는 이 하치코우 상을 중심으로 정하는 사람들이 많아 평일 저녁이나 주말에는 하치코우 상 주변에는 수 많은 사람으로 발 디딜 틈이 없다. 많은 관광객들이 이 하치코우 상을 배경으로 기념사진을 촬영하기 때문에 제대로 된 사진 한 장 찍기 어려울 정도다.

[시부야역 광장의 하치코우상] *

이 하치코우상에서 고개를 돌리면 바로 앞에 그 유명한 스크럼블 교차로가 나온다. 스크럼블 교차로 건너편에 동그란 건물이 보이는데 이 건물이 시부야109(東京都渋谷区道玄坂2-29-1, Tōkyō-to, Shibuya-ku, Dōgenzaka, 2 Chome－２９－１)다. '패션커뮤니티109'라고 불리는 이 쇼핑몰은 초기에는 20~30대 대상으로 시작했으나 지금은 10~20대 초반의 고객을 대상으로 전환하였다. 바로 시부야의 문화를 반영한 결과라 할 수 있다. 스크럼블 주변의 대형 전자 광고판에는 유명 가수의 라이브 공연 홍보나 음반 홍보 등 젊은이들이 좋아하는 가수, 영화, 콘서트 등의 홍보 영상이 쉴 없이 흘러나온다. 중간 중간에 한류 스타들의 얼굴도 볼 수 있다. 이곳은 주말이나 퇴근 시간 무렵이 되면 밀려오는 인파로 발 디딜 틈이 없을 정도로 분주한 곳이다.

[하치코우 광장에서 스크럼블 교차로 건너 도겐자카 방향] #

　'시부야109'를 지나 골목으로 들어가면 양쪽으로 조그만 상점들이 빽빽하게 들어서 있다. 골목을 따라 올라가면 약간 경사길이 나오는데 '도겐자카(道玄坂)'라는 경사길이다. 조금만 올라가면 삼거리가 나온다. 저가 양판점인 '돈키호테 시부야점'이 보이고 건너편에 스웨덴계 패션 브랜드 'H&M' 매장이 있다. 삼거리 꼭지점에 도큐 백화점 본점(東急デパート : 東京都渋谷区道玄坂2-24-1, Tōkyō-to, Shibuya-ku, Dōgenzaka, 2 Chome－２４－１)이 자리잡고 있다. 도큐 백화점 본점 뒤편에는 문화촌인 '분까무라(文化村: Bunkamura)'가 있는데 이곳은 도큐 백화점이 운영하며 각 층별로 테마를 설정한 종합문화시설이다. 극장, 콘서트홀, 미술관, 공연장과 함께 레스토랑 등 부대시설이 있다.

　도큐 백화점을 왼쪽으로 하고 골목길로 올라가면 다시 삼거리가 나오는데 오른쪽으로 가면 'BEAM'이라는 건물(東京都渋谷区宇田川町31-2, Tōkyō-to, Shibuya-ku, Udagawachō, ３１－２)이 나타난다. 이 건물에는 코미디

[도큐 백화점과 분까무라] #

공연 극장인 요시모토 홀, J-POP카페, 음반 매장, 만화와 애니메이션 콘텐츠 유통 매장인 만다라케와 애니메이트, 인터넷 카페, 악기점과 음식점이 들어서 있다. 콘텐츠 문화의 종합 공간이라 할 수 있다. 요시모토 홀 앞에는 피켓을 들고 지나가는 사람에게 무언가 열심히 말을 건네는 것이 일상적인 풍경이다. 아마도 공연을 홍보하는 무명의 개그맨 지망생이지 않을까?

〈참고〉 [요시모토 흥업(吉本興業)]

1912년에 창업하여 100년이 넘은 역사를 지닌 일본 최대 엔터테인먼트 프로모션 회사다. 창업 당시에는 오사카(大阪)가 중심이었으나 도쿄에도 본사를 두고 있다. 개그맨(코메디언)을 중심으로 많은 연예인을 배출하고 있으며 그만큼 연예계에 막강한 영향력을 끼치고 있다. 개그맨은 도쿄(칸토)보다는 오사카 지역(칸사이) 출신이 많은데 절반 이상이 요시모토 출신이라고 생각하면 될 것이다. '시부야 요시모토 홀'을 비롯하여 도쿄와 오사카 외에 전국적으로 엔터테인먼트 극장이 있으며 프로야구, 축구 등 많은 스포츠 선수가 소속되어 연예뿐 아니라 스포츠 분야에도 사업을 전개하고 있다.

[시부야 BEAM]

BEAM에서 나와 조금 위쪽으로 올라가면 왼쪽에는 음반 매장인 'HMV' 매장이
있고 오른쪽에는 대형 일용품 매장인 도큐 핸즈(TOKYU HANDS: 東京都渋谷区
宇田川町 1 2 − 1 8 Tōkyō-to, Shibuya-ku, Udagawachō, 1 2 − 1 8) 시부야
가 있다. 도큐 핸즈에는 다양한 일용 잡화를 판매한다. 정원을 가꾸는 가드닝
도구, 자동차 정비용 도구, 집안의 인테리어 관련 도구, 문방구, 선물용품 등 각
층별로 다양한 도구와 상품을 판매하고 있다.

[도큐핸즈 내 화병(Petitor) 매장]

다시 언덕길을 내려오면 축구용품 매장(KAMO) 등 크고 작은 매장들이 들어서 있고 PARCO 백화점 뒤편으로 내려가면 두 번째 큰 사거리(우체국 건너편)에 일본 최대의 음반 매장인 타워레코드(TOWER RECORD: 東京都渋谷区神南1-22-14, Tōkyō-to, Shibuya-ku, Jinnan, 1 Chome−２２−14)가 있다. J-POP은 물론 우리나라 음악 코너인 K-POP 코너도 있다. 클래식에서부터 모든 장르의 음반이 갖춰진 일본 최대의 음반 매장이다. 우리나라는 디지털 음원의 영향으로 음반 시장이 힘을 못쓰는데 소장 욕구가 강한 일본에서는 아직도 음반 매장이 활발하게 비즈니스를 유지하고 있다. 음반관련 비즈니스를 하고 있는 지인의 말에 의하면 아무리 소장 욕구가 강한 일본인이라 하더라도 세계적인 흐름에는 어쩔 수 없다고 한다. 갈수록 음반의 매출이 떨어지는 것이 눈에 보인다고 한다. 일본이 우리보다는 더디지만 디지털 음원이 대세로 자리잡아 가고 있다.

[마루이 백화점(왼쪽)과 타워레코드(오른쪽)] #

〈Tip〉 BEAM에서 이노카시라 거리를 타고 아래쪽으로 내려오면 스페인 언덕이라는 의미의 스페인자카(Spain坂: 東京都渋谷区宇田川町13 番 ~16 番, Tōkyō-to, Shibuya-ku, Udagawachō, 1 3 ~16)로 명명된 언덕 길이 있다.

이노카시라 거리와 PARCO백화점을 잇는 좁은 언덕길이다. 특별히 스페인과 인연이 있는 거리는 아니지만 스페인의 풍경에 반한 명명자에 의해 지어진 이름으로 이후 거리 이름에 걸맞게 스파게티 등 스페인풍의 가게가 곳곳에 들어섰다고 한다. 시간적 여유가 된다면 이 길도 지나가보는 것도 나쁘지 않을 것 같다.

[스페인자카(멀리 BEAM 건물이 보인다)] #

〈참고〉 [시부야의 밤]

젊음의 거리 시부야의 밤은 낮보다 더욱 화려하다. 크고 작은 바와 펍, 이자카야가 밤을 밝히며 젊은이들을 끌어 모은다. 신주쿠 가부키초와는 또 다른 분위기다. 신주쿠의 가부키초보다는 젊은이들의 비중이 많은 곳이 시부야라 할 수 있다.

그 화려함을 더해주는 곳이 나이트 클럽이다. 시부야 BEAM 건너편의 '시부야 클럽 쿼트로(Club Quattro)'을 비롯하여 'T2시부야', '할렘(HARLEM)', '아톰 도쿄(ATOM TOKYO)', '움(WOMB: 東京都渋谷区円山町2-16, Tōkyō-to, Shibuya-ku, Maruyamachō, 2－１６)' 등이 수 많은 클럽이 있다. 그

중에서도 '움'은 웅장한 사운드와 휘황찬란한 조명으로 펼치는 야외공연이
유명하다.

[고가에서 본 시부야 야경]

[나이트클럽 움(WOMB)] *

시부야는 패션의 도시라는 이름보다 '젊은이들을 위한 문화의 도시'라는
표현이 더 어울릴 것이다. 시부야는 젊은이들의 먹고 노는 모든 문화 시설이
있고 이들의 문화가 있는 공간이다. 많은 사람들이 모여 움직이다 보니
다양한 패션을 볼 수 있다. 명품에서부터 힙합에 이르기까지 다양한 패션이
역동적으로 공존하는 거리라 할 수 있다.

가와이이 패션의 성지, 하라주쿠(原宿)

이제 하라주쿠(原宿)로 가보자. 오래 전부터 젊은이들의 패션의 거리로 알려진 하라주쿠는 우리나라에서도 많은 매체를 통해 소개되고 있다. 아마도 도쿄를 방문한 한국 젊은이 중 하라주쿠를 가보지 않은 사람은 거의 없을 것이다. 우리나라의 패션 잡지에서는 일본 젊은이의 패션을 '하라주쿠 스타일'로 소개하기도 한다. 하라주쿠의 대표적인 거리인 다케시타 거리(竹下通り)뿐 아니라 오모테산도(表参道), 아오야마(青山)로 이어지는 거리는 패션의 메카로 알려져 있다.

[하라주쿠로 향하는 도로] #

타워레코드에서 시부야역 반대 방향으로 철로를 따라 500여 미터를 걸어가면 하라주쿠가 나온다. 왼쪽 편에 공원이 보이는데 요요기 공원(代々木公園)이다. 걷기에 무리가 따른다면 시부야역으로 돌아가서 JR야마노테선(山手線)을 타고 한 정거장을 가면 된다. 시간적으로 큰 차이가 없으므로 걸어서 갈 것을 추천한다. 하라주쿠역을 가운데 두고 왼쪽에는 요요기 공원(代々木公園)과 메이지 신궁(明治神宮)이 있고 오른쪽에 하라주쿠의 메인 거리인 다케시타 거리(竹下通り)가 있다. 시간적인 여유가 된다면 메이지 신궁을 들러보는 것도 좋을 것이다. 메이지 신궁에 대한 내용은 '도쿄의 지하철2호선 야마노테선(山手線) 주요 코스'을 참조한다.

〈Tip〉 시부야에서 하라주쿠를 가는 또 하나의 방법으로 럭셔리한 패션 브랜드와 갤러리가 있는 거리인 아오야마 거리를 통해 하라주쿠로 갈 수도 있다. 시부야역으로 되돌아가 하치코우상 광장의 반대편으로 빠져 나가면 오른쪽 편에 아오야마 거리(青山通り)가 나온다. 시부야 → 아오야마 거리 → 오모테산도 → 다케시타 거리 순이다.

[시부야–아오야마 거리–오모테산도 경로]

이 거리를 직진하면 오모테산역(表参道駅)이 나오는데 그 사이에는 아름답고 깔끔한 건물과 고급스러운 갤러리와 매장들이 들어서 있다. 시부야에서 보던 번잡스러움보다는 조용하고 깨끗한 느낌이 드는 거리다. 시부야역으로 돌아와서 아오야마 거리를 통해 걸어가면 시간이 조금 더 소요된다.

[하라주쿠역: 왼쪽이 메이지 신궁, 오른쪽이 다케시타 거리] #

JR 하라주쿠역을 등지고 보면 왼쪽에 다케시타 거리(竹下通り) 입구가 보인다. 사람들이 붐비는 골목이 바로 다케시타 거리다.

[다케시타 거리 입구]

350여 미터 길 양쪽으로 의류, 화장품, 편의점, 커피숍, 패스트푸드점, 아이스크림, 간식 가게, 즉석사진 가게 등 크고 작은 매장이 빽빽하게 들어서 있다. 이 거리를 왕래하는 사람은 10~20대 초반쯤의 연령대가 주를 이룬다. 그리고 이 거리를 구경하러 온 외국 관광객의 모습을 많이 볼 수 있다. 다케시다 거리 한 켠에 서서 지나가는 행인들을 보는 것만으로도 다양한 패션과 장신구, 화장으로 인해 눈요기(?)가 되는 곳이다. 가와이이 패션의 성지라 할 수 있다. 어떤 가게에 들어가든 하라주쿠만의 분위기를 느낄 수 있을 것이다.

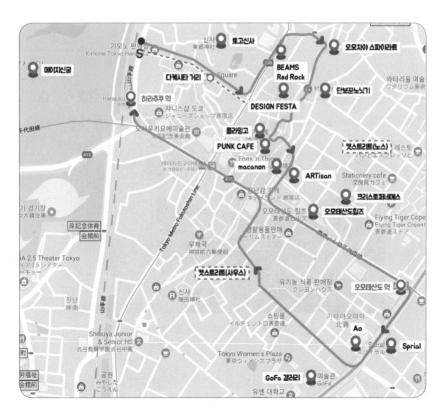

〈참고〉[가와이이 패션]

'가와이이(可愛い)'는 우리말로 '귀엽다'라고 해석된다. 귀여운 패션이라는 의미로 원래는 10대들의 패션을 칭했지만 2~30대로 확장되면서 섹시한 패션과 대조되는 의미로 사용되고 있다. 말뜻 그대로 귀여운 분위기의 의상이나 헤어 스타일을 의미하거나 어리게 보이는 의상이나 헤어, 메이트업을 통칭하기도 한다. 우리나라와 일본 여성들의 의상이나 화장을 비교한다면 외모는 별개로 하더라도 우리나라는 섹시한 분위기가 강한 반면 일본은 귀여운(가와이이) 느낌의 분위기다. 가와이이 패션의 성지가 바로 하라주쿠의 다케시타 거리라 할 수 있다.

거리를 색상으로 표현한다면 핑크 빛이라 할 수 있다. 하다못해 100엔 할인매장인 다이소도 이 거리에서는 핑크 빛으로 치장한 간판을 내걸고 있다.

[다이소도 하라주쿠에서는 핑크색]

천천히 걸으면서 이곳을 감상하다 보면 나이를 불문하고 이곳의 분위기에 빠져든다. 특히, 젊은 세대일수록 자신도 모르게 몰입될 것이다. 관광이 아니라 쇼핑객의 일원이 되어 즐기는 것이 진정한 관광이 되지 않을까? 소품 가게에 들어가 물건을 구경하고 간식 가게에 들어가 간식을 사먹으며 이 거리의 분위기를 맘껏 즐겨보자.

[다케시타 거리와 가게들]

이곳에서는 도저히 이해할 수 없는 패션도 많이 볼 수 있다. 한쪽은 짧고 한쪽은 긴 티 셔츠, 양말이나 스타킹 색상도 특이하고 어떤 경우는 서로 다른 색상을 신기도 한다. 헤어 스타일도 그렇다. 모히칸 스타일은 양반이다. 울긋불긋한 색으로 염색을 하거나 한쪽만 깎아 반쪽만 남은 머리카락을 길게 늘어뜨린 모습, 레게 스타일의 복장과 헤어 스타일을 한 청소년도 있다. 각종 피어싱과 팔과 다리를 그림판 삼아 새긴 문신들이 꿈틀거린다. 짧은 스커트의 세라복을 입은 여고생, 가쿠란 복장의 남자 중고생, 삼삼오오 모여 수다를 떨며 지나는 여대생, 기타를 매고 가는 대학생 등 각자 개성 넘치는 복장으로 활기찬 모습이다. 이해할 수 없는 패션도 있지만 이 또한 눈요기의 하나로 생각하면 즐길 수 있다. 원래는 고교생부터 20대 초반의 청소년이 주를 이루었던 거리였으나 외국에 알려지면서 외국 관광객이 많아져 연령층이 다양해졌다. 남성보다는 여성들이 더 많이 눈에 띈다. 350여 미터 남짓한 거리 양쪽으로 젊은이들을 유혹하기 위한 의류 매장, 아이스크림과 패스트푸드점, 편의점, 식당이 빽빽하게 들어서 있는데 이 거리를 찾는 청소년들의 눈높이를 맞추기 위해서 그런지 조금은 유치해 보이는 간판이나 인테리어도 많다. 그러한 느낌도 사람에 따라 다를 수 있다. 디자인 전공자나 관련 업에 종사하고 있는 사람들 입장에서 보면 조금은 유치한 간판이나 디스플레이가 오히려 디자인과 유행을 선도하는 느낌을 가질 수도 있을 것이다.

 교복을 입은 중고생과 화장으로 민낯을 가리려 하지만 티를 벗지 못한 10대 소녀들과 이들을 낚으려는(?) 10대 소년들로 가득 찬 거리다. 우리나라 명동, 신촌, 강남 쇼핑가와 유사한 느낌이다. 이 거리를 오가는 청소년들의 모습을 보면 그야말로 자유분방하고 개성 넘치는 패션의 거리라 할 수 있다. 란제리 숍 Happy Hearts, 패션 숍인 MoMo, Body Line 등 수 많은 숍이 청소년들의 시선을 끌고 있는 곳이다.

[란제리 숍인 Happy Hearts]

 중간쯤에 캔디 아고고(CANDY A Go Go: 東京都渋谷区神宮前1-7-1 キュートキューブ1F, Tōkyō-to, Shibuya-ku, Jingūmae, 1 Chome－7－1)라는 과자점이 있다. 이곳은 세계의 캔디, 구미, 초코렛이 진열되어 있다.

100그램에 5,000원 정도의 금액으로 판매한다. 내부에서는 만화 캐릭터 복장을 한 점원들이 안내해준다. 이 점원들은 설날, 할로윈데이, 크리스마스 등 시기에 따라 다른 복장으로 분장하여 등장한다. '과자를 패션의 한 아이템'이라는 컨셉트로 과자를 테마로 한 새로운 개념의 가게라 할 수 있다.

[캔디 아고고]

다케시타 거리에는 크레페를 판매하는 가게가 여러 곳이 있는데 중간쯤에 있는 산타 모니카 크레페(SANTA MONIKA Crepes, 東京都渋谷区神宮前1-8-5, Tōkyō-to, Shibuya-ku, Jingūmae, 1 Chome-8-5)를 추천한다.

[SANTA MONIKA 크레페]

버터와 밀가루를 원재료로 딸기나 바나나, 초코 등이 들어가 달달한 맛이 일품이다. 채소나 생선이 들어간 크레페도 있다. 이곳 외에도 마리온, 엔젤 하트, 스위트 박스 등 많은 크레페 판매점이 있다. 타케시타 거리를 거닌다면 이곳의 명물인 크레페 하나 정도는 먹어봐야 하지 않을까?

솔라도(Solado, 東京都渋谷区神宮前1-8-2, Tōkyō-to, Shibuya-ku, Jingūmae, 1 Chome－8－2)는 가와이이 패션을 보여주는 대표적인 가게다. 입구의 컬러풀한 간판에서 느껴진다. 지하1층은 재고 옷이나 헌 옷, 1층은 중고생들의 캐주얼 스타일의 의상, 구두, 잡화의 유명 브랜드 매장이 자리하고 있다. 3, 4층은 쇼핑에서 빠질 수 없는 먹는 즐거움을 충족시켜주는 장소다. 이곳에서는 매년 'Solado 이미지 모델'을 선발하고, 인터넷 투표로 Solado Girls를 선발하는데 이들은 Solado의 모델을 하게 된다.

[Solado 매장 입구]

하라주쿠역 입구에서부터 반대편 입구에 이르기까지 수 많은 인파로 꽉 들어차 있다. 토요일이나 학교가 쉬는 날이면 중고생들의 수가 급격히 늘어난다. 우리보다 교복을 입는 비율이 높은 일본은 여자들의 세라복,

남자들의 가쿠란 복장을 한 채 여기 저기 방황하는 모습을 쉽게 볼 수 있다.

[다케시타 거리의 반대편 입구]

　다케시타 거리의 끝 지점까지 가면 큰 길(메이지 거리)이 나오는데 여기에서 왼쪽으로 꺾어 100여 미터를 걸으면 오른쪽에 BEAMS(東京都渋谷区神宮前3-24-7, Tōkyō-to, Shibuya-ku, Jingūmae, 3 Chome－２４－7)라는 간판이 보인다. 이곳은 'TOKYO CULTUART by BEAMS'라는 컨셉트로 독특한 예술품이나 피규어, 실물 크기의 장난감 등이 뒤엉켜 전시되어 있다. 패션을 예술과 조합한 컨셉트라 할까? 물건을 파는 매장이면서 공연과 전시장을 겸비한 공간이다. 이곳에서는 전시회나 공연도 열린다. 전위 예술품과 같은 분위기를 자아낸다. 창업자인 나가이(永井秀二)씨는 "도쿄에는 다양한 문화가 모여 혼돈하는 이미지가 있다. 그 이미지 대로 아키하바라에 있을 것 같은 소프트 비닐 인형, 간다 진보초에 있을 것 같은 헌 책, 인기 갤러리에 전시되어 있을 것 같은 회화 등이 여기에는 같이 늘어서 있다. 컴팩트하게 '맛있는 것만 취하는' 도쿄다운 것을 모은 셀렉션은 예술을 좋아하는 사람, 예술의 초보자 또는 외국인들도 좋아할 것으로 생각한다."고 말했듯이 현대 도쿄의 다양한 문화를 보여준다는 컨셉트의 패션 스타일을 강조하고 있다.

이곳은 남성 패션의 비중이 여성 패션에 비해 7:3 정도로 높은 편이다. 이 거리를 따라 BEAMS BOY, RAY BEAMS, BEAMS, BEMA+가 들어서 있다.

[BEAMS]

BEAMS 외에도 하라주쿠에는 신세대 디자이너나 작가들이 창의적인 작품을 소개하는 공간이 곳곳에 있다. BEAMS 뒤쪽의 캣 스트리트와 주변 골목에는 이러한 알려지지 않은 패션 디자이너나 마이너 계열의 브랜드 매장이 들어서 있다.

BEAMS+ 지하에 자리잡은 Red Rock(レッドロック: 東京都渋谷区神宮前 3-25-12フジビル B1F, Tōkyō-to, Shibuya-ku, Jingūmae, 3 Chome－２５－ 12)은 고베에 본점을 둔 스테이크 집으로 전국적으로 체인망을 갖고 있는데 그 중 한 곳이 하라주쿠에 있다. 원래 고베는 일본 소인 '와규(和牛)'로 유명한 지역이다. 그렇다고 이곳 요리가 반드시 일본 소만을 사용하지는 않는다. 이곳은 식사시간이 되면 줄을 서서 기다리는 풍경이 일상적이다. 지하로 내려가면 자판기가 있는데 이 자판기에서 원하는 메뉴 버튼을 눌러 주문하면 된다. 스테이크동과 로스트 비프동이 가장 일반적인 메뉴로 가격은 1,000엔

내외다. 일본 소인 흑우를 이용한 메뉴인 흑우 와규는 1,600엔~2,000엔 정도다. '동(丼)'자가 들어가면 덮밥 요리다. 이곳 덮밥 요리는 가격에서도 그렇지만 일본 어디에서나 만날 수 있는 규동 체인점의 규동(덮밥)과는 차원이 다른 맛을 자랑한다. 아무리 가성비를 생각한다고 하더라도 한 번쯤은 이런 요리로 입안의 호사도 누려보는 것이 좋지 않을까?

[Red Rock 하라주쿠점과 스테이크동]

다케시타 거리에서 특별히 물건을 구입한다거나 맛있는 음식점을 찾아가기 보다는 이 거리의 분위기를 느끼는 것만으로 충분하다. 다케시타 거리를 벗어나더라도 이러한 분위기는 이어진다. 다케시타 거리의 하라주쿠역 반대 방향으로 나가 길을 건너 골목 안쪽으로 들어가면 다케시타 거리와는 달리 조용한 느낌이지만 이곳도 역시 패션 매장과 다양한 점포가 자리를 잡고 있다. 조금 색다른 가게를 소개하면 장난감 가게 오모차야 스파이라르(おもちゃ屋スパイラル: 東京都渋谷区神宮前3-27-17 ナガタビルA-1, Tōkyō-to, Shibuya-ku, Jingūmae, 3 Chome－２７－17)는 미국에서 직수입하는 곳으로 최신 장난감보다는 80년대, 90년대의 장난감이나 텔레비전이나 영화에서 방영되었던 캐릭터 상품이라는 것이 특징이라 할 수 있다. 텔레토비 인형, 심슨 가족, 영화 E.T의 외계인 캐릭터나

처키 인형 등 다양한 인형이 가게 곳곳에 빽빽하게 자리잡고 있다. 인형이나 캐릭터 상품으로 추억을 되살리고 싶다면 이곳에서 잠시 과거로 돌아가 즐길 수 있으리라. 하라주쿠 패션의 아이콘인 BEAMS 뒤쪽에 있다. 다케시타 거리의 마지막에 다다르면 메이지 거리(明治通り)가 나오는데 여기에서 왼쪽으로 꺾어서 작은 골목으로 200여 미터 올라간 골목 사이에 숨어있다. 지도 서비스를 이용하여 위치를 찾아가는 것이 빠를 것이다. 이런 위치에서 흘러간 미국산 인형이나 캐릭터 상품으로 가게가 운영된다는 것이 신기할 정도다.

[스파이라르 외관]

[스파이라르 매장 내부의 모습]

세련된 느낌의 거리, 오모테산도(表参道), 아오야마(青山)

다케시타 거리에서 나와 오른쪽 방향의 도쿄 메트로 메이지진구마에(明治神宮前) 역까지 걸어간다. 메이지진구마에역에서 왼쪽으로 꺾으면 오모테산도(表参道) 거리다. 오모테산도 끝자락에 있는 아오야마(青山) 거리도 유명 브랜드 매장과 갤러리 건물이 들어서 있다.

이곳의 분위기는 다케시타 거리와는 전혀 다른 느낌이다. 번잡하고 젊음의 혈기가 넘치는 다케시타 거리에 비해 양쪽 큰 나무로 이루어진 가로수 길이 형성되어 있다. 자동차도 많고 사람도 많이 다니지만 왠지 모르게 정돈되고 조용한 분위기를 풍기는 거리다. 다케시타 거리는 중고등학생들 중심의 패션이라면 오모테산도는 20대 후반에서 중년층 패션의 거리라 할 수 있다. 700여 미터에 이르는 이 거리에는 명품 숍과 갤러리, 부띠크, 헤어 살롱 등 고급스러운 패션이나 미용관련 점포들이 늘어서 있다.

[오모테산도 거리 풍경] *

메이지진구마에역에서 200여 미터쯤 가면 오모테산도 힐즈(OMOTESANDO HILLS : 東京都渋谷区神宮前4-12-10, Tokyo, Shibuya, Jingumae, 4-12-

10)가 나타난다. 이곳은 도시 재개발 프로젝트의 일환으로 기존의 낡은 아파트 단지를 허물고 건설한 주상복합 건물로 세 개의 건물로 이루어져 있다. 이 아파트를 허물고 재건축할 당시에 입주민들의 반발로 상당한 마찰이 있었다고 한다. 지금도 끝자락에는 예전 공영주택의 일부를 남겨두었다. 도로의 경사면에 맞춰 슬로프나 계단이 만들어진 독특한 형태를 띠고 있다. 세계적인 건축가 안도 타다오(安藤忠雄)가 설계한 것으로도 유명하다. 이 오모테산도 힐즈에는 루이비똥, 버버리, 샤넬 등 우리에게도 익숙한 세계적인 명품 브랜드와 귀금속 가게가 입점해있다. 또, 귀에 익숙하지 않지만 한 눈에 봐도 고급스러운 디자인의 상품과 의상이 전시된 점포가 들어서 있다.

[오모테산도 힐즈] #

　　오모테산도 뒷골목에 있는 크리스토퍼 네메스(CHRISTOPHER NEMETH: 東京都渋谷区神宮前4-13-5, Tōkyō-to, Shibuya-ku, Jingūmae, 4 Chome －１３－５)는 도쿄에 거점을 두고 활동해온 영국인 패션 디자이너인 크리스토퍼 네메스(1959~2010)의 작품을 볼 수 있는 장소다. 40여년의 짧은 생을 산 그는 그만의 특징을 강하게 어필한 디자이너였다. 그의 특징은 자투리 천과 오래된 낡은 천으로 직접 바느질해서 만든 옷이나 이러한 분위기를 자아내는 가공되지 않은듯한 약간은 어설프고 엉성한 느낌의 의상으로 알려져 있다. 일반인들이 이해하기 어려운 전위적인 느낌마저 들게 한다. 틀에 박힌 사고나 의상에 눈에 익은 사람들에게는 거부감마저 들 정도로 파격적인 작품이 많다. 필자도 그 중 한 명으로 그냥 줘도 입기 어려운 패션이다.

[크리스토퍼 네메스 매장]

[크리스토퍼 네메스 작품의 하나]

오모테산도에 늘어선 매장은 가성비를 생각하는 여행객 입장에서는 그림의 떡일 수 있다. 그림의 떡 구경하듯 윈도우 밖에서 눈요기만 하고 지나치면 될 것이다.

하라주쿠와 오모테산도 뒷골목으로 들어가면 곳곳에 헌 옷 전문매장도 많다. 80년대 빈티지 스타일의 의류와 액세서리를 판매하는 PUNK CAKE(東京都渋谷区神宮前4-28-9 1F, Tōkyō-to, Shibuya-ku, Jingūmae, 4 Chome－２８－9)도 그 중 한 곳이다. 하라주쿠와 오모테산도 뒷골목에는 이런 조그만 패션 숍이 숨겨놓은 듯이 흩어져 있다. 이러한 매장들은 매장에서 직접 판매하기도 하지만 온라인 숍을 운영하면서 인터넷 판매도 병행하고 있다.

[80년대 스타일의 패션숍 PUNK CAKE]

어린이 전문 패션 매장인 단보쿤노닛기(だんぼくんの日記: 東京都渋谷区神宮前3-18-30, Tōkyō-to, Shibuya-ku, Jingūmae, 3 Chome－１８－30) 역시 독특한 매장의 하나다. 화려한 서양식 외장에 1층에 자리잡은 이곳은 어린이용 스포츠웨어, 일상복, 드레스, 자킷, 속옷, 스커트, 액세서리, 모자, 가방, 구두 등 패션을 망라한 곳이다. 어린이 전문 럭셔리 매장이다. 제품 가격도 만만치 않은 가격으로 웬만한 성인 의류 가격을 능가한다. 어린이가

있는 부모나 어린이 패션에 관심이 있는 사람이라면 꼭 한 번 방문해 볼만한 곳이다.

[어린이 패션 전문 매장 단보쿠노닛기]

[매장 내부 모습]

출처: http://www.bokuwakawaiidanbokun.com/

오모테산도 뒷골목에 포토 갤러리 ARTisan(東京都渋谷区神宮前 4 -21- 10 URA表参道 1 F, Tōkyō-to, Shibuya-ku, Jingūmae, 4 Chome-21-10)은 오리지널 사진이나 사진집, 전자사진집을 출판하는 사진 전문 갤러리다. 사진이 가진 매력과 가능성을 많은 사람들이 알고 그 가치를 알게 하고 싶다는 것이 오너의 꿈이며 이 갤러리의 설립 취지라고 한다. 하얀색 건물의 깔끔한 느낌의 건물이 인상적이다.

[아티잔 외관]

갤러리 내부에 들어가면 사진 작품을 감상할 수 있으며 관련된 사진집과 책자가 진열되어 있다. 일반 가정집의 서재 같은 느낌이 든다. 예술을 이야기하면서 너무 삭막한 이야기이지만 이런 갤러리가 자체 수익으로 운영이 되는지 궁금할 때가 있다. 물어보고 싶지만 차마 말을 꺼내기가 두렵다. 이런 생각을 하는 내가 너무 속물이 아닌가 하는 생각도 해본다.

[갤러리 내부]

도너츠 가게인 매캐논(macanon: 東京都渋谷区神宮前4-24-5, Tōkyō-to, Shibuya-ku, Jingūmae, 4 Chome－２４－5)은 구마모토현의 인체에 좋지 않은 영향을 끼치는 그루텐 성분이 포함되지 않은 쌀가루(그루텐 제로), 계란, 신선한 버터와 우유를 이용하여 만든 도너츠로 바로 구워서 제공한다. 가게 내에서는 먹을 수 없고 테이크아웃만 가능한 가게다. 쫄깃쫄깃한 식감이 여느 도너츠와는 다른 느낌을 준다. 아무리 즐기는 여행이라도 걷다 보면 피로가 몰려 온다. 이럴 때 이런 달콤한 맛으로 당을 보충하여 여행의 피로를 녹이는 것도 좋은 피로해소법이다.

[도너츠 가게 macanon]

오모테산도 힐즈를 나와 계속 직진하여 올라가면 유명 스포츠 브랜드 매장, 앱플 스토어 등 다양한 매장이 들어서 있다. 하나같이 세련된 디자인의 건물과 디스플레이가 눈에 들어온다.

이곳을 지날 때는 단지 패션에만 관심을 가질 것이 아니라 건축물과 상점의 디스플레이에도 주목할 필요가 있다. 건축학도를 꿈꾸는 대학생이나 인테리어 또는 디스플레이 디자이너들은 한 번 둘러보았으면 한다. 다양한 구조와 디자인의 건축물, 일본 특유의 아기자기한 소품을 활용한 인테리어와 상품 디스플레이는 일본의 특색을 느낄 수 있을 것이다. 굳이 건축이나 디자인과 관련된 사람이 아니더라도 다양한 형상의 건축물과 디스플레이를 관심을 갖고 본다면 일본인들의 아기자기한 디자인과 디스플레이, 독특한 분위기를 느낄 수 있지 않을까? 건축이나 디자인에 문외한인 사람들도 일본인들만의 분위기를 느끼기 충분한 곳이다.

[다양한 디자인의 건물이 들어선 풍경]

계속 직진하면 오모테산도역(表参道駅)이 나오고 큰 교차로가 나타나는데 이 거리는 오모테산도역에서 시부야역에 이르는 아오야마 거리(青山通り)다.

[명품숍이 늘어선 오모테산도 풍경] #

이 거리 역시 오모토산도와 유사한 분위기로 명품 숍을 비롯해 갤러리 등 럭셔리한 점포가 많이 있는 거리다.

Ao, Gofa, Sprial 등 독특한 디자인의 세련된 건물도 많이 볼 수 있다. 아오야마 거리 중간쯤에 있는 타원형의 오벌 빌딩 2층에 자리잡고 있는 갤러리 Gofa(東京都渋谷区神宮前5-52-2青山オーバルビル2F, Tōkyō-to, Shibuya-ku, Jingūmae, 5 Chome－5 2 －2)는 일본 최초의 애니메이션, 만화, 게임 전문 갤러리로 유명하다. 종종 만화나 애니메이션의 작가들의 원화 전시회가 열리는 곳이다. 일본 애니메이션이나 만화, 게임에 관심이 있는 사람이라면 한 번쯤 들러보는 것이 살아있는 공부가 아닐까 생각된다.

[아오야마 거리의 건물들]

개성넘치는 거리, 캣 스트리트

아오야마 거리까지 가면 시간이 너무 소요되므로 적당한 선에서 발길을 돌려 다시 하라주쿠역으로 향한다. 하라주쿠역으로 되돌아 가는 길에 '캣 스트리트(CAT STREET)'를 들른다. 오모테산도 뒤쪽 골목길과 건너편의 골목이 캣 스트리트다. 즉, 오모테산도 옆길이다. 따로 이정표가 세워져 있지 않기 때문에 주의 깊게 찾아야 한다. '고양이 볼처럼 좁은 길' 또는 '고양이가 많았던 곳'이라서 캣 스트리트로 불렸다고 한다. 그렇다고 고양이가 나타나는 곳은 아니다. 캣 스트리트는 오모테산도 힐즈를 사이에 두고 양쪽으로 나뉘어져 있다. 오모테산도 힐즈 뒤쪽이 노스 캣 스트리트, 반대편쪽이 사우스 캣 스트리트다.

〈Tip〉 시부야에서 하라주쿠로 걸어온다면 아오야마 거리를 지나오면 걷는 시간이 많아 피곤하지만 더 많은 것을 볼 수 있다. 시부야 → 아오야마 거리 → 오모테산도 → 캣 스트리트 → 하라주쿠 순으로 올라가면 왔던 길을 되돌아가는 수고를 덜 수 있다.

[캣 스트리트(사우스) 입구] #

좁은 골목길 양쪽으로 2~3층 정도의 그리 높지 않은 건물이 들어서
있고 패션 숍이 밀집해있다. 이 길은 1964년 도쿄올림픽을 계기로
시부야 천(川)을 복개하여 만든 도로로 젊은 디자이너들이 점포를 내면서
형성되었다고 한다. 처음에는 영세업자들이 허름한 건물에 점포를 내면서
시장 분위기와 같은 느낌이었으나 하라주쿠, 오모테산도, 아오야마 지역의
발전에 영향을 받아 규모는 작지만 아기자기한 맛을 내는 세련된 상가로
바뀌게 되었다. 오모테산도처럼 고가의 브랜드도 아니고 다케시타 거리처럼
번잡하지 않은 꾸불꾸불한 골목길로 왠지 정감을 느끼게 하는 거리다.
오모테산도에 있는 점포에 비해 소규모의 패션 숍과 식당들이 많다. 하라주쿠
뒷골목(裏原宿)이라고 불리는 지역이다.

[캣 스트리트(노스) 입구]

사우스 캣 스트리트(오모테산도 힐즈 반대편)든 노스 캣 스트리트든 다양한
패션 숍이 들어서 있다. 건물도 화려하거나 높지는 않지만 2~3층의 나즈막한
건물에 개성이 넘치는 모양과 디스플레이로 눈길을 끈다. 필자는 개인적으로
다케시타 거리의 번잡스러움이나 오모테산도의 화려한 분위기 보다는
한적하고 운치가 있는 캣 스트리트가 왠지 정감이 가고 마음에 들어 이곳에서

많은 시간을 보냈다.

[캣 스트리트 풍경]

캣 스트리트 주변에는 헛 옷이나 재고 옷 판매점도 많다. 그 중에 하나를 소개하면 플라밍고 하라주쿠점(Flamingo原宿店: 東京都渋谷区神宮前４－２６－２８, Tōkyō-to, Shibuya-ku, Jingūmae, 4 Chome－２６－28)이다. 미국이나 유럽의 옷을 판매하는 곳으로 헌 옷이나 재고 옷으로 유명한 거리인 시모기타자와(下北沢)에도 점포를 두고 있는 체인점이다. 가게 앞에 플라밍고 조형상이 인상적이다.

[헌 옷 전문점 플라밍고]

이 골목뿐 아니라 하라주쿠, 오모테산도 주변의 모든 골목이 모두 특색을 지닌 지역이라 할 수 있다. 시간이 된다면 감상하며 즐기는 여유를 가져 보았으면 한다. 특정 점포나 빌딩을 지정하지 않고 자연스럽게 돌아보다가 마음에 드는 곳으로 발길을 옮기는 여유도 필요하지 않을까? 아무 곳이나 들어가도 후회하지 않을 것 같은 느낌이 든다. 노스 캣 스트리트 끝자락에 다다르면 독특한 형상의 건물이 눈에 들어온다. 건설공사장의 비계 파이프를 이용하여 건물 외관을 장식한 건물인데 갤러리와 카페가 들어서 있다.

이 DESIGN FESTA GALLERY(東京都渋谷区神宮前3－2０－18, Tōkyō-to, Shibuya-ku, Jingūmae, 3 Chome－2０－18)는 오리지널 작품이라면 국적이나 연령에 관계없이 저렴한 가격으로 임대해주는 갤러리다. 회화, 사진, 일러스트, 그래픽, 영상 등 다양한 장르가 전시되는 공간이다. 저렴한 공간은 3.2㎡의 경우 하루 임대료가 평일 40,000원대, 주말에는 60,000원대이며 1주일 임대료는 250,000원 내외다. 물론 전시장의 크기에 따라 차이가 있다. 혹시 자신의 작품을 일본에 소개하고 싶은 사진이나 미술, 일러스트레이터, 그래픽 디자이너 지망자라면 한 번쯤 고려해 볼만한 곳이다. 젊은이들이 많이 모이는 거리인 만큼 전시하는 사람들도 젊은 세대가 주를 이룬다.

[가설재로 장식된 갤러리]

캣 스트리트 관광을 마치면 다시 하라주쿠역으로 가서 JR야마노테선(山手線)을 타고 신주쿠로 간다. 신주쿠로 돌아와 신주쿠의 밤거리를 즐기는 것을 추천한다. 신주쿠는 밤 늦게까지 번화한 거리이기 때문에 자정에 가까운 시간까지도 관광을 즐길 수 있다.

남녀노소가 어우러지는 최대의 번화가, 신주쿠(新宿)

신주쿠는 별도의 설명이 필요 없을 정도로 일본의 대표적인 번화가다. 특정 연령에 관계없이 일본의 모든 문화가 녹아있는 지역이라 할 수 있다. 도쿄의 동쪽에 있는 긴자, 아사쿠사와 같은 시타마치는 오랜 역사를 지닌 구도심이라면 서쪽에 위치한 신주쿠는 시부야, 이케부쿠로와 함께 3대 신도심지라 할 수 있다. 신주쿠에는 도쿄 도청을 비롯한 관공서, 손보저팬 빌딩 등 보험 및 금융회사 건물이 밀집되어 있으며 많은 기업들의 본사 건물로 초고층 빌딩 숲을 이루고 있다. 케이오프라자 호텔, 신주쿠프린스 호텔, 오다큐 호텔, 워싱톤 호텔 등 많은 호텔이 자리잡고 있다.

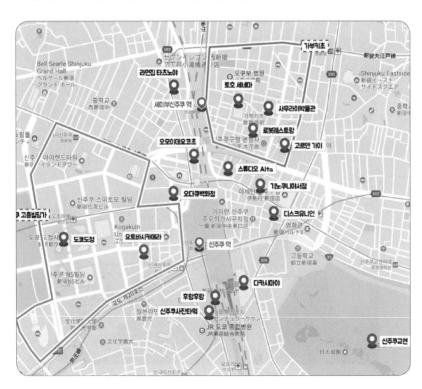

신주쿠역을 중심으로 오다큐, 게이오, 마루이, 이세탄, 다카시마야 등의 백화점과 요도바시카메라, 도큐핸즈, 돈키호테 등의 양판점과 수 많은 드럭스토아가 들어서 있다. 키노쿠니야 서점, 북 퍼스트 서점, 다목적 극장 아르타(ALTA), 뜨개 용품 및 핸드메이드 용품 전문점 오카다야 등 다양한 종류의 상업용 점포와 건물이 모여 있다. 고층빌딩 사이에 공학원 대학, 도쿄모드학원 등 대학과 학원 건물이 들어서 있는가 하면 빠칭코점, 각종 클럽과 이자카야 등 식당과 유흥가가 공존하고 있다. 이렇게 신주쿠가 발달한 가장 큰 이유는 편리한 교통 때문일 것이다. JR 야마노테선, 도에이 지하철, 도쿄 메트로 및 민영철도의 수 많은 노선이 신주쿠역을 거쳐간다. 신주쿠역이 일본에서 가장 많은 유동인구를 자랑하는 지역이다. 2015년에는 1일 승하차 인구가 342만명으로 세계에서 가장 많은 유동인구를 가진 역으로 기네스북에 올랐다고 한다.

신주쿠역을 중심으로 동쪽 지역은 스튜디오 아르타(ALTA), 키노구니야 서점(紀伊国屋書店)이 있는데 이곳이 많은 사람들이 만남의 장소로 이용하는 곳으로 잘 알려져 있다.

[동쪽 출구에서 바라본 풍경(오른쪽 건물이 스튜디오 아르타)] #

만남의 장소로 알려진 만큼 주변에 식당이나 술집이 많은 곳이기도 하다.

신주쿠 PePe, 마루이, 이세탄 등 유명 백화점과 악기점, 핸드메이드 용품점인 오카다야 등 유통시설이 많이 들어서 있다. 신주쿠역 동쪽 출구의 추오 거리(中央通り)에 있는 디스크유니언 신주쿠 본관(東京都新宿区新宿3-31-4 山田ビル, Tōkyō-to, Shinjuku-ku, Shinjuku, 3 Chome- 3 1 -4)은 락, 팝 음악 전문점이다. 신주쿠 마루이 백화점 뒤편에 있다. 8층에 걸쳐 락, 라틴, 인디, 헤비메탈, 펑크, 댄스, 블루스, 클래식까지 모든 음악 장르의 등 중고 레코드와 각종 레이블의 음반을 갖추고 있다. 음악을 좋아하는 사람들은 필수 코스이지 않을까?

[신주쿠 디스트유니온 매장]

스튜디오 아르타를 지나면 야스쿠니 거리가 있는데 이 거리 건너편에 일본의 대표적인 유흥가인 가부키초(歌舞伎町)가 있다.

〈참고〉 [신주쿠 가부키초(新宿歌舞伎町)]
도쿄를 여행한 관광객 중에 신주쿠 가부키초를 가보지 않은 사람은 별로 없을 것이다. 아마도 도쿄를 대표하는 번화가이며 유흥가가 이곳 신주쿠 가부키초다.

[화려한 불빛의 가부키초 입구]

가부키초는 일본의 모든 밤 문화가 담긴 곳이라 해도 과언은 아니다. 식당과 선술집, 편의점과 패스트푸드점, 빠징코장, 극장, 클럽과 바가 빽빽하게 들어서 있다. 이곳을 찾는 사람들은 10대에서부터 대학생, 직장인, 장년층 남녀노소를 가리지 않는다.

[가부키초의 야경(토호 건물 위에 보이는 고질라 조형물)]

　일본의 밤 문화를 상징하듯 다양한 퇴폐업소도 많이 들어서 있다. '잠들지 않는 거리'로 알려진 곳으로 해가 지면서부터 화려한 불빛이 켜지면서 더욱 분주해진다. 초저녁에는 식당을 홍보하는 호객꾼이 있지만 늦은 시간이 될수록 술집이나 유흥업소에서 손님을 유인하는 호객꾼들이 많아진다. 한국인이 지나가면 한국어로 말을 걸기도 하고 중국어로 걸기도 한다. 호객꾼 중에는 흑인들의 비중도 높다. 이런 호객꾼이 소개하는 업소에는 들어가지 않는 것이 좋다. 호객꾼에 넘어가 바가지 요금을 뒤집어쓰는 사례가 있다. 도쿄도에서 단속을 실시하기도 하지만 호객꾼은 없어지지 않고 있다. 만화방, 캬바쿠라, 호스트 클럽, 러브호텔, 성인용품점, 풍속업소 등 골목마다 조그만 점포들이 빽빽하게 들어서 있다. 가부키초 거리를 거닐다 보면 곳곳에 '무료 안내소'가 눈에 띈다. 이곳은 술집이나 퇴폐업소를 안내하는 곳이다. 관계기관에서 호객꾼을 단속하기 때문에 점포 형식으로 안내소를 만들어 자신들과 제휴된 업소에 손님들을 소개한다고 생각하면 된다. 어느 나라나 유흥가의 밤거리에서 범죄에 휘말릴 위험성이 높다. 치안이 좋은 일본이지만 밤에 이런 유흥가를 관광할 때는 항상 주의를 기울여야 한다.

[무료 안내소]

이러한 밤 문화의 명성 때문인지 우리나라 사람들을 비롯하여 외국 관광객들도 쉽게 만날 수 있다. 그래서 주변에는 관광객을 대상으로 한 저가 양판점인 돈키호테를 비롯하여 드럭스토어, 100엔 숍과 같이 저가이면서도 다양한 기념품을 판매하는 매장도 많이 들어서 있다.

가부키초 안에는 남성들만을 위한 가게만 있는 것이 아니라 여성들을 위한 호스트 바가 많다. 거리를 거닐다 보면 남성 모델(호스트)을 소개하는 광고판을 쉽게 발견할 수 있다. 가부키초 중심부에 있는 후린카이칸(風鈴会館: 東京都新宿区歌舞伎町 2-23-1, Tokyo, Shinjuku, Kabukicho, 2－23－1)을 중심으로 주변에 이러한 광고판을 많이 볼 수 있다.

[호스트 바를 소개하는 광고판]

가부키초 입구로부터 50미터 정도 안쪽으로 들어가면 거대한 건물이 나온다. 이곳이 신주쿠 토호(東宝: 東京都新宿区歌舞伎町 2-19-1, Tōkyō-to, Shinjuku-ku, Kabukichō, 1 Chome－1－19－1) 빌딩인데 극장과 호텔, 빠징코장이 들어서 있다. '토호(東宝)'는 동쪽의 보물이라는 뜻으로 원래 영화를 제작하고 배급하는 영화회사다. 수 많은 작품을 제작하여 성공을 거둔 일본에서 제일 큰 영화사다. 이 영화 제작사가 제작한 대표적인 작품이 '고질라'인데 건물 옥상에 고질라의 머리 모양이 장식되어 있다. 영화뿐 아니라 텔레비전 드라마, 게임도 제작하였으며 전국적으로 영화관을 운영하며 부동산 임대업도 하고 있다.

[가부키초에 있는 신주쿠 토호 빌딩] #

토호 빌딩을 등지고 왼쪽 골목으로 들어가면 로봇 레스토랑(東京都新宿区歌舞伎町1-7-1 , Tōkyō-to, Shinjuku-ku, Kabukichō, 1 Chome－7－1)이 나온다. 이름으로 연상되는 것은 "레스토랑에서 로봇이 서비스를 하나?"라는 생각이 든다. 하지만 쇼를 하는 곳이다. 입장료는 시기에 따라서 변동이 있는데 7,000~9,000엔으로 상당히 고가다. 2012년 오픈 당시에는 4,000엔 하던 요금이 이렇게 올랐다고 한다. 그만큼 인기가 있다는 것을 증명한다. 입장을 하면 기본으로 도시락 박스가 제공된다. 레스토랑이지만 음식이 메인이 아니라 한 시간에 걸친 공연이 메인인 곳이다. 3미터가 넘는 여성 안드로이드, 공룡 로봇, 동물 로봇과 함께 여성 댄서들이 펼치는 쇼를 관람한다. 미리 예매하고 좌석을 배정받아야 한다. 관객 중 80~90%가 외국인 관광객일 정도로 관광객들이 많이 찾는 장소다. '힘이 넘치는 미소녀가 세계를 활기차게!'라는 컨셉트의 공연으로 팀 버튼 영화감독 등 해외의 유명인들이 찾았던 곳이다.

[로봇 레스토랑 입구]

신주쿠 가부키초의 뒤쪽에 자리잡은 신주쿠 구청(구야쿠쇼: 新宿区 役所) 앞의 도로인 구야쿠쇼 거리 건너편 뒷골목에 자리잡은 신주쿠 고르덴가이(新宿ゴールデン街 : 東京都新宿区歌舞伎町1丁目, Tōkyō-to, Shinjuku-ku, Kabukichō, 1 Chome)도 신주쿠 밤 문화 풍경의 한 장면이라 할 수 있다.   2차대전 후에 형성된 지역으로 목조건물이 빽빽하게 들어서 있다. 대부분의 가게는 옆 사람이 닿을 정도로 비좁은 공간에 10여 명 남짓 들어가면 꽉 찰 정도로 좁다. 초창기인 1950년대 후반부터 작가나 저널리스트, 영화관계자 등 예술인들이 즐겨 찾았던 곳으로 저렴하고 낭만적인 장소로 유명해졌다고 한다. 80년대 부동산 가격이 폭등했던 버블기에는 신주쿠의 비싼 임대료 때문에 빈 점포가 많았으나 2000년대 들어서면서 다시 활기를 되찾았다. 최근에는 외국에도 많이 소개되어 외국 관광객들이 많이 찾는 지역이 되었다. 저렴한 가격대의 꼬치구이,

오코노미야끼, 돼지고기요리 등 다양한 음식을 맛볼 수 있으며 일본 전통주와 위스키를 비롯한 양주도 즐길 수 있다.

[작은 술집이 모여있는 신주쿠 고르덴가이] *

사무라이 박물관(侍博物館 : 東京都新宿区歌舞伎町2-25-6, Tōkyō-to, Shinjuku-ku, Kabukichō, 2 Chome－２５－6)도 볼거리의 하나다. 신주쿠 구청 앞의 구야쿠쇼 거리(区役所通り) 사거리에 후린카이칸(風鈴会館)이 있는데 이 건물 뒤편에 있다.

[사무라이 박물관]

　사무라이는 우리나라를 침략한 임진왜란의 이미지가 있어 그리 좋은 인상은 아니지만 일본의 전국시대의 칼잡이들이다. 일본　역사에서 가마쿠라(鎌倉) 시대부터 에도(江戶) 시대에 이르는 700여년 동안 사무라이 중심의 역사라 할 수 없다. 사실 '사무라이'라는 단어는 우리말 '싸울 아비'에서 유래되었다고 한다. 이 박물관에는 사무라이들의 투구와 갑옷, 칼 등이 전시되어 있으며 사무라이들의 칼 싸움 공연을 볼 수 있으며 갑옷을 쓰고 사진촬영도 가능하다. 입장료는 성인이 1,800엔이다.

　신주쿠역을 중심으로 서쪽 지역은 도쿄도청을 비롯하여 게이오 프라자호텔, 손보 빌딩, 신주쿠센터 빌딩, 신주쿠 노무라 빌딩, 도쿄 모드학원 건물 등 초고층 빌딩 숲을 이루고 있다. 도쿄 신도심 고층 빌딩가라고 부르는 곳이 서쪽 출구 지역이다.

[신주쿠 고층빌딩 숲]

　도쿄도청의 전망대(東京都新宿区西新宿2-8-1, Tokyo, Shinjuku, Nishishinjuku, 2 Chome－8－1)에서 도쿄 전체를 관망할 수 있다. 신주쿠역에서 고층 빌딩가 지하도를 따라 갈 수 있다. 도쿄 타워나 도쿄 스카이트리, 롯뽕기 힐즈 등은 유료이지만 도쿄도청 전망대는 무료로 개방되기 때문에 부담 없이 올라가 볼 수 있다. 도쿄의 풍경을 한 눈에 내려다 보고 싶다면 도쿄도청을 추천한다. 이 밖에도 요도바시 카메라와 같은 전자제품 양판점과 신주쿠 역사 주변에 있는 게이오, 오다큐 백화점과 파르코와 같은 전문점이 있어 쇼핑하기에도 편리한 곳이다.

[도쿄도청 건물]

[도쿄도청 전망대에서
바라본 도쿄 풍경]

서쪽 출구로 나와 유흥가인 가부키초로 가는 길목이며 철로 옆에 있는 오모이데 요코초(思い出横丁: 東京都新宿区西新宿1-1-1, Tōkyō-to, Shinjuku-ku, Nishishinjuku, 1 Chome－1－1)라는 골목이 있다. 우리말로 '추억의 골목'이다. 좁은 골목 입구에 초록색 바탕에 노란색의 글씨로 '思い出横丁' 라고 쓰인 간판이 보인다. 작은 선술집들이 조밀하게 모여 있어 꼬치구이, 라면 등 각종 요리와 함께 술잔을 기울이는 직장인들로 붐빈다. 대낮부터 술잔을 기울이는 사람을 만날 수 있다. 필자는 개인적으로 이 골목에서 꼬치구이를 추천하고 싶다. 이 골목 입구에 있는 '도리에(鳥会)'와 골목의 중간에 위치한 이자카야인 '사사모토(ささもと)'를 추천한다. 도리에는 최고의 재료와 신선한 재료를 사용한다는 닭 꼬치(도리야끼) 모듬(7개)은 998엔이다. 사사모토는 꼬치구이(쿠시야끼: 串焼き)를 주 메뉴로 하여 술을 마실 수 있는 곳으로 자리는 10석이 되지 않는 좁은 집이다. 꼬치는 한 점에 200엔~300엔이다. 꼬치구이의 연기 속에서 술 한 잔과 함께 여행의 피로를 풀어보는 것은 어떨지? 우리나라의 포장마차 골목과 같은 서민적인 느낌의 골목이다. 신주쿠 고르덴가이는 술을 중심으로 밤부터 시작하는 반면 이곳은 음식을 중심으로 대낮부터 영업을 하는 곳이다.

[오모이데 요코초 입구]

[오모이데 요코초 내의 한 가게]

오모이데요코초가 보다 일본스러운 느낌이 드는 곳이다. 철로를 건너면
신주쿠프린스 호텔이 있고 호텔 건너편에 유흥가인 가부키초(歌舞伎町)가 있다.

신주쿠 남쪽 지역은 역사와 연결된 루미네, 다카시마야 백화점을 비롯해
키노쿠니야 서점 남쪽 출구점이 있다. 이 주변에는 아마추어 음악가 또는
아티스트 지망생들이 길거리에서 악기를 연주하는 모습을 자주 볼 수 있다.
역사 주변으로는 JR 동일본 본사, 오다큐 호텔 타워 등 고층 빌딩이 자리잡고
있다.

[신주쿠 남쪽 출구]

[남쪽 출구 앞의 바스타 신주쿠]

고속버스터미널(바스타 신주쿠: 東京都渋谷区千駄ヶ谷5-24-55, Tokyo, Shibuya, Sendagaya 5 Chome-2 4 -55)이 있어 도쿄를 벗어나는 버스 승하차 승객들로 붐비는 곳이다. 행정구역으로는 시부야구(渋谷区)에 속한다. 후지산을 비롯해 도쿄 외곽으로 버스를 타고 나가려면 이곳에서 버스를 탄다.

신주쿠 남쪽출구에서 바스타 신주쿠 오른쪽 옆길에 오다큐 백화점에서 운영하는 신주쿠 사잔 테라스(Southern Terrace: 東京都渋谷区代々木2-2-1, Tōkyō-to, Shibuya-ku, Yoyogi, 2 Chome－２－2－1)와 오다큐 사잔 타워(Southern Tower: 東京都渋谷区代々木2-2-1, Hotel Century Southern Tower: Tōkyō-to, Shibuya-ku, Yoyogi, 2 Chome－２ －1)가 있다. 사잔 스퀘어 광장을 중심으로 커피숍, 레스토랑, 맥주 카페, 기념품 가게 등이 있다. 한국 음식점을 비롯하여 맥시칸 요리, 이탈리안 요리점 등이 자리잡고 있다. 또 오다큐에서 운영하는 호텔 센추리 사잔 타워에는 호텔을 포함하여 19층, 20층에는 레스토랑이 있는데 이곳의 화장실에는 외부가 유리로 되어 있어 도쿄를 한 눈에 내려다 볼 수 있다. 저녁 시간에는 도쿄의 멋진 야경을 관망할 수 있다. 화장실의 색다른 변신이 아닌가 생각된다.

[사잔 테라스에 입점해있는 후랑후랑의 내부]

신남쪽 출구(新南口)쪽에는 다카시마야 타임스퀘아에는 백화점과 일상용품 양판점인 도큐핸즈 신주쿠점, 서점 기노쿠니야, 유니클로 매장 등이 들어서 있다. 어느쪽 출구로 나가든 쇼핑을 하고 즐길 수 있는 시설이 있다. 신주쿠역이 유동인구가 많은 역이다 보니 역을 중심으로 수 많은 백화점과 다양한 쇼핑몰, 음식점과 술집이 몰려 있다. 지역 특산물을 제외하고는 일본에서 구입하고자 하는 물건이 신주쿠에서 구입할 수 없다면 다른 곳에서도 구입하지 못할 정도로 다양한 매장이 자리잡고 있는 곳이다.

[신주쿠 신남쪽 출구 멀리 보이는 사각형 건물이 NTT빌딩]

[신주쿠 신남쪽 출구의 다카시마야 백화점]

신주쿠에는 일본에 있는 모든 먹거리가 있는 곳이라 해도 과언은 아니다. 신주쿠역이 일본에서 가장 많은 사람들이 왕래하는 곳인 만큼 먹거리도 풍부하다. 오모이데 요코초와 같은 작은 골목의 닭꼬치에서부터 고급 호텔의 요리까지 많은 식당이 있다. 거창한 고급 식당보다는 서민적인 식당으로 가장 많이 보이는 것이 라면집이다. 가게에서 판매하는 라면은 인스턴트 라면을 끓여주는 우리나라와 달리 생면으로 육수를 내서 요리를 한 라면집이다. 그래서 일본 어디를 가든 라면집은 있다. 다츠노야(竜の家: 東京都新宿区西新宿7-4-5, Tōkyō-to, Shinjuku-ku, Nishishinjuku, 7 Chome －4－5)라면집은 전국적으로 체인을 갖고 있다. 미국 LA에도 체인점이 있는 라면집이다. 남쪽 후쿠오카(福岡)의 하카타(博多)에서 시작하여 세를 넓혀가고 있다.

[라면집 '다츠노야' 의 입구]

[다츠노야의 라면]

자체 브랜드의 밀가루로 만든 면과 돼지고기 육수에 향신료와 매운 된장이 어우러진 맛이 일품이다. 신주쿠에서 일본 라면을 맛보고 싶다면 추천하고 싶은 곳이다.

〈참고〉 [신주쿠 교엔(新宿御苑)]

신주쿠는 도쿄(일본)에서 가장 많은 고층 빌딩이 들어선 번화가다. 하지만 의외로 녹지공간이 많다. 도시인들의 쉼터의 역할을 하는 공원은 신주쿠 중앙공원, 신주쿠 교엔, 메이지진구가이엔, 칸센엔공원(甘泉園公園), 가부키초공원 등 수 십 곳에 이른다. 그 중에 가장 크고 유명한 공원이 신주쿠 중앙공원과 신주쿠 교엔(新宿御苑: 東京都新宿区内藤町11番地, Tōkyō-to, Shinjuku-ku, Naitomachi-11)이다. 도쿄 메트로 신주쿠 교엔역(新宿御苑駅)에서 내리거나 신주쿠역의 신주쿠 다카시마야(도큐핸즈)에서 1키로미터 남짓한 곳에 있다.

신주쿠 교엔은 에도시대 다이묘나 상급 무사들의 별장으로 조성된 곳으로 황실에서 관리하다가 2차대전 이후 일반인에 공개된 공원이다. 매년 봄에는 총리 주최로 '벚꽃을 보는 모임'과 가을에는 환경장관 주최로 '국화를 보는 모임'을 개최하는 장소로 아름다운 정원과 꽃과 나무가 아름다운 곳이다. 벚꽃 철에는 1300그루의 벚꽃이 장관을 이뤄 '일본 벚꽃 명소 100선'에 뽑힌 공원이다. 작은 연못을 중심으로 만들어진 아기자기한 일본식 정원, 넓은 잔디와 거목이 특징인 영국식 정원, 기하학적 구성으로 잘 알려진 프랑스식 정원을 조합해놓은 '정원 백화점'이다. 도심 한 가운데에서 이렇게 많은 꽃과 나무 등 녹지를 만나기도 쉽지 않을 것이다. 어느 계절에 가더라도 푸르른 나무와 꽃을 감상할 수 있는 곳으로 도쿄의 쉼터 중 하나다.

[신주쿠 교엔 정경]

〈코스설계 TIP〉

전체 10시간 정도의 빽빽한 일정이다. 특히 아자부주반에서 롯뽕기, 도쿄미드타운, 국립신미술관을 걸어야 하고 시부야에서 하라주쿠, 오모테산도까지 걸어야 하기 때문에 걷는 시간이 상당히 많아 편한 복장과 운동화를 준비하는 것이 좋다. 사실 오전 시간대에는 아자부주반을 방문하면 거리가 썰렁할 것이다. 단순히 거리의 분위기만 볼 수 있지 않을까 생각된다. 시간을 효율적으로 활용하기 위해 아자부주반을 생략하고 바로 롯뽕기로 가는 것도 하나의 방법이다. 아자부주반에서 롯뽕기로 걸어가기 부담스러우면 도에이 오에도선(大江戸線)을 타고 한 정거장만 가면 롯뽕기역이다. 하지만 충분히 걸을 수 있는 거리다. 또, 시부야에서 하라주쿠로 가는 길도 걷기에 부담스럽다면 JR 야마노테선을 타고 하라주쿠역으로 간다. 한 정거장 거리다. 하라주쿠에서 시간적 여유가 된다면 메이지신궁(明治神宮)을 들러보는 것도 좋다. 하지만 신궁 본당까지 상당한 거리라서 최소 30분은 예상해야 한다. 각 지역에서 시간 배분을 잘 해야 한다. 사실 제대로 보면서 돌아다니려면 이틀도 부족할 것이다. 하지만 가성비를 고려한 관광에서는 선택과 집중이 필요하다. 자신의 관심사를 잘 선택하여 집중해서 봐야 할 것이다. 시부야에서 하라주쿠를 갈 때도 아오야마 거리를 거쳐 오모테산도, 캣 스트리트, 하라주쿠 순으로 걸어가는 것도 하나의 방법이다.

마지막 코스로 신주쿠에 돌아와서 신주쿠역 주변의 백화점과 쇼핑센터, 유흥가인 가부키초(歌舞伎町)를 관광하면 좋을 것이다. 신주쿠는 유흥가가 많아 밤늦게까지 관광을 할 수 있는 지역이기 때문에 늦은 시간에도 돌아다니는데 무리가 없다. 일본의 밤 문화를 엿보기 위해서라도 일부러 밤시간에 가부키초를 중심으로 돌아볼만한 지역이다.

03. 11,000원으로 청춘과 낭만의 도시 탐방 :
낭만과 활력이 넘치는 청춘의 거리를…

　　세계 어느 도시든 지역별로 모여드는 연령대에 따라 거리의 분위기가 형성된다. 서울에서는 홍대 근처나 신촌이나 대학로 등은 젊은이들이 북적거리며 활기가 넘친다. 오랜 역사를 지닌 명동은 골목마다 나름대로 분위기를 풍긴다. 청담동, 압구정은 고급 부띠끄나 명품 숍이 많아 고급스러운 이미지가 있다. 이렇게 지역에 따라 분위기가 형성되고 이 분위기에 따라 연령대별로 사람들이 모여든다. 도쿄도 마찬가지다. 지역에 따라 분위기가 있으며 이 분위기에 따라 모이는 연령층이 다르다. 전철이 발달한 도시답게 역을 주변으로 상권이 발달하여 분위기가 형성되었다. 도쿄에서 젊은이들이 많이 모이는 젊음의 거리로 알려진 곳이 많이 있다. 이번 코스는 젊은이들이 많이 모이는 곳을 중심으로 돌아보는 코스로 설계해보자.

〈참고〉[구도심과 신도심]

도쿄의 지도를 펼쳐놓고 보면 도쿄, 우에노, 긴자역 등이 있는 오른쪽은 구도심으로 관공서나 오랜 역사를 지닌 번화가가 많은 반면 신주쿠와 시부야가 있는 왼쪽은 신도심으로 젊은이들이 많이 모이는 지역이다. 우리나라 지하철 2호선과 같이 도쿄를 순환하는 야마노테선(山手線)을 기준으로 외곽으로 나갈수록 주택가가 많고 대학 캠퍼스가 많다. 가장 큰 이유는 두 말할 것도 없이 부동산 가격 때문일 것이다. 특히, 신주쿠, 시부야를 기준으로 보면 왼쪽 방향으로 나갈수록 대학 캠퍼스가 많다. 젊음의 거리는 대학가를 중심으로 형성되었다고 할 수 있다. 본교가 아니더라도 각 대학의 캠퍼스가 많이 자리잡고 있다. 코우엔지(高円寺), 기치조지(吉祥寺),

산겐자야(三軒茶屋), 미슈쿠(三宿), 후타고타마가와(二子玉川), 하치오우지(八王子), 지유가오카(自由が丘) 등이 대표적이다. 하치오우지(八王子)에는 23개 대학이 모여있다. 학생 인구만 11만명에 이르고, 그 중에 외국 유학생이 3,000명 이상이 살고 있는 젊은이의 도시라 할 수 있다. 대학 캠퍼스가 많은 지역의 특성상 자유롭고 활기찬 분위기다. 주머니 사정이 여의치 않기 때문에 저렴한 가격의 옷 가게와 중고품 판매점, 식당과 카페, 라이브 공연장이 들어서 캐주얼한 분위기의 상가가 형성된다.

젊은이들이 많이 모이는 지역을 야마노테선(山手線)의 역을 중심으로 살펴보자. 대표적으로 신주쿠(新宿)를 비롯하여 하라주쿠(原宿), 시부야(渋谷), 에비스(恵比寿), 아키하바라(秋葉原), 이케부쿠로(池袋), 다카다노바바(高田馬場)가 있다. 다음으로 야마노테선 안쪽으로는 롯뽕기(六本木), 니시아자부(西麻布), 오차노미즈(お茶の水), 아오야마(青山)가 있으며 야마노테선 바깥쪽으로는 기치조지(吉祥寺), 코우엔지(高円寺), 산겐자야(三軒茶屋), 시모기타자와(下北沢), 나카노(中野), 미슈쿠(三宿), 나카메구로(中目黒), 에코다(江古田), 오다이바(お台場)가 있다. 이 지역을 모두 돌아볼 수 없기 때문에 가장 효율적인 코스를 설계해서 돌아다녀야 한다. 야마노텐선 외곽인 코우엔지(高円寺), 기치조지(吉祥寺), 시모기타자와(下北沢), 산겐자야(三軒茶屋), 시부야(渋谷)로 이어지는 코스로 돌아보자. 시부야가 숙소라면 반대 순서로 돌아도 무난하다.

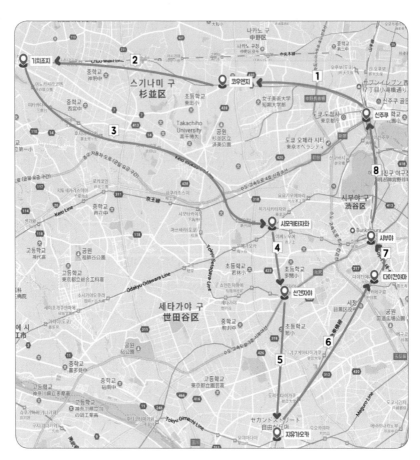

[청춘의 거리 경로]

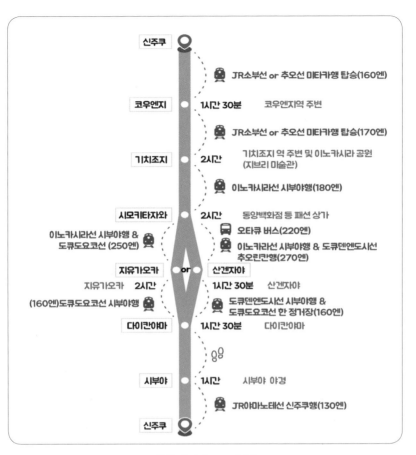

[청춘의 거리 코스 설계1]

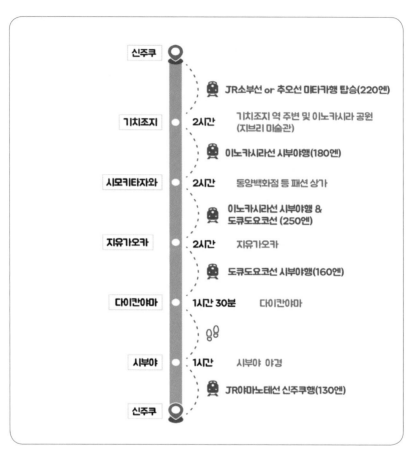

[청춘의 거리 코스 설계2]

자유분방한 젊은이의 거리, 코우엔지(高円寺)

코우엔지(高円寺)는 단독주택이 많으며 학생들을 위한 원룸이나 아파트(연립주택) 등이 많아 서민적인 지역이다. 대학생을 중심으로 젊은 독신자들이 많이 사는 곳으로 연극의 도시로도 유명하다. 아카시 스튜디오(明石スタジオ), 쟈 고엔지(座・高円寺) 등 소극장이 있어 예술적 향기를 풍기는 지역이다. 자유분방한 거리답게 힙합 패션의 젊은이들이 많고 피어싱과 문신한 사람들이 많은 개성 넘치는 곳이다. 신주쿠에서 승차한 승객 중에서 피어싱을 하고 문신이 있는 젊은이가 내리는 곳이 십중팔구 코우엔지라고 말할 정도다. 도쿄에서 시모기타자와(下北沢)와 함께 헌 옷과 재고 옷으로 유명한 곳이다. 신주쿠 도심에서 가까워 교통이 편리하다는 장점도 있다.

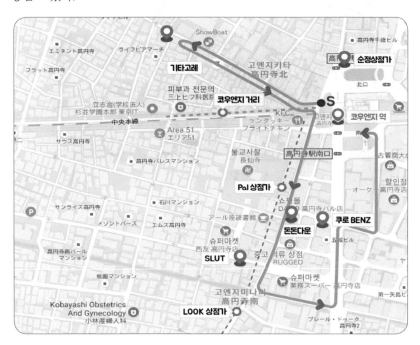

신주쿠역에서 JR소부선(総武線) 또는 추오선(中央線) 쾌속(快速)을 타고 첫 번째 역이다. 6분이면 도착할 수 있는 거리다. 코우엔지 역에서 북쪽 출구로 나가서 정면을 보면 '순정상점가(純情商店街)'라는 아치형 이정표가 있다. 이 독특한 상가의 명칭은 원래 '코우엔지긴자상점가(高円寺銀座商店街)' 였는데 소설가 네지메쇼이찌(ねじめ正一)의 소설에서 주 무대가 이곳이었다. 소설에서는 이 상점가 명칭이 '순정상점가' 였다. 이 소설이 일본의 문학상 중 하나인 나오키상(直木賞)을 수상하고 1990년에 드라마로 만들어져 인기를 얻어 유명해지자 소설에서 나오는 상점가 이름을 따서 명칭으로 바꾸게 되었다고 한다. 좁은 골목 사이로 음식점과 잡화점, 헌옷집, 미용실 등 작은 상점들이 빽빽하게 들어서 있다.

[순정상점가 입구]

코우엔지의 문화를 단적으로 보여주는 가게가 코우엔지 키타고레(東京 都杉並区高円寺北3-4-11, Tōkyō-to, Suginami-ku, Kōenjikita, 3 Chome－ 4－11)다. 북쪽 출구로 나와 나카토오리 상점가(中通商店街)를 지나 100여 미터를 가면 나타난다. 기타고레로 가는 길목에는 독특한 디자인과 컨셉의 가게들을 만날 수 있다.

[북쪽 출구 상점가의 한 점포]

허물어질 것 같은 2층 건물에 수선한 헌 옷을 판매하는 오너들이 모여 개축한 건물이다. 찢어진 만화책으로 벽을 장식한 가게, 욕실을 리모델링한 형태의 가게 등 인테리어도 볼거리다. 한 마디로 인테리어부터 판매하는 물건뿐 아니라 인디 계열의 개성이 넘치는 가게들이 입점해 있다. 문이 닫혀 있는 상태에서 보면 이게 과연 영업을 하는 가게일까 할 정도로 험악(?)한 형상이다. 찢어진 간판도 모두 연출인 것 같다.

[코우엔지 키타고레 건물]

매장 내부에 진열된 상품도 일반인 입장에서는 이해하기 어려운 파격적인 상품이 많다. 이해할 수 없는 난해한 패션이지만 이것도 하나의 문화가 아닌가 싶다.

[기타고레 매장 내부]

코우엔지역 남쪽 출구(南口)로 빠져 나와 오른쪽으로 보면 'Koenji Pal'이라는 간판이 보인다. 신코우엔지(新高円寺)역 사이의 800여 미터 거리에 PAL상점가와 루쿠(ルック) 상점가가 이어져 있다. 이곳에는 250여 점포가 들어서 있다. 2~3층의 그리 높지 않은 골목 사이로 헌 옷, 재고 옷을 비롯하여 액세서리, 카페와 라멘, 식당 등 개인이 경영하는 작은 가게들이 들어서 있다.

[Pal 상점가 입구]

자신만의 세계관을 가진 젊은이들이 모이는 곳으로 돌아다니는 사람들을 구경하는 것만으로 재미있는 거리의 하나다.

　헌 옷 가게로는 남성 및 유니섹스 빈티지 숍인 DECADANCE(東京都杉並区高円寺南4-27-7, Tōkyō-to, Suginami-ku, Kōenjiminami, 4 Chome－２７－7), 미국의 헌 옷을 전문으로 하는 SLUT(東京都杉並区高円寺南3-45-12, Tōkyō-to, Suginami-ku, Kōenjiminami, 3 Chome－４５－12), 펑크 계열의 쿠로BENZ(黒BENZ: 東京都杉並区高円寺南4-24-12, Tōkyō-to, Suginami-ku, Kōenjiminami, 4 Chome－２４－12) 다양한 종류의 숍이 모여 있다. 중고 의류나 수입 헌 의류 중에서도 새 의류에 못지 않은 고급 의류가 많다.

[미국 캐주얼 헌 옷을 전문으로 하는 SLUT]

[가게인듯 가게 아닌듯한 헌 옷 가게 ‘黒BENZ’]

시간을 갖고 쇼핑을 한다면 의외로 좋은 질의 상품을 찾을 수 있을 것이다. 쇼핑을 하다 보면 "누가 이런 옷을 입을까?"라는 생각이 들 정도로 파격적인 옷도 심심찮게 구경할 수 있다. 이곳의 특정한 가게를 찾으려 하지 말고 눈길 가는 곳, 발길 닿는 곳을 택해 들어가보는 것이 정답일 것 같다.

Pal 상점가 중간쯤에 돈돈 다운(ドンドンダウン: 東京都杉並区高円寺南4-24-9 2,3F, Tōkyō-to, Suginami-ku, Kōenjiminami, 4 Chome－２４－9)이라는 간판이 보인다. 이곳은 헌 옷 백화점이라는 캐치 플레이즈로 남성, 여성, 어린이 의류 및 중고 브랜드, 잡화 등을 매입하고 판매하는데 매주 수요일이면 점점 가격을 내린다 하여 'Don Don Down on Wednesday'라는 간판을 내걸고 있다. '돈돈(どんどん)'은 우리말로 '점점'이란 뜻이다.

[헌 옷 백화점 '돈돈 다운']

헌 옷 백화점인 '돈돈 다운' 건너편에 있는 VILLAGE VANGUARD(東京都杉並区高円寺南3-46-10, Tōkyō-to, Suginami-ku, Kōenjiminami, 3 Chome－４６－10)는 전국적으로 수 많은 점포를 가지고 있는 잡화점이다. 즐기는 책방(Exciting Book Store) 이라는 컨셉트로 서적, CD와 DVD, 과자나 완구

등 잡화류를 유통하는 회사다. 여러 곳에 많은 점포를 갖고 있지만 분위기 상으로는 코우엔지가 제격이 아닌가 생각된다.

[VILLAGE VANGUARD]

코우엔지에는 헌 옷과 함께 저렴하고 맛있는 집이 많다는 것으로도 유명하다. 상점가 사이에 있는 맛집도 많지만 그 중에서도 코우엔지역의 철로 고가 아래쪽에 자리잡은 식당가인 '코우엔지 스트리트(高円寺ストリート)'로 저렴한 술집과 식당이 모여있다. 저녁 풍경은 코우엔지의 분위기를 대변해주는 곳이다.

[철로 고가 아래의 코우엔지 스트리트]

　일본에서 역이나 철로 고가 아래에 있는 식당이나 술집은 서민들이 하루의 고단한 피로를 푸는 장소로 저렴한 곳으로 알려져 있다. 포장마차 풍의 술집, 전통 식당과 술집, 꼬치구이, 라면 집, 한국 음식점 등 그리 넓지 않은 골목을 사이에 두고 양쪽으로 상점이 늘어서 있다. 여름철에는 가게 밖에 의자를 내놓고 술잔을 기울이는 사람들을 쉽게 볼 수 있다. 저녁 시간에 이곳을 방문하게 된다면 이 철로 아래의 서민적인 골목에서 한 잔을 기울이는 것도 좋을 것이다.

　코우엔지가 전국적으로 알려진 것 중 대표적인 것이 매년 8월말(마지막 주 토, 일)에 열리는 축제인 '도쿄코우엔지 아와오도리(高円寺阿波踊り)'다. 관동지방에서 가장 큰 규모의 아와오도리로 알려져 있다. 원래는 코우엔지의 파르(PAL) 상점가에서 상가를 살리기 위해 시작했으나 아사쿠사의 삼바 카니발과 함께 도쿄의 대표적인 여름 축제의 하나로 자리잡았다. 축제 때는 전국 각지에서 100만명 이상의 인파가 모여들 정도로 유명세를 떨치고 있는 이벤트다. 이 시기에 방문한다면 이 축제는 꼭 관람하기를 권장한다.

〈참고〉[아와오도리(阿波踊り)]

아와오도리(阿波踊り)는 일본의 전통 무용의 하나로 축제(마쯔리) 때 군무가 장관이다. 도쿠시마현(德島県)이 발상지로 우리의 추석에 해당하는 오봉(お盆)에 죽은 자를 공양하기 위해 추는 춤의 일종이다. 에도 막부에 시작하여 연례행사처럼 여름의 마쯔리에 빠지지 않는 춤(무용)의 하나다. 남녀가 마쯔리 복장으로 맞춰 입고 특유의 박자에 맞춰 간단한 스텝과 박수로 흥을 돋우며 추는 아와오도리는 보는 사람들도 따라 하고 싶을 정도로 절로 흥이 난다.

[아와오도리] *

이처럼 코우엔지는 자유분방한 젊은이들을 중심으로 한 서민들이 많이 모여 사는 지역으로 문화와 패션, 정감있는 이야기가 넘치는 곳으로 알려져 있다. 화려하지는 않지만 정감이 넘치고 소소한 스토리가 있는 지역이다. 화려한 도쿄의 번화가와는 약간은 떨어져 있지만 활기 넘치고 서민적인 분위기에서의 시간도 좋은 추억이 될 것이다.

코우엔지에 명물로는 우리의 풀빵과 같은 이마가와야끼(今川燒) 가게인 세이후(東京都杉並区高円寺北2-41-15, Tōkyō-to, Suginami-ku, Kōenjikita,

2 Chome- 4 1 -15) 가 유명하다. 이마가와야끼는 밀가루와 계란, 설탕 등을 섞은 반죽에 팥소를 넣어 특정 모양의 금속 틀에 넣어 굽는 과자의 일종이다. 우리나라의 붕어빵, 국화빵과 같은 종류다. 이 가게는 40여년간 같은 자리에서 이마가와야끼 가게를 유지하고 있다. 북쪽 출구로 나와 골목을 따라 200여미터 직진하면 나오는데 풀빵 하나를 사먹기 위해 고생한다는 생각보다는 이 가게를 찾아가면서 코우엔지의 아기자기한 골목의 풍경을 감상하는 즐거움과 풀빵 맛으로 위안을 삼아야 할 것 같다.

운치있는 분위기의 기치조지(吉祥寺)

코우엔지역에서 JR소부선(総武線)이나 도쿄 메트로 토자이선(東西線)을 타면 8~9분 정도의 거리다. 신주쿠역에서 간다면 추오선(中央線)을 타면 15분 내외의 거리이며 시부야역에서는 시모키타자역(下北沢駅)을 경유하는 게이오(京王) 이노카시라선(井の頭線)을 타면 16분 정도면 도착할 수 있는 교통이 편리한 곳이다.

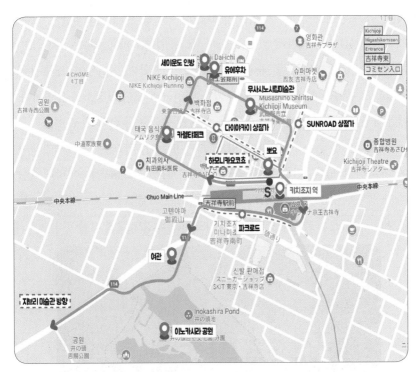

　기치조지(吉祥寺)는 도쿄 및 수도권에서 '살기 좋은 지역'의 하나로 빠지지 않는 곳이다. 도심과 가까워 접근성이 유리하고 많은 녹지가 있어 조용하고 차분한 분위기이면서 생활에 편리한 먹거리, 쇼핑과 함께 문화시설이 갖춰져 있어 많은 사람들이 선호하는 지역이다. 도회지와 한적한 시골의 풍경을 공유할 수 있는 지역이라 할 수 있다. 행정구역으로 무사시노시(武蔵野市)에 속하며 도쿄대학 공학부 등 대학 캠퍼스가 많아 젊은이들의 비율이 높은 편이다. 역 주변에는 마루이, 도큐, 이세탄, 파르코 등 현대식 쇼핑몰이 있다. 역으로부터 10여분 거리에 있는 이노카시라공원(井の頭公園)은 380,000㎡의 넓은 면적으로 공원 내에는 호수를 끼고 있다. 숲 사이 산책길이 아름답고 호수에는 백조 보트가 있어 많은 연인들의 데이트 장소로 유명하다. 봄에는 벚꽃놀이로 인산인해를 이룬다. 이렇게 숲과 어우러져 있고 아름다운 카페 쇼핑시설이 갖추어져 있어 음악가, 화가 또는 언더그라운드 예술가들이 많이 거주하고 있다. 만화 '개구리중사 캐로로(ケロロ軍曹)', 애니메이션 '바다가 들린다(海がきこえる)', 드라마 '라스트 프렌즈(ラストフレンズ)', 영화 '세바스찬(セバスチャン)' 등이 기치조지를 배경으로 한 작품이다.

[기치조지역 북쪽 출구 광경] #

기치조지역 북쪽 출구로 나오면 정면에 기치조지 산로도상점가(吉祥寺サンロード商店街)가 있고 왼쪽 방향으로 다이야카이(ダイヤ街)가 있는데 일본에 있는 여느 전통시장과 다를 바 없는 상점가다.

[SUN ROAD(정면)와 다이야카이(왼쪽) 상점가 입구]

상점가를 조금 벗어나면 좁은 골목의 주택가가 나온다.

이곳의 분위기를 말해주듯 좁은 골목 사이로 전봇대와 늘어진 전선이 어지럽게 엉켜있다.

[기치조지 골목길]

골목길 중간 중간에 운치있는 풍경과 재미난 디스플레이로 눈길을 끄는 가게를 발견할 수 있다.

[기치조지 골목길의 재미있는 디스플레이의 가게]

카렐차페크(カレルチャペック: 東京都武蔵野市吉祥寺本町2-17-5, Tōkyō-to, Musashino-shi, Kichijōji Honchō, 2 Chome－１７－5)는 홍차를 비롯한 실론티, 허브티 등 각종 차와 테이블웨어, 잡화를 판매하는 가게로 특유의 알록달록한 색상의 디자인이 왠지 이국적인 분위기를 풍긴다.

[카렐차페크]

가게 이름은 그림책 작가이며 일러스터인 오너 야마다 우타코(山田詩子)가 어렸을 때 감명 깊게 읽었던 소설을 쓴 체코 작가의 이름이라고 한다. 가게 이름의 유래부터 낭만적인 느낌이다. 기치조지역의 북쪽 출구에 있는 도큐 백화점 뒤쪽에 위치하고 있다. 세이운도로 가는 길목의 좁은 골목길에 있다.

기치조지에서 유명한 도장집을 하나 소개한다. "생뚱 맞게 무슨 도장집이야?" 라고 물을 수 있으나 일본인 특유의 장인 정신, 역사와 전통을 지키는 전형적인 일본 장인의 가게다. 도큐백화점 기치조지점 뒤쪽에 작은 골목에 자리잡고 있는 세이운도 인방(青雲堂印房: 東京都武蔵野市吉祥 寺本町2-14-1, Tōkyō-to, Musashino-shi, Kichijōji Honchō, 2 Chome－ 1 4 －1)이다. 1939년에 창업하여 도장 하나로 80여년을 지켜온 가게다. 허름한 건물에 작은 공간이지만 안으로 들어가면 다양한 도장과 그 동안 수상한 상패와 표창장이 진열되어 있다. 일본의 여느 도장집에서도 그렇듯이 일본의 성씨가 새겨진 도장이 빽빽이 진열되어 있다. 성과 이름을 함께 새기는 우리나라와 달리 일본의 도장은 주로 성(姓)만 새기는 것이 일반적이기 때문에 많은 인구가 있는 성씨(예: 스즈키, 사토, 다나카 등)의 도장은 미리 새겨진 것을 구입하는 경우가 많기 때문이다.

〈참고〉 [도장의 사용]

일본에서도 우리나라와 마찬가지로 인감 제도가 있으며 도장을 많이 사용하고 있다. 우리나라의 인감 제도가 일본에서 들어온 문화(제도)라고 한다. 우리나라는 갈수록 도장보다는 사인을 사용하는 빈도가 늘어나고 인감 사용이 줄어들고 있는 추세라 도장의 사용도 줄어들고 있다. 하지만 일본은 아직도 인감 도장을 많이 사용하고 있으며, 도장의 사용빈도도 우리보다 높은 편이다. 민간 신앙의 뿌리가 깊은 일본에서는 도장이 운세를 좌우한다는 생각을 가지고 있다. 인감에 사용하는 나무는 어느 현(県)에서 나온 것이 좋다거나 어떤 명인에게 만들면 운세가 좋다거나 하는 운세와 연관 지어 만들기도 한다. 그래서인지 우리나라 사람들보다 도장에 대한 애착이 강하다고 할 수 있다.

[이름이 새겨진 도장]

[도장 가게 세이운도]

세이운도 옆에 허름한 건물에 나무 간판에 빨간색 글자로 운치있게 새겨진 '月和茶'가 마음에 들어 살짝 들여다 보니 대만 요리 전문점이란다. 가게 이름도 일본인도 읽지 못하는 '유에후챠(ゆえふうちゃ)'로 읽는다. 본래 대만 요리는 차를 베이스로 해서 약선 요리가 메인이라고 한다. 그 옆에는 면 요리 전문점 간판(세로리노 하나)이 초록색으로 눈에 들어왔다. 이 골목은 간판이 독특하다는 느낌이 든다. 좁은 골목을 따라 작은 의상실이나 카페 등이 들어서 있는데 다들 작은 가게이지만 깔끔하고 운치있는 느낌이 드는 거리다.

[운치있는 대만 요리점 유에후챠와 셀로리노 하나]

다시 역으로 돌아와 북쪽 출구의 다이야카이 골목 안쪽으로 들어가면 도쿄의 대표적인 골목 상점가인 하모니카 요코초(ハモニカ横丁: 東京都武蔵野市吉祥寺本町1, Tōkyō-to, Musashino-shi, Kichijōji Honchō, 1 Chome)가 있다. 이름만으로도 하모니카와 연관이 있을 것 같은 낭만적인 느낌이 든다. 하지만 악기인 '하모니카'와는 관계없이 좁은 골목 사이로 빽빽하게 들어찬 가게의 모습이 하모니카의 마우스피스 모양과 비슷하다 하여 지어진 이름이라고 한다. 여하튼 하모니카라는 명칭만으로도 정감이 가는 골목이다. 겨우 두 사람이 통행할 정도의 좁은 골목을 사이에 두고 가게가 빽빽하게 들어서 있다. 2차 대전 패망 후 역 앞에 생긴 벼룩시장이 기원으로 낮에는 생선, 채소, 꽃집, 과자집 등으로 붐비고, 밤이 되면 음식점과 카페, 술집으로 사람들이 붐비는 곳이다. 신주쿠의 오모이데요코초(思い出横丁)와 유사한 분위기로 100여 개의 상점과 카운터 바와 선술집인 이자카야가 빽빽하게 들어차 오뎅, 닭 꼬치구이, 카레와 스튜, 면요리 등 다양한 요리를 즐기며 한 잔을 기울일 수 있는 서민적인 골목이다.

[하모니카요코초 입구]

주머니 사정이 여의치 않은 대학생과 샐러리맨들이 많이 찾는 지역으로 알려지게 되었다.

한 곳을 추천한다면 하모니카 요코초 입구에 있는 '뽀요(ポヨ)'는 이 골목의 분위기에서는 비교적 밝고 세련된 느낌의 인테리어로 시선을 끈다. 일본 분위기가 아닌 서양적인 분위기를 풍기는 가게다. 주 메뉴인 로스트 치킨은 로즈마리로 구운 치킨으로 메인 메뉴다. 가격도 600엔으로 크게 부담스럽지 않은 금액이다. 글라스와인과 제공되는 세트 요리는 1,100엔이다. 단, 이곳은 서서 먹고 마시는 집(다치노미)으로 앉을 수 있는 좌석이 없다는 것이다.

[뽀요]

야끼도리 이자카야인 '뎃창(TETCHANG)'은 낮부터 연기를 뿜어내며 꼬치구이를 연신 구워낸다. 꼬치구이의 대표격인 닭 꼬치(야끼도리)가 일품이다. 낮술로 얼큰하게 취한 사람들의 수다 소리가 오히려 정겹게 들리는 집이다.

[야끼도리 이자카야 뎃창]

이 밖에도 하모니카 요코초 안에는 카페 '하모니카 키친(ハモニカキチン)', 만주집 '민민(みんみん)', 타코라이스 '쿠이나(クイナ)', 파스타 전문점

'스파기치(スパ吉)' 등 많은 맛집이 자리잡고 있다. 좁은 골목 안에 작은 점포지만 각 점포마다 나름 자랑할만한 메인 메뉴를 가지고 요리실력을 자랑한다. 저렴하다고 해서 비위생적이거나 저질의 음식이 아니라 어느 레스토랑에 내놓아도 손색없는 메뉴가 많다.

하모니카요코초의 반대편인 남쪽 출구로 나가면 전철 케이오선(京王線) 역사 건물이 있다. 이 건물을 나와 오른쪽 방향으로 철로를 따라 난 길이 파크로드다. 이 길이 이노카시라 공원으로 가는 길이다. 전철 역사의 현대식 건물과는 달리 나즈막한 오래된 건물에 수많은 가게들이 어지럽게 들어서 있다.

[파크 로드]

이노카시라 공원으로 가는 길목에 많은 가게들이 들어서 있는데 그 중에 한 곳을 소개한다면 남쪽 출구로 나와 오른쪽 방향으로 100여 미터 거리에 유리아빼무빼루(ユリアペムペル: 東京都武蔵野市吉祥寺南町1-1-6, Tōkyō-to, Musashino-shi, Kichijōji Minamichō, 1-1-6)가 있다. 파크로드를 걸어가다 역에서 50여 미터쯤 오른쪽에 있는 흰색 건물이다. 그냥 지나칠 정도로 조그맣고 오래된 흰색 건물에 간판도 작은 철판에 새겨져 있어 찾기가

쉽지 않다. 건물 3층과 4층에는 나무가 심어져 건물 밖으로 초록빛이 보인다. 가게에 들어서면 아르누보 풍의 조명과 인테리어로 앤틱 분위기가 물씬하다. 커피나 홍차와 함께 샌드위치, 시츄, 케익 등을 판매한다. 칵테일 음료도 맛볼 수 있다. 특이한 가게 이름은 일본의 시인이며 동화작가인 미야자와 켄지(宮沢賢治)의 시 제목이라고 한다. 이노카시라 공원에서 돌아오는 길에 들러 피로를 푸는 따뜻한 커피 한 잔을 즐겨보는 것도 좋을 것 같다.

[유리아빼무빼루 정경]

파크로드 골목을 걸어 올라가면 큰 사거리가 나오는데 이곳이 기치조지역전(吉祥寺駅前) 사거리다. 이 사거리에서 왼쪽으로 꺾어 올라가면 이노카시라 공원(井の頭公園)이 나온다. 입구에는 이탈리아 식당이 있고 공원으로 들어가면 오래된 여관이 보인다. 상당히 오래돼 보이는 건물 외관에 간판에는 '旅荘 和歌水'라고 쓰여져 있다. 앞에 공원이 있어 밤에는 공포영화에나 나올 법한 미스터리한 여관이라는 생각이 들었다. 인터넷에서 검색해봐도 일본인들도 수수께끼의 여관이라거나 궁금해하는 사람들이 상당히 많았다. 여러 자료를 보면 오래된 일반 여관인데 위치가 공원의 입구고 외관이 눈에 드러나 많은 사람들이 궁금해하는 것 같다.

[공원 입구의 여관]

이노카시라 공원은 물과 숲이 어우러져 대표적인 도쿄 시민들의 휴식처로 많은 사람들이 찾는다. 역에서 충분히 걸어갈 수 있는 거리다. 이 공원에는 호수를 비롯하여 종합운동장, 야구장, 미술관, 동물원, 절 등 각종 시설이 들어서 있을 정도로 넓은 공간인데 이 시설을 걸어서 모두 보기에는 무리가 따를 정도로 넓은 공원이다.

[이노카시라 공원] *

호수에는 여느 유원지에나 있는 오리 배가 떠있는데 이곳의 오리 배는 유난히 낭만적인 느낌이 드는 건 왜일까? 휴일이면 연인이나 가족들이 오리배를 타고 데이트를 즐기는 모습을 볼 수 있다. 이노카시라 공원의 봄은 벚꽃이 아름다워 '일본의 벚꽃 명소 100선'으로 뽑힐 정도로 전국적으로 유명하다.

[공원 안에 숨겨놓은 듯한 신사]

숲길을 따라 공원의 중앙으로 걸어가면 지브리 미술관 (ジブリ 美術館 : 東京都三鷹市下連雀1丁目1-83, Tōkyō-to, Mitaka-shi, Shimorenjaku, 1 Chome－ 1 －83)이 있다. 기치조지역으로부터 1.4km정도의 거리로 도보로 15~20분 정도의 상당한 거리다. 걷기가 어렵다면 버스를 이용해야 한다. 이 미술관은 다른 나라에서는 찾아보기 어려운 애니메이션 미술관으로써 일본 애니메이션의 대가 미야자키하야오(宮崎駿) 감독의 애니메이션 스튜디오인 '지브리'가 조성한 곳이다. 미야자미하야오 감독이 관주(館主)다. 이곳에서는 기획전이 펼쳐지고 '스튜디오 지브리'의 다양한 작품을 전시하고 있다. 입장은 아무 때나 자유롭게 이루어지는 것이 아니라 하루에 네 번으로 정해진 시간에 입장(10시, 12시, 14시, 16시)하도록 되어 있다. 성인 1,000엔의 입장료가 있는데 미리 날짜와

시간을 지정하여 예약을 해야 입장할 수 있다. 현장에서는 티켓을 구입할 수 없고 예약 티켓은 편의점인 '로손(LOWSON)'에서만 구입할 수 있다. 예약도 미리 서두르지 않으면 쉽지 않다. 애니메이션에 관심이 있는 사람이라면 반드시 들러봐야 하지 않을까?

[지브리 미술관 입구]

건물은 숲으로 조성된 공간에 들어서 있고 건물 외벽은 넝쿨 식물이 휘감고 있다. 외관은 애니메이션 미술관답게 만화 풍의 독특한 디자인으로 눈길을 끈다.

[지브리 미술관]

〈참고〉 [미야자키 하야오 감독]

일본의 애니메이션을 이야기할 때 빼놓을 수 없는 대가가 미야자키 하야오(宮崎駿)다. 만화가이며 애니메이션 감독이다. 70년대에는 외국의 명작을 애니메이션으로 만들었다. 우리나라에도 많이 방영된 루팡3세, 플란다스의 개, 알프스소녀 하이디, 엄마찾아 삼만리 등이 있다. 1984년에 애니메이션 전문 스튜디오인 '스튜디오 지브리'를 세운 후에는 천공의 성 라퓨타, 이웃집 토토로, 바람의 계곡 나우시카, 붉은 돼지, 모모노케 히메, 센과 치히로의 행방불명, 하울의 움직이는 성, 벼랑 위의 포뇨 등 수 많은 작품을 내놓았으며 일본뿐 아니라 세계적으로도 명성을 얻었다. 이 작품들은 우리나라에도 모두 방영되었다. 전쟁을 반대하는 평화주의자로 집단적 자위권이나 전쟁할 수 있도록 하는 일본의 헌법개정을 반대하는 등 일본의 우경화에 대해 쓴 소리를 마다하지 않는 지성인으로 알려져 있다.

지브리 미술관 외에도 기치조지역 주변에는 만화가들이 많이 살고 있으며 만화관련 출판사도 많아 서브컬처의 발신지로 알려져 있다. 또, 1937년에 설립된 극단 젠신자(劇団前進座), 극단 카이(櫂), 극단 메구미(め組), 인형극을 주로 공연하는 극단 찌이사이 오시로(小さいお城) 등 많은 극단이 있어 배우나 작가 등 예술계에 종사하는 사람들이 자주 오가는 곳이기도 하다. 연극 공연은 물론 째즈 바와 라이브하우스에서 음악을 즐길 수 있는 낭만적인 분위기의 지역이다.

젊은이들의 문화와 패션이 있는 시모기타자와(下北沢)

　시 모 기 타 자 와 (下 北 沢) 는 　기 치 조 지 역 에 서 　 게 이 오 (京 王)
이노카시라선(井の頭線) 시부야행 급행을 타면 12분 정도(180엔)로
가까운 거리다. 신주쿠에서 간다면 오타큐선(小田急線) 급행을 타면 7~10분
정도(160엔)의 거리로 도쿄 도심과도 그리 멀지 않은 위치에 있다.

이곳 역시 대학 캠퍼스(国士舘大学、明治大学、東京大学 등)가 많아
대학생들의 인구비율이 높다. 소극장이나 연극 공연장과 같은 공연장과
라이브 하우스가 많으며 크고 작은 극단이 있어 젊음과 문화가 숨쉬는
지역이다. 이런 분위기 탓인지 많은 소설이나 영화, 드라마의 배경이 되기도
한 지역이다.

[시모기타자와의 거리]

1950년대부터 발달된 상점가는 헌 옷과 중고(재고) 옷으로 유명하다. 북쪽
출구(北口)를 중심으로 좁은 골목의 상점가에는 헌 옷과 중고 옷 가게가 많이
들어서 있다. 1,500개 이상의 가게가 빽빽하게 들어서 있는 점포와 라이브
바, 크고 작은 공연장이 들어선 젊음의 거리다. 낮에는 쇼핑을 나온 주부나
중고생, 대학생들의 발길이 잦은 곳이며, 저녁에는 연극이나 음악과 함께 저녁
식사를 즐기거나 한 잔을 기울이기 위해 많은 사람들이 모여든다. 당연히 젊은
아티스트도 많이 모이는 지역이다. 라이브하우스와 오디오, CD숍이 있으며
연극 공연장도 많다.

시모기타자와의 패션을 상징적으로 보여주는 곳이 동양백화점(東洋百貨店:

東京都世田谷区北沢2-25-8, Tōkyō-to, Setagaya-ku, Kitazawa, 2 Chome
－2 5 －8)이다. 상식적으로 생각하면 백화점이라 하면 높고 세련된 외관의
건물에 화려한 디스플레이와 고급스러운 물건이 가득 찬 이미지를 떠올릴
것이다. 이곳 시모기타자와의 동양백화점은 그러한 고정관념을 깨는 곳이다.
시모기타자와역에서 북쪽 출구로 나오면 빨간색 간판의 피코크(Peacock)
건물이 보이는데 이 건물을 오른쪽에 두고 직진한다. 언덕길을 조금 올라가면
왼쪽에 무지루시(無印良品) 건물이 보인다. 여기에서 오른쪽으로 10여
미터 정도 올라가면 창고처럼 보이는 빨간색 벽돌 건물에 작고 앤틱스러운
분위기의 '東洋百貨店' 간판이 보인다. 피코크 뒤편에 있는 건물이다.

[동양백화점]

백화점에 대한 선입견을 가지고 갔다면 "이게 무슨 백화점이야?"라고 혀를
찰 것이다. 안으로 들어가보면 최신 유행하는 의류와 중고 의류는 물론 모자,
시계, 액세사리, 재미있는 잡화, 외국에서 수입한 의류 및 잡화, 자전거 등
다양한 종류의 상품이 있다. 말 그대로 백화점이다. 시모기타자와 지역의
분위기를 읽을 수 있는 모델 상점이라 생각하면 된다. 우리나라 사람들의
고정관념으로 생각하면 백화점이라기 보다 전통 시장의 상점과 같은 곳이다.

면적도 그리 넓지도 않다. 일반 백화점으로 생각하고 간다면 실망할지도 모른다. 하지만 이 지역의 특징을 대변하는 곳으로 둘러보면 독특한 느낌으로 다가올 것이다.

[동양백화점 내부]

동양백화점 주변의 거리를 돌아다녀보면 2층 정도의 나즈막한 건물에 재고 및 중고 의류를 비롯하여 자그마한 잡화점, 커피숍과 카페, 식당 등이 들어서 있다. 낡은 건물에 허름한 외형이지만 가게 내부로 들어가보면 화려하지는 않지만 아담하며 정갈한 느낌을 풍긴다. 새로 지어진 현대식 건물도 많지만 이 지역의 분위기에 맞춰서 그런지 세련미와 앤틱스러운 분위기가 어우러진 느낌이다.

중고 옷 매장을 몇 곳을 소개하면, 남성복 중심의 FLAMINGO(東京都世田谷区北沢2-25-12, Tōkyō-to, Setagaya-ku, Kitazawa, 2 Chome－２５－12)다. 매장이 가까운 곳에 두 곳이 있는데 네온사인의 'Flamingo'라는 글씨와 플라밍고 새의 조형상이 눈에 띠는 매장이다. 대낮에도 네온사인에 불이 들어와있다. 하라주쿠 지역의 캣 스트리트에도 매장이 있다.

[플라밍고 매장]

[플라밍고 매장 내부]

주로 저가의 브랜드를 판매하는 NEWYORK JOE EXCHANGE(東京都世田谷区北沢3-26-4, Tōkyō-to, Setagaya-ku, Kitazawa, 3 Chome－２６－4)는 시모기타자와에서 모르는 사람이 없다고 한다. 빅뱅의 멤버인 승리가 다녀가서 화제가 되기도 했다. 상점이 밀집한 곳이 아닌 한적한 골목의 반지하와 같이 지면으로부터 약간 아래쪽에 있어 찾기는 쉽지 않지만 유명한 곳이다. 입구가 좁아 작을 것 같지만 내부로 들어가면 상당히 넓은 면적이다.
넓다는 기준은 이곳 시모기타자와의 보통 가게에 비하면 넓다는 것이다.
일본인도 많지만 의외로 서양인들이 많이 찾고 있었다.

[NEWYORK JOE EXCHANGE
입구]

[NEWYORK JOE EXCHANGE
내부]

[쉽게 볼 수 있는 패션 숍]

이 밖에도 시모기타자와 어느 골목을 들어가도 빈티지 스타일의 의류는 물론 중저가 브랜드의 신상품 가게도 쉽게 발견할 수 있다. 평일 오후나 휴일이 되면 중고생부터 대학생과 젊은 직장인들의 발길이 끊이지 않는다.

거리 곳곳에 연극제를 알리는 현수막이 보이고 극단이나 소극장이 눈에 들어오는 지역이다. 극단의 간판도 종종 눈에 띈다.

[소극장 '劇' 등 극단 및 소극장 간판을 쉽게 볼 수 있다.]

남쪽 출구로 건너가보자. 시모기타자와 남쪽출구 상점가(下北沢南口商店街) 를 중심으로 상가가 형성되어 있다.

이곳은 북쪽 출구에 비해 의류관련 가게는 상대적으로 적은 편이지만 아케이드 게임장, 먹거리 등이 풍부하다. 헌 옷이나 신발과 같이 패션 숍도 있지만 이곳은 먹고 노는 중심의 가게가 많다는 느낌을 받는다.

시모기타자와에서 유명한 먹거리 중 하나가 '미소빵(味噌パン)'으로 우리 말로 바꾸면 '된장 빵'이다. 아무리 생각해도 매치가 되지 않는 않는다. 카레 빵도 있다. 제과점 안제리카(アンゼリカ: 東京都世田谷区北沢2-19-15, Tōkyō-to, Setagaya-ku, Kitazawa, 2 Chome－１９－15)에서 판매한다. 시모기타자와 남쪽출구 상점가(下北沢南口商店街)를 따라 80여 미터 걸어가면 오른쪽에 허름한 2층 건물에 초록색 차양막에 흰색으로 그린 제빵사 그림과 'アンゼリカ'라는 가게 이름이 보인다. 옆에는 헌 옷을 판매하는 가게가 있다. 이 제과점은 된장 빵과 카레 빵으로 인기를 얻고 있다. 다른 사람의 시식평을 듣는 것보다 일단 하나를 구입해서 먹어보는 것이 '백문불여일미(百聞不如一味)'가 아닐까?

[안제리카]

[안제리카 매장]

취재를 위해 직접 들어가 양해를 얻어 매대와 작업하는 광경을 촬영하고
미소 빵과 카레 빵을 구매해 먹어 보았으나 기대와는 달리 필자의 입맛에 맞지
않았다. 팥 앙금과 같은 단맛을 즐기는 탓인지 뭔가 부족하다는 느낌이었다.

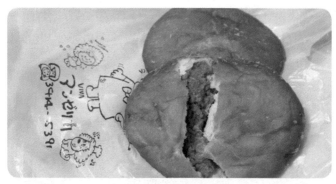

[카레빵]

시모키타자와에서 커피가 생각 난다면 몰디브(MOLDIVE: 東京都世
田谷区北沢2-14-7, Tōkyō-to, Setagaya-ku, Kitazawa, 2 Chome－１４
－7)를 추천한다. 안제리카에서 조금만 더 올라가면 직접 로스팅하는
커피숍이라는 것을 보여주듯 은색의 긴 연통이 건물 옥상까지 뻗어있는

건물이다. 1984년에 창업하여 엄선한 커피콩으로 직접 로스팅해서 우려내는 커피숍으로 정평이 높다. 아메리카노를 비롯하여 커피를 젤리화 한 '카페오레 젤리'나 밀크 안에서 얼린 더치 커피가 서서히 녹아지는 '카페오레 큐브'등 독특한 메뉴도 눈길을 끈다. 이 메뉴를 만들 때는 여름에만 판매하던 것을 인기가 높아 겨울에도 판매하게 되었다고 한다. 여류 소설가 요시모토 바나나의 소설에 나올 정도로 입 소문을 타서 통신판매도 하는 가게다.

[커피숍 몰디브의 외관과 내부]

안제리카 주변에는 헌 옷 상점이 곳곳에 들어서 있다.

[스티크아우토 매장]   [헌옷과 중고 의류를 판매하는 거리]

700엔 균일 가격의 초저가 캐주얼 의류를 판매하는 스티크아우토

700스토어(スティックアウト700 : 東京都世田谷区北沢2-14-16, Tōkyō-to, Setagaya-ku, Kitazawa, 2 Chome－１４－16) 등 모두 소개하려면 끝이 없을 정도로 많은 가게가 자리잡고 있다.

이곳에는 재미있는 가게도 많다. 닉쿤 로루(ニックンロール: 東京都世田谷区北沢 2-14-15, Tōkyō-to, Setagaya-ku, Kitazawa, 2 Chome－１４－15)라는 가게는 어지럽게 붙여놓은 스티커 등으로 치장하고 특유의 캐릭터로 손님을 끈다. 로루는 영어 '롤(Roll)'의 일본식 발음이다. 고기로 말아놓은 오니기리(주먹밥)과 각종 드링크를 판매한다. 김치말이 주먹밥도 있다. 푸드 트럭을 이용한 이동식 점포도 성업 중이다. 각종 텔레비전과 잡지 등에서 취재를 올 정도로 유명세를 탄 집으로 이곳이 본점이다. 본점이라 해도 두 평 남짓한 공간이다.

[닉쿤 로루]

03

레토로한 분위기의 산겐자야(三軒茶屋)

산겐자야(三軒茶屋) 역시 관동지역에서 살기 좋은 지역 랭킹에서 빠지지 않는 곳이다. 시부야와 가까워 교통도 좋은 편이라 연예인들이 많이 사는 지역으로도 유명하다. 젊은이들이 많이 찾는 거리이기는 하지만 코우엔지, 기치조지, 시모기타자와는 다른 고급스러운 분위기가 느껴지는 지역이다. 우리나라 관광객들에게는 비교적 덜 알려진 곳이다. 앞서 방문했던 시모기타자와와는 또 다른 느낌을 주는 지역이다. 이름의 유래는 에도시대에 세 곳의 찻집이 있었던 곳이라고 한다.

시모기타자와에서 전철을 이용해 가려면 시부야역을 거쳐 가야 한다. 먼저 케이오 이노카시라선(京王井の頭線) 또는 오타큐선(小田急線) 급행을 타고 시부야역으로 가서 시부야역에서 도큐덴엔도시선(東急田園都市線) 또는 준급을 타고 산켄자카역으로 간다. 약 20분 정도 소요되며 비용은 270엔이다.

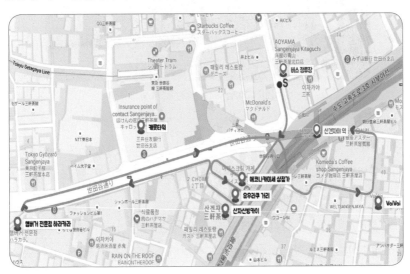

도쿄에서 버스를 한 번 타보고 싶다면 여기에서 도전해보는 것도 좋을 것 같다. 시모기타자와역에서 남쪽 출구로 나와 게이오선 철로를 따라 200미터 정도 걸어가면 큰 사거리(시모기타자와역 입구 사거리)가 나타난다. 여기에서 왼쪽을 보면 육교가 보이는데 육교 바로 앞이 버스 정류장이다. 시모기타자와 남쪽출구 상점가(下北沢南口商店街) 입구로 되돌아와 왼쪽을 보면 이노카시라선(井の頭線) 고가가 보이고 바로 그 아래에 있다. 여기에서 오타큐(小田急) 버스(버스 번호: 下６１) 고마자와육교행(駒沢陸橋行)를 타고 8~10분 정도면 도착할 수 있다. 1시간에 다섯 편 정도 운행하는 버스로 요금은 220엔이다.

[산겐자야행 버스 정류장 및 버스]

이곳에서 골목을 거닐다 보면 아기자기한 일본식 디자인을 엿볼 수 있다. 작은 우체통, 가게의 간판이나 디스플레이용으로 내놓은 자잘한 소품이 마치 예술작품 같은 느낌을 자아낸다.

새로 생긴 점포의 분위기도 그렇지만 오래된 건물이나 가게의 외관이나 디스플레이도 예술작품처럼 보인다. 이러한 느낌이 드는 것은 아마도 이 거리의 분위기가 젖어서일 것이다.

산겐자야역의 북쪽 출구로 나가면 왼쪽 편에 높이 솟아 있는 건물이 보이는데 캐롯 타워(Carrot Tower: 東京都世田谷区太子堂4-1-1, Tōkyō-to, Setagaya-ku, Taishidō, 4 Chome－1－1)다. 산겐자야역의 대표적인 건물로 이름에서 연상되듯 건물 양쪽 외벽이 당근 색으로 장식되어 있어 바로 알아 볼 수 있다. 이 건물은 1990년대 후반에 재개발 사업으로 건설된 곳으로 사무실과 각종 상업시설, 공연장, 갤러리가 들어서 있어 지역의 쇼핑과 문화 공간이 있어 지역민의 휴식공간이다. 최상층의 전망대는 무료로 관람할 수 있다. 산겐자야 지역을 조금만 둘러보면 왠지 이 지역 본래의 분위기와는 어울리지 않는 건물이다.

[북쪽 출구 앞에서 본 캐롯 타워]

[캐롯 타워에서 본 풍경]

캐롯 타워 건너편에는 작은 골목의 낡은 가게들이 모여 있다. 건너편에서 보더라도 정돈되지 않은 어지러운 간판과 전선줄이 눈에 들어온다. 캐롯

타워 건너편에 있는 에코 나카미세(エコー仲見世) 상점가를 들어가 보면 7~80년대에서 시계가 멈춘듯한 느낌이 나는 상점가다. 취급하는 제품은 최신 제품이라도 건물 외관도 그렇고 내부의 인테리어도 시간이 멈춘듯한 느낌을 자아낸다. 에코 나카미세와 연결된 유우라쿠 거리(ゆうらく通り), 산자3방카이(三茶３番街)는 시계를 더 뒤로 돌린듯한 느낌이다. 수 년 전부터 유행어가 된 '레트로(レトロ)'라는 단어가 어울리는 지역이다.

[에코 나카미세 상점가]

[상점가 내부]

에코 나카미세 상점가를 지나 안쪽으로 들어가면 유우라쿠 거리 (ゆうらく通り)가 나온다. 좁은 골목 사이로 오래된 건물과 빛 바랜 간판이 다닥다닥 붙어있다. 교차하는 전선과 흘러내린 때 자욱이 세월을 말해주고 있다. 두 사람이 겨우 비켜갈 정도로 좁은 골목길을 사이에 두고 점포가 늘어서 있다.

[유우라쿠 거리]

한 걸음 위쪽으로 가면 '산자3방가이(三茶３番街)' 골목이다. 이 골목도 유우라쿠 거리와 다를 바 없지만 베트남, 중국, 한국 요리 등 아시아 국가들의 식당이 많다는 것이 특징이다.

[산자3방가이 거리]

좁은 골목길 사이로 작은 식당들이 들어서 있다. 캐롯 타워 앞에 있는 세다가야 거리를 따라 역의 반대 방향으로 올라가다 왼쪽 골목으로 접어든 곳에 있는 햄버거 전문점인 하라카라(ハラカラ: 東京都世田谷区三軒茶屋

2-16-8, Tōkyō-to, Setagaya-ku, Sangenjaya, 2 Chome－１６－8)는 수제 햄버거 가게다. 일본의 여느 가게처럼 골목의 한 켠에 자리잡고 있다. 정크 푸드인 햄버거를 헬시 푸드로 탈바꿈시킨 햄버거다. 그만큼 건강을 고려하여 영양의 밸런스를 맞춰 요리한 햄버거다. 메뉴를 보면 햄버거 치고는 상당히 비싼 1,000엔 대의 금액이다.

[햄버거 전문전 하라카라와 메뉴판]

남쪽 출구 쪽에 있는 팬 케이크 마마카페 보이보이(VoiVoi: 東京都世田谷区 三軒茶屋1-35-15, Tōkyō-to, Setagaya-ku, Sangenjaya, 1 Chome－３５－ 15)는 맛은 기본이겠지만 손님을 맞이하는 분위기가 저절로 발길을 닿게 하는 가게다.

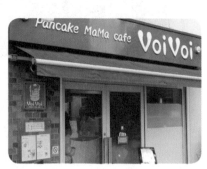

[팬 케이크 전문점 VoiVoi]

감칠맛을 느끼게 하는 외형도 그렇지만 입에서 녹아 내리는 팬 케이크 맛은 여행의 피로를 달래줄 것이다. 어느 곳이든 일본에서 가게를 찾으려면 대로변에 있는 가게가 아니고서는 골목과 골목 사이를 누비며 보물찾기를 하듯 찾아나서야 한다. 이곳 역시 역을 나와 골목 사이 주택가에 자리잡은 가게다. 이 가게 밖에서 줄을 서서 기다리는 것도 일상적인 풍경이다.

[VoiVoi의 팬 케이크]

산겐자야는 조용한 전원주택이 많고 자그마한 카페가 많다. 도쿄에서 만나기 쉽지 않은 노면 전철이 달리는 곳이다. 신주쿠, 하라주쿠, 시부야 등 사람들이 많이 모이는 곳도 좋지만 가끔은 이러한 조용한 주택가를 산책하면서 아기자기한 조경이나 장식들을 구경하며 산책하는 것도 여행의 즐거움이라 할 수 있을 것이다. 특별히 어느 곳을 지정해서 가는 것보다 주변의 골목길을 다니면 그 자체로 관광이 되는 거리다. 화려하지는 않지만 아기자기한 풍경이 볼거리라 할 수 있다. 이국의 낯선 동네의 골목길을 걸으며 거리의 분위기를 만끽할 수 있는 여유로운 시간을 갖는 것도 여행의 또 다른 매력이라 할 수 있다.

[북쪽 출구의 한적한 거리] #

새롭게 떠오르는 럭셔리한 거리, 다이칸야마(代官山)

재개발 사업이 완료된 2000년 이후부터 떠오르는 쇼핑의 명소가 다이칸야마(代官山)다. 산겐자야역에서 시부야를 가려면 도큐덴엔도시선(東急田園都市線)의 시부야행 준급 또는 급행을 타고 가면 5분 정도의 거리다. 요금은 160엔이다. 다이칸야마는 시부야에서 걸어서 가도 되고, 전철로 간다면 도큐도요코선(東急東横線)을 타면 한 정거장이다. 시부야에서 걸어서 10여분 정도 소요되는 가까운 거리다. 시부야역의 서쪽 출구에서 왼쪽 대각선 방향으로 가면 큰길이 나오는데 이 길이 타마가와 거리(玉川通り)다. 이 길을 가로질러 건너 언덕길을 타고 올라가면 다이칸야마 지역이 나온다. 약간 돌아가지만 손쉬운 방법은 시부야역 동쪽 출구로 나와 메이지 거리(明治通り)에서 에비스(恵比寿) 방향으로 가면 나미키바시(並木橋) 교차로가 나온다. 여기에서 오른쪽으로 꺾어서 육교를 지나면서부터 다이칸야마 지역이다.

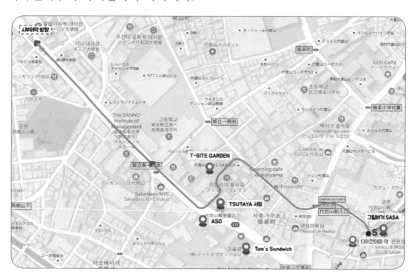

시부야의 대형 번화가 뒤편에 자리잡은 조용한 거리이지만 세련된 쇼핑의 거리로 알려져 있다. 주택가를 중심으로 고급 부띠끄, 레스토랑과 카페 등 고급 요리점, 고급 인테리어 전문점 등이 들어서 있다.

하라주쿠, 오모테산도, 시부야를 잇는 패션 타운이라 할 수 있다. 하라주쿠가 중고등학생의 캐주얼한 패션이라면 다이칸야마는 대학생과 직장인들 중심의 세련된 분위기의 패션이라 할 수 있다. 젊은 연인들의 데이트 장소로도 자주 이용되는 곳이다. 고급스러운 카페와 레스토랑, 패션 의류 숍과 액세서리 등이 많아 패션 트랜드를 읽기 위해 찾는 사람들도 많다.

[다이칸야마 거리] #

[다이칸야마 지역의 야경]

시부야와 차이는 저녁 시간이면 더욱 확연해진다. 번잡한 시부야에 비해 차분한 느낌이 든다. 레스토랑이나 일반 상점의 인테리어도 더욱 고급스러운 조명이 빛을 발한다. 유럽의 어느 나라에 와있는 분위기가 느껴지는 곳이 다이칸야마다.

다이칸야마에서 놓치지 말아야 할 장소는 건축가, 디자이너, 크리에이티브 디렉터가 공동 프로젝트로 꾸민 T-SITE GARDEN(東京都渋谷区猿楽町 16-15, Tōkyō-to, Shibuya-ku, Sarugakuchō, １６－15)이다. 이 건물은 높낮이 차이로 인해 시간의 흐름에 따라 빛의 반사로 다양한 색조를 투영해 아름다움을 더해준다. 이 건물은 서점과 음악이나 영상 소프트웨어 렌탈을 전문으로 전국적인 체인을 가진 'TSUTAYA서점'을 중심으로 커피숍, 레스토랑, 여행사, 팻, 카메라, 병원, 갤러리 등 다양한 숍이 입점해있으며 아름다운 가든 또한 볼거리다.

[T-Site Garden의 TSUTAYA 서점]

TSUTAYA 서점은 단순히 책을 보고 구입하는 기존 서점의 인식을 바꾼 대표적인 서점이다. 이 회사는 'Culture Convenience Club'을 표방하고 있다.

즉, 문화를 편의점처럼 쉽게 접할 수 있게 하겠다는 것이다. 온라인 서점에 밀려나는 우리나라 서점들도 이러한 변신을 참고해야 하지 않을까? 서점 내부를 들어가보면 어느 가정집의 서재와 같은 분위기로 벽면에 책 진열장이 있고 가운데 테이블이 군데 군데 놓여있다. 벽면에는 그림이나 사진이 붙어 있다. 책의 진열도 여느 서점과는 달리 책을 많이 채우기 위한 진열이라기 보다는 인테리어의 소품과 같은 감각의 진열이다. 서점이지만 서점 같지 않은 창의적인 진열과 분위기를 꾸민 서점이다.

[TSUTAYA 서점 내부]

[세심한 배려가 깃든 가든]

TSUTAYA 서점에서 바로 길 건너편에는 우아한 클래식한 분위기의 이탈리안 식당 ASO(東京都渋谷区猿楽町29-3, Tōkyō-to, Shibuya-ku, Sarugakuchō, ２９－３)에 눈길이 간다. 1900년대 초에 지어진 건물을 개조한 건물로

수령이 300년이 넘는 나무와 다양한 꽃과 풀로 꾸며진 조경이 일품이다.

[다이칸야마 ASO의 정경]

T-Site Garden이든 ASO든 쇼핑과 식사를 할 수 있다면 금상첨화이겠지만 간단히 차 한 잔을 즐기면서 조경이나 인테리어를 감상하는 것만으로 만족해야 할 것이다. T-Site Garden내에 있는 이탈리안 레스토랑 'IVY PLACE'나 프랑스 레스토랑 'Maison Paul Bocuse'는 만만치 않은 비용을 지불해야 한다.

[톰스 샌드위치의 메뉴 포테이토&베이컨 샌드위치]

이곳에서는 샌드위치도 만만치 않은 가격이다. T-Site Garden에서 멀지 않은 곳에 있으며 유명인도 자주 찾는다는 톰스 샌드위치(Tom's Sandwich: 東京都 渋谷区猿楽町29-10, Tōkyō-to, Shibuya-ku, Sarugakuchō, ２９－10)는 스몰 사이즈의 샌드위치 가격이 1,750엔이다. 우리가 생각하는 샌드위치가 아니다.

가성비를 고려한 측면에서 가벼운 음식을 추천한다면 그릴 버거를 전문으로 하는 SASA(東京都渋谷区恵比寿西2-21-15, Tōkyō-to, Shibuya-ku, Ebisunishi, 2 Chome－２１－15)가 있다. 다이칸야마역 동쪽 출구 바로 앞에 있다. 원재료인 소고기는 와규(일본 소)를 사용하며 모든 재료를 직접 손질하여 만드는 수제 햄버거다. 아보카도, 치즈, 머슈룸, 베이컨치즈 버거 등 다양한 종류의 햄버거가 있으나 가장 낯선 것은 낫또 햄버거다. 생각보다 양이 많으므로 가능한 S나 M 사이즈로 주문하는 것이 좋다. 햄버거라고 해도 10,000(1,000엔)원 이상의 비용을 예상하고 들어가야 한다.

[그릴 햄버거 전문점 'SASA' 와 햄버거]

다이칸야마의 번화가 뒤쪽에는 고급 주택가가 있으며 이집트, 말레이시아, 우간다, 기니 대사관 등 여러 나라의 대사관이 있고 거리 전체도 조용하며 럭셔리한 느낌이 난다. 아자부주반과도 비슷한 느낌이지만 아자부주반보다 더 현대적인 느낌이 나는 지역이다.

[시부야로 가는 길목의 예식장]

다이칸야마에서 시부야로 갈 때는 주변 상가 및 거리를 관광하면서 걸어갈 것을 추천한다.

〈참고〉 [이름만큼 아름다운 지유가오카(自由が丘)]

'자유의 언덕'이라는 의미의 지유가오카는 관동지방에서 살기 좋은 지역 랭킹에 빠지지 않는 곳이다. 이름만으로도 시적인 분위기가 풍기는 지역이다. 도쿄 도심(시부야)으로 연결하는 교통도 편리하며 쇼핑과 문화시설과 함께 조용한 교외의 분위기다. 특히 주변에 많은 대학이 몰려 있어 젊은이들이 많이 사는 지역이다. 지유가오카 근처에는 도립대학(都立大学), 학예대학(学芸大学), 코마자와대학(駒沢大学) 등 대학교 이름을 가진 역이 있으며 도쿄도시대학(東京都市大学), 일본체육대학(日体大学), 산업능률대학(産業能率大学), 도쿄의료보건대(東京医療保健大学), 도쿄공대(東京工大) 등 많은 대학 캠퍼스가 있다. 이렇게 대학 캠퍼스가 많다 보니 젊은층 인구 비중이 높을 수 밖에 없다. 젊은층의 비중이 높기는 하지만 서민적인 시모기타자와(下北沢)와는 달리 가까이에 고급주택가인

덴엔초후(田園調布)가 있어 고급스러운 카페나 레스토랑이 많다.

우리나라의 신사동 가로수 길과 비슷한 분위기로 여성들이 좋아하는 지역이다. 주택가와 어우러진 상가에는 아기자기한 카페와 식당이 자리하고 있으며 골목마다 일부러 장식해놓은 듯한 분위기가 매력적이다. 딱히 어디를 정해 들어가보지 않고 거리 이곳 저곳을 기웃거리기만 해도 기분 좋은 거리다. 귀여운 가게들을 지나칠 수 없어 들어가보면 작은 귀걸이나 핸드크림 하나조차도 흔하지 않은 것들이라 소장하고 싶은 생각이 들었다. 특히나 감수성 예민한 사람들이 반할만한 거리다.

[지유가오카 거리 풍경]

시부야역에서 도큐도요코선(東急東橫線)을 타고 15분 정도면 도착한다. 시모기타자와역에서는 케이오 이노카시라선(京王井の頭線)을 타고 시부야역으로 가서 시부야역에서 도큐도요코선으로 갈아타고 가면 25분 내외가 소요된다. 신주쿠에서 지유가오카를 가려면 신주쿠산초메(新宿三丁目)역에서 도큐도요코선(東急東橫線)와코시(和光市) 방향의 특급을 타고 16~7분 정도 달리면 지유가오카(自由が丘)역이다.

[지유가오카의 골목]

지유가오카역의 정면출구(正面口)로 나오면 어느 역과 마찬가지로 작은 광장에 버스정류장과 손님을 기다리는 택시가 줄을 서있다. 어느 골목으로 들어가나 나즈막한 건물과 아기자기한 숍이 들어서 있다. 역에서 멀어질수록 주택의 비중이 높아지면서 주택가와 어우러진 상점이 들어서 있다.

지유가오카역 정면출구(正面口)로 나와 상점과 주택이 어우러진 골목 한 켠에 있는 피터래빗가든 카페 지유가오카 본점(PETER RABBIT Garden: 東京都目黒区自由が丘1-25-20, Tōkyō-to, Meguro-ku, Jiyūgaoka, 1 Chome－2 5－20)이 있다. 이 카페는 토끼를 테마로 한 카페다. 그림책 피터래빗의 세계관으로 영국스러운 분위기를 자아내는 레스토랑이다. 각 테이블마다 토끼 인형이 먼저 자리를 잡고 앉아 있어 토끼와 식사를 하는 느낌이다.

[피터래빗가든카페의 외관]

[테이블에는 한 마리의 토끼가
선점하고 있다]

　메뉴판은 동화책을 보는 것처럼 동화 풍의 화초에 토끼가 그려져 있다. 가격은 1,000엔 내외이며 세트 메뉴는 1,500~1,600엔이다. 접시에도 토끼가 그려져 있고 샐러드의 무와 빵에도 토끼가 새겨져 있다. 샐러드가 담겨있는 그릇에는 드라이아이스를 넣어 신비한 분위기를 자아낸다. 빵에는 버터가 들어있어 고소하고 부드러워 빵만 먹어도 맛있었다. 오므라이스와 빵의 조합으로 입 속의 호사를 누릴 수 있는 곳이다. 지유가오카의 거리 분위기와 이 카페의 분위기에 취해 더 맛있게 느껴졌을지도 모르겠다.

[빵에 새겨진 토끼]

　린츠 초콜릿 카페(Lindt: 東京都目黒区自由が丘2-9-2, Tōkyō-to, Meguro-ku, Jiyūgaoka, 2 Chome－９－2)는 전국적인 체인을 둔 스위스 초콜릿 카페다.

[린츠초콜릿 카페]

초콜릿 색상의 외관이 한 눈에 초콜릿 카페임을 알 수 있다. 작지만 깔끔하고 고급스러운 인테리어가 눈길을 끈다. 1층은 판매, 2~3층은 카페 공간이다.

지유가오카의 마르쉐도브루에 플러스(Marché de Bleuet plus: 東京都 目黒区自由が丘1-25-9セザーム自由が丘ビル, Tōkyō-to, Meguro-ku, Jiyūgaoka, 1 Chome－２５－9)는 전국적인 체인을 가진 생활잡화점이다. 이 가게 컨셉트는 '지역의 멋진 가게'로 언제든지 마음 편하게 들를 수 있는 계절별로 편한 느낌을 주는 내추럴한 생활잡화를 중심으로 판매하는 가게다. 어디에나 있는 생활잡화이지만 왠지 모르게 정감이 가는 디스플레이와 인테리어가 사람들의 발길을 끌게 만드는 곳이다. 내부를 들어가 보면 아기자기한 소품들이 진열되어 있다. 진열되어 있다는 느낌보다는 집안의 옷걸이나 탁자에 놓여있는 느낌이다. 언제나 가벼운 마음으로 들를 수 있는 분위기의 숍이다.

[마르쉐도브루에 플러스 외장과 내부]

같은 건물에 자리잡고 인테리어 전문 숍인 'KARAKO'도 마르쉐와 비슷한 느낌의 가게다. 작은 컵, 그릇에서부터 아기자기한 인테리어 소품을 판매한다. 이곳은 동양적 미를 컨셉트로 한 제품이 주를 이룬다.

[애플 하우스]

APPLE HOUSE(東京都目黒区自由が丘1-25-12, Tōkyō-to, Meguro-ku, Jiyūgaoka, 1 Chome－2 5 －12)는 천연소재를 사용한 프리사이즈 부인복 전문점이다. 천연섬유를 사용하여 지구와 사람에게 친화적인 상품을 개발하여 입기 편한 의류를 판매하고 있다. 전국적인 체인을 갖고 있으며 대부분의 의류가 임금이 저렴한 국가에서 생산하는 것과는 대조적으로 100% 일본 생산이라는 것으로 어필하고 있다.

가구에 관심이 있는 사람이라면 IDEE 지유가오카점(東京都目黒区自由が丘2-16-29, Tōkyō-to, Meguro-ku, Jiyūgaoka, 2 Chome－16－29)을 추천한다. 가구를 비롯하여 블라인드, 커튼과 기타 잡화를 판매하는 곳이다. 생활의 아이디어를 다양한 형태로 코디네이션하는 즐거움을 누릴 수 있는 가구와 디자인 소품으로 구현하고 있다고 홍보하고 있다.

3층 높이의 외관이 눈에 띄는 건물이다. 내부는 자연 채광의 빛과 가구가 어우러져 고급스럽지만 편안한 분위기를 풍긴다.

[IDEE 지유가오카]

이탈리아 베네치아 풍으로 꾸며놓은 La Vita(東京都目黒区自由が丘2-8-2, Tōkyō-to, Meguro-ku, Jiyūgaoka, 2 Chome－8－2)는 드라마 촬영지로도 자주 쓰이는 곳이다. 테디베어 전문점, 도자기, 유리공예품 등의 판매시설과 레스토랑이 있다. 외관 때문에 관광객이 많이 찾기는 하지만 일본 내에서의 평판은 그리 좋은 것 같지는 않다.

[이탈리아 베네치아 풍의 라비타(La Vita)]

지유가오카에서 펼쳐지는 이벤트로는 4월말부터 5월의 골든위크에 열리는 과자의 날(JIYUGAOKA SWEETS FESTA)의 행사다. 이 행사에는 높이 3미터의 과자로 만든 과자의 집이 등장하기도 한다. 역 앞 광장에서는 라이브 음악과 댄스 공연을 비롯해 스모 선수나 예능인 등 유명인사들과의 토크쇼나 사인회가 열린다. 양과자(Sweets)를 주제로 한 축제다.

[양과자(Sweets)]

역 주변에 자리한 많은 양과자 전문점에서 스템프 도장을 3개 이상 받아오면 상품을 증정하는 이벤트와 스마일 포토 콘테스트 등 다양한 이벤트가 펼쳐진다.

지유가오카역에서 다이칸야마를 가려면 도큐도요코선(東急東橫線) 신주쿠산초메(新宿三丁目) 방향으로 12분 정도 거리다.

〈코스설계 TIP〉

전체 10시간 정도의 **빽빽한** 일정이다. 앞에서 열거한 지역을 모두 돌아보기보다는 몇 개의 포인트를 두고 돌아보는 것이 좋지 않을까? 대표적인 곳을 추천하라고 한다면 기치조지, 시모기타자와, 다이칸야마, 지유가오카를 추천하고 싶다. 코우엔지나 산겐자야 나름대로 운치있는 곳이기는 하지만 기치조지나 시모기타자와에서 느낄 수 있는 곳이기 때문이다. 지유가오카와 분위기가 비슷한 곳이 다이칸야마가 아닌가 생각된다. 다이칸야마가 전체적인 분위기 상으로는 조금 더 세련된 느낌이랄까? 다이칸야마는 시부야와 가깝기 때문에 시부야 관광의 일정에 넣어도 될 것 같다. 사실 한 지역을 제대로 알기 위해서는 낮과 밤을 모두 보내봐야 하지만 관광객 입장에서는 시간적 제한이 따르기 때문에 밤낮으로 즐길 수는 없을 것이다. 예를 들어, 코우엔지의 고가 아래 식당가(코우엔지 스트리트)에서 저녁 시간을 보내고 싶다면 코스 설계를 반대 방향으로 하면 좋을 것이다. 즉, 다이칸야마를 첫 코스로 방문한 후 코스의 마지막에 코우엔지를 넣는 것도 하나의 방법이다.

필자의 개인적인 취향으로는 서로 대조적인 분위기이지만 시모기타자와 다이칸야마, 지유가오카가 가장 마음에 와 닿는 거리였다.

04. 4,000원으로 도쿄의 정취를:
골목 사이를 누비는 노면전철 도쿄사쿠라토라무 (도덴 아라카와선) 할머니들의 하라주쿠, 스가모상점가

도쿄사쿠라토라무(도쿄사쿠라트램)의 원래 명칭은 '도덴 아라카와선(東電荒川線)'이었다. 도쿄도(東京都)에서 운영하는 철도이기 때문에 '도덴(都電)'이라 부르기도 한다. 2017년 5월부터 이곳에 벚꽃이 많다는 점에 착안하여 '도쿄사쿠라토라무(東京さくらトラム)'이라는 이름으로 부르기 시작했다. 도쿄에서 몇 개 남아있지 않은 노면 전철이다. 한 량으로 운행되며 도쿄의 북쪽 지역을 가로지르며 주택가 사이의 골목을 달린다. 최고속도는 40km/h로 전체 30개 역으로 거리는 12km정도다.

[한 량으로 구성된 도쿄사쿠라토라무 차량]

한 번 탑승하는데 170엔으로 역의 수나 거리에 관계없이 탈 수 있다. 즉, 출발역에서 종점까지도 170엔으로 가능하다. 한 번 내렸다가 다시 타려면 다시 170엔을 지불해야 한다. 하지만 하루에 몇 번이라도 타고 내릴 수 있는 1일 자유승차권은 400엔(약 4,000원)으로 비교적 저렴한 편이다.

도쿄사쿠라토라무의 특징 중 하나는 역에 전철의 역사(驛舍)가 따로 없다는 점이다. 일반 시내버스처럼 덩그러니 플랫폼만 있을 뿐이다. 따라서 승차권을 구입할 수 있는 창구도 없다. 우리가 버스를 이용하듯 전철에 승차를 하면서 기관사에게 돈을 지불하고 구입해야 한다. 운임을 미리 준비해 두었다가 승차할 때 요금 통에 넣거나 정기 승차권을 이용한다. 탑승할 때는 앞으로 타고 내릴 때는 뒤로 내린다.

1일권을 구입하고자 할 때는 승차 시에 승무원에게 "이찌니찌껜 오네가이시마스(一日券、お願いします。)"라고 말하면 승무원이 1일 자유승차권을 발행해준다. 자유승차권에는 탑승 가능한 날짜가 적혀있다. 내린 이후에 다시 승차할 때는 기관사에게 이 자유승차권을 보여주고 들어가면 된다. 또는 '도에이 마루고또 깃뿌(都営まるごときっぷ)'를 구입하면 도쿄도에서 운영하는 전철(도덴), 도영버스, 도에이 지하철, 닛포리 도네리 라이너를 하루 종일 무제한으로 이용할 수 있다.

IN (東京都交通局)　　　3579

都　電
一日乗車券

都電荒川線
　　　乗り降り自由

28. -8. 23 に限り有効

４００円
28. -8. 17　荒川電車 (営) 発行001

[아라카와선의 1일 승차권]

종점인 와세다 대학이 있는 와세다역(早稲田駅)과 미노와바시역(三ノ輪橋駅) 사이의 어느 역에서 타도 1일 자유이용권 하나면 몇 번이든 타고 내릴 수 있다.

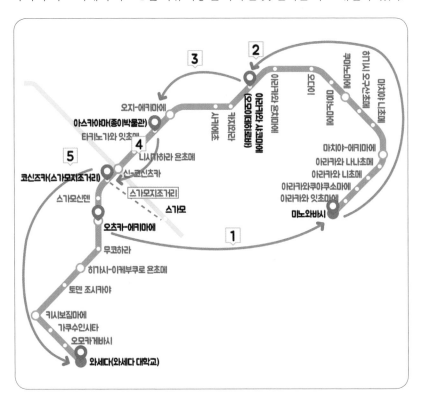

[도쿄사쿠라토라무(도덴 아라카와선) 코스 설계]

신주쿠

🚆 JR 야마노테선 이케부쿠로행

오츠카에끼마에 ○ 20분

🚆 도덴
도쿄사쿠라토라무 탑승(환승)

미노와바시(종점) ○ 40분 조이풀미노와 전통시장

🚆 도덴

아라카와니초메 ○ 20분 장미 꽃길(아라카와유우엔치,
마치야, 오우지역 중 1곳)

🚆 도덴

아라카와샤코마에 ○ 20분 도덴 오모이데히로바

🚆 도덴

아스카야마 ○ 40분 종이 박물관

🚆 도덴

코신츠카 ○ 1시간 스가모 상점가

🚆 도덴

와세다(종점) 1시간 와세다 대학 구내

[교통비] 800엔 = JR선 왕복400엔 + 도덴 도쿄사쿠라토라무 자유승차권 400엔

신주쿠역에서 출발한다고 하면 우리나라 2호선과 같은 JR 야마노테선(山手線)을 타고 오오츠카역(大塚駅)으로 가서 도쿄사쿠라토라무로 갈아탄다. 오츠카역에서 JR 개찰구를 빠져 나와 북쪽

출구(北口)쪽으로 나가 오른쪽으로 2분 정도 걸으면 도쿄사쿠라토라무의 오츠카에끼마에역(大塚駅前駅)이 나온다. 역이라고 해서 역사가 있는 것도 아니고 구내에 울타리가 있는 것도 아니다. 단지 철로가 있고 탑승하는 위치(플랫폼)에 사람들이 줄을 서서 기다리고 있는 모습을 보면 "아~ 여기가 탑승 장소구나?"라는 생각이 든다. 우리의 버스 정류장과 다름없다. 덜커덩거리면서 한 량짜리 전철이 들어오면 순서대로 탑승한다. 입구에 앉아있는 기관사가 승객들의 승차권을 체크한다. 탑승하면서 "이찌니찌껜 오네가이시마스(一日券、お願いします。)"라고 말하면 1일 자유승차권을 발행해준다. 기관사가 운전을 하면서 차내 방송을 하며 운행한다. 일본에서는 이렇게 승무원 혼자서 운행하는 전철을 '완만덴샤(ワンマン電車)'라 부른다. 굳이 번역을 하자면 '원맨(One man) 전차'의 일본식 발음이다. 한 량짜리 전철도 그렇고, 기관사가 같은 공간에 앉아 운전을 하면서 승차권을 받고 안내를 하는 풍경이 생경하기도 하고 신선한 느낌이 들기도 한다. 1,300만이 사는 도쿄에서 영화에서나 나오던 전철을 지금도 운영하고 있다는 것도 흥미롭다.

  전철은 좁은 주택가 골목을 덜컹거리며 달린다. 철로 양쪽에 늘어선 집들은 대부분 단독주택으로 50년도 더 지났을 법한 낡은 건물도 많다.

[좁은 주택가 골목을 누비는 도쿄사쿠라토라무]

기관사의 뒷자리에 앉아 지나치는 풍경을 바라보다 보면 시간 가는 줄 모르고 몇 개의 역이 훌쩍 지나쳐버린다. 분명 사람이 살고 있는 주택인데 이렇게 주택과 바짝 붙어있으면 그곳에 사는 주민은 얼마나 시끄러울까 하는 생뚱맞은 생각이 들기도 했다.

　좁은 골목길을 달리다가 대로변에 나오면 교통신호에 따라 전철이 멈춰 선다. 아무것도 아닌 일이지만 전철이 교차로에서 신호에 따라 대기하고 출발하는 것도 의아한 느낌이다. 기관차가 지나가면 건널목을 차단해 무조건 통과하는 것만 보아온 고정관념일 것이다.

[노면을 달리는 전철] *

　종점까지 가기로 작정을 한 터라 골목의 풍경을 구경하며 몸을 맡겼다. 출근길의 샐러리맨, 등교하는 학생들이 분주하게 오르내린다. 열차가 홈을 출발하기 전에 부산스럽게 뛰어오는 학생이 기다려주는 기관사의 아량에 "아리가또고자이마스"를 연발한다. 세라복의 여학생, 가쿠란 복장의 남학생, 꾸부정한 허리를 한 할머니, 허름한 차림의 노동자, 깔끔한 정장의 회사원, 힙합 복장의 대학생… 서로 다른 모습과 표정이지만 공통분모가 하나 있었다.

우리나라에서도 익숙한 스마트폰 삼매경이다. 열심히 웹 서핑을 하고
메시지를 주고받고 게임을 즐기고 있다.

[아라카와선의 차내 풍경]

종점인 미노와바시역(三ノ輪橋駅)이 가까워져 오자 승객의 수도 점차
줄어들기 시작하여 종착역에 도착했을 때는 3명만 남았다. 종점이라고 해도
역사도 없어 내리자마자 밖으로 나갔다. 우리나라 시골의 기차역과 같은
풍경이 펼쳐진다. 이곳이 전철역이라고 표시하듯 '미노와바시(三ノ輪橋)'라고
적힌 아치형의 조형물이 보인다.

[도쿄사쿠라트라무의 종점인 미노와바시역]

미노와바시역을 나와 2~3분 거리에 '조이풀 미노와(ジョイフル三の輪)'라는
이름의 상점가가 나타난다. 500미터 가까운 거리에 100개가 넘는 가게가
늘어서있다. 우리의 전통 시장과 흡사한 모양으로 위에는 지붕이 씌워져 있어
날씨에 관계없이 쇼핑을 할 수 있도록 되어 있다. 양쪽으로 가게들이 빽빽하게
들어서 있다.

[조이풀 미노와 상점가의 풍경]

[아라카와선로 주변의 장미꽃] *

도쿄사쿠라토라무의 볼거리 중 하나는 도쿄사쿠라토라무를 따라 핀
장미정원이다. 1980년대부터 자원봉사 단체에서 도쿄사쿠라토라무 연선에

심기 시작한 장미는 미노와바시역을 시작으로 아라카와니초매(荒川二丁目), 아라카와유우엔치(あらかわ遊園), 마치야(町屋), 오우지(王子)역 주변 등에 심어놓았다. 봄과 가을에 약140종 13,000주의 장미꽃이 승객들의 눈을 끌어 모은다. 이 장미 꽃 길은 '꽃 관광지 만들기 대상'에서 대상을 수상하고 '관동지역의 역 100선'에 뽑힐 정도로 유명세를 탔다. 미노와바시역에 장미꽃이 잘 심어진 역을 안내해놓았기 때문에 표시해두었다가 중간중간 내려서 장미꽃을 감상하며 사진을 찍는 여유를 갖는다면 좋을 것이다.

종점인 미노와바시역에서 다시 도쿄사쿠라토라무를 타고 반대방향인 와세다역(早稲田駅) 방향으로 향한다. 아라카와샤코마에역(荒川車庫前駅)에 내리면 바로 앞에 '도덴 오모이데히로바(都電おもいで広場)'가 있다. 우리말로 하면 '도덴 추억의 광장'이다. 이곳에는 도덴의 정류장을 옮겨다 놓은 것처럼 꾸며놓고 2대의 차량을 전시해놓았다. 전시차량 안에는 도덴이 힘차게 달리던 1950년대의 이미지를 작은 모형으로 표현해놓았다. 도덴의 작은 박물관이라 할 수 있다.

[도덴 오모이데히로바의 전시된 차량]

〈TIP〉 실제 도덴 오모이데히로바(都電おもいで広場)에 가보면 옛날 역사와 1950년대와 1960년대 제작된 차량 두 대만 덜렁 놓여 있어 실망할 수 있다. 시간적 여유가 된다면 잠깐 내려 구경하고 그렇지 않다면 지나쳐도 되지 않을까???

다시 도쿄사쿠라토라무를 타고 아스카야마역(飛鳥山駅)으로 향한다. 아스카야마역에서 내려 대로변을 건너면 바로 아스카야마 공원이 있다. 도심 속에 상당히 넓은 면적을 차지하고 있으며 수풀이 우거져 있고 분수와 폭포가 있는 다목적 광장이 있다. 공원 안에는 세계적으로도 흔하지 않은 종이 박물관(紙の博物館)이 있고 기타구(北区)의 역사를 체험할 수 있는 아스카야마박물관(飛鳥山博物館), 일본 자본주의의 아버지로 불리는 시부사와에이치(渋沢栄一)의 자료를 전시한 시부사와사료관(渋沢史料館)이 있다.

이 중에서 가장 볼거리는 종이 박물관이다. 입장료는 성인이 300엔이다.

[종이 박물관 입구]

이곳은 일본에서 가장 큰 종이회사 중 하나인 '오우지제지(王子製紙)'의 공장이 있던 곳으로 사료관을 일반에 공개하면서 공익재단으로 만들어진 박물관이다. 각 전시실 별로 종이의 역사, 종류와 규격, 종이를 만드는 과정, 일본 종이(우리의 한지)의 설명과 만드는 과정 등 종이와 관련된 다양한 자료와 정보를 얻을 수 있다.

다시 전철을 타고 코우신츠카역(庚申塚駅)으로 향한다. 역에서 50여미터 떨어진 곳에 스가모지조거리 상점가인 '스가모지조토오리쇼우텐가이(巣 鴨地蔵通り商店街)'가 있다. 이곳은 코우신츠카역(庚申塚駅)과 JR스가모역(巣鴨駅)까지 800m 정도의 거리에 200여 점포가 있다.

[스가모지조토오리쇼우텐가이 입구]

이곳은 '할머니들의 하라주쿠'라 불릴 정도로 여성 고령자들의 방문이 많은 상점가로 알려져 있다. 또 '어른들의 오타쿠 거리'로도 유명하다. 상점가에 들어서면 고풍스러운 가게의 모습이 눈에 띈다. 서민 동네를 일본어로 '시타마치(下町)'라 하는데 서민 동네의 상점가 풍경이라 생각하면 된다.

우에노역(上野駅) 인근에 있는 전통시장 우에노의 아메요꼬(アメ横)와 유사하기도 하지만 아메요꼬처럼 번잡스럽지 않고 차분한 느낌의 거리다.

[한 눈에 봐도 고풍스러운 상점]

　실제 여기에서 판매하는 물건들이 할머니, 할아버지들이 애용하는 물건이
많다. 중장년층이 많이 찾는 옷이나 가방, 장식품과 도구를 판매하는 가게가 많이
들어서 있다. 먹을거리도 옛날부터 지켜온다는 찐빵이나 숙성시킨 젓갈이나
일본의 장아찌와 같은 식재료, 녹차를 판매하는 가게가 많은 편이다. 최근에는
외국 관광객들에게도 알려지면서 외국인들의 모습도 심심찮게 볼 수 있다.

[가게 이름도 '미세스 양품' 과 같이 중장년을 위한 거리다]

이 거리에서 가장 유명한 것을 꼽으라면 빨간색 팬티를 판매하는 가게일 것이다. 빨간색 팬티를 입으면 재수가 좋고 장수한다는 일종의 미신을 믿고 이 가게를 찾는다. 관광객들은 기념으로 구입하기도 한다. 노인들은 실제 그러한 생각을 갖고 있는지 모르겠지만 젊은이들은 재미 삼아 둘러보고 물건을 구입하는 경우가 종종 있다. 우리의 7080이전 세대들은 빨간색 속옷에 대한 추억으로 재미있는 장소가 될 것이다. 일본만큼 그러한 민간 신앙(토속 신앙)이 통하는 사회도 드물 것이다.

['일본 제일의 빨간 팬티'
라는 간판이 눈에 띈다]

[온통 빨간색 속옷과
양말이 진열된 가게 내부]

간판의 글씨체나 분위기가 어머니 손맛과 같은 느낌을 자아내는 식당이 눈에 띈다. 이 거리에서는 어느 곳에 들어가 주문을 해도 실패할 것 같지 않은 느낌이다.

[고풍스러운 식당의 모습]

　눈에 띄는 먹을거리 중 '대학 이모(大学芋)'다 우리말로 '대학 감자'다. 감자를 기름에 튀겨 설탕 시럽 등으로 맛을 낸 과자의 일종이다. 우리나라에서는 감자 맛탕이다. 1980년대 초에 도쿄 간다(神田)의 대학가 근처에서 대학생들에게 인기가 있는 먹을거리였다고 해서 '대학 감자'라는 이름이 붙여졌다고 한다.

['대학 감자(大学芋)' 를 파는 가게와 '대학 감자(大学芋)']

　대학 감자 외에도 60년이 넘은 모찌(찰떡)집, 우리의 붕어빵과 같은 타이야끼, 일본의 전통 과자 중 하나인 센베(전병), 옛날 맛을 그대로 이어온다는 찐빵 등 다양한 먹을거리도 이 거리를 쇼핑하는 재미일 것이다.

04

상점가의 끝부분에 이르면 '코우간지(고암사: 高岩寺)'라는 이름의 절이 나온다. 이곳에 있는 지조(지장: 地藏) 보살상이 있는데 이 거리의 이름에 '지조'가 들어간 이유다. 보통 지조 보살상은 그 지역(마을)을 지켜주는 보살상으로 알려져 있다.

[관음상이 있는 코우간지(高岩寺)]

이 절에는 '아라이칸노(洗い観音)'라 불리는 석조상이 있는데 우리말로는 '씻는 관음'이다.

[아라이칸노상]

이 불상을 젖은 수건으로 닦아주면 이익을 얻을 수 있다는 믿음과 자신이 아픈 부분에 해당되는 부위를 닦아주면 치료된다는 이유로 많은 사람들이 이 석조상을 닦아주고 있다. 실제 치유라기 보다는 마음의 안식을 찾는 곳이다.

일본은 세계에서 가장 토속신앙이 발달한 나라답게 어느 절이나 신사를 가더라도 손을 씻어 정갈하게 한 후 동전을 던지거나 '오미쿠지(おみくじ)'라 불리는 작은 종이에 소원을 적어 성취를 기원하는 행위를 쉽게 볼 수 있다.
이 상점가는 주로 노인이나 중장년이 많이 찾는 거리여서 그런지 6시 경이 되면 문을 닫는 가게들이 늘어나기 때문에 6시 이전에 쇼핑을 마치도록 해야 한다. 스가모 상점가를 둘러보고 JR선을 타려면 반대편의 JR스가모역(巣鴨駅)으로 가면 되지만 비용절약을 위해 다시 도쿄사쿠라토라무를 타기 위해서는 왔던 길을 되돌아가야 한다. 시간 관리를 위해서는 들어갈 때는 오른쪽의 상점, 되돌아 나올 때는 왼쪽의 상점을 구경하는 것이 효율적이다.

와세다(早稲田)

다시 코우신츠카역(庚申塚駅)으로 되돌아와서 반대편 종점인 와세다역(早稲田駅)으로 향한다. 와세다역은 우리나라에도 잘 알려진 대학인 와세다대학교가 있는 곳이다.

〈참고〉[와세다대학(早稲田大学)]

와세다대학(早稲田大学)은 케이오기주쿠대학(慶応義塾大学)과 함께 1920년의 대학령(大学令)에 의해 세워진 사립대학이다. 두 대학은 사립대학의 양대 산맥을 형성하고 있다. 분위기로 말하면 와세다대학은 고려대학교, 케이오대학은 연세대학교와 비슷한 분위기다. 와세다대학의 전신은 1882년에 세워진 도쿄전문대학(東京専門学校)으로 역사와 전통을 지닌 명문 사립대학이다. 우리나라를 비롯한 아시아 유학생이 많은 대학으로 알려져 있으며, 실제로 일본 대학 중 와세다대학이 가장 많은 유학생을 배출하고 있다. 일본뿐 아니라 외국 대학출신을 통털어서도 와세다대학이 가장 많은 것으로 알려져 있다. 우리나라의 고연전(또는 연고전)이 있듯이 일본에는 소우케이전(早慶戦)이 있다. 학교 분위기도 비슷하다 할 수 있다. 역사와 전통을 간직한 명문대학인만큼 많은 정치인과 과학자, 예술가를 배출한 대학이다. 역사에 걸맞게 캠퍼스 내에 문화재로 등록된 건물과 박물관이 있다. 삼성의 이건희회장이 기증하여 설립한 '이건희기념도서실(李健熙記念図書室)'도 있다.

종점인 와세다역에서 나오면 대학가라는 것을 증명이라도 하듯이 젊은 청춘들의 모습이 눈에 띄게 늘어난다.

[아라카와선의 종점인 와세다역]

역을 나와 작은 골목을 지나 언덕 위쪽을 보면 대학건물이 나타난다. 언덕을 따라 올라가면 양쪽에 대학 건물들이 늘어서 있고 학생들이 분주하게 움직인다. 명문대라는 이미지가 있어서 그런지 교정을 거니는 대학생들 모두 공부를 잘 할 것 같은 느낌이다. 오래된 학교의 역사를 말해주듯이 교정에 심어진 나무가 울창한 숲을 이루고 있어 산길을 산책하는 기분이 든다. 캠퍼스 내에는 학교의 역사만큼이나 문화재급 건물도 많다.

[와세다대학 연극 박물관]

정문 앞에 있는 1927년에 세워져 중요문화재인 오오쿠마 강당과 1925년에 세워진 아이즈야이찌(會津八一) 기념관이다. 이 두 건물은 도쿄도 역사적 건조물 제1호로 지정된 건물이다. 또, 아름다운 외관의 연극박물관(演劇博物館)은 1928년에 세워진 건물로 일본에서 유일한 연극 전문 박물관이다.

정문 쪽을 향해 가면 대학의 설립자인 위엄스러운 자세로 학생들을 내려다 보고 있는 오오쿠마시게노부(大隈重信) 상이 나타난다. 무료로 견학할 수 있는 시설들이므로 시간적 여유가 허락하는 대로 캠퍼스의 분위기를 만끽하는 여유를 가져보는 것도 좋을 것이다.

[울창한 숲 사이에 서 있는 설립자 오오쿠마시게노부 상,
멀리 정문 쪽의 오오쿠마 강당 건물이 보인다.]

〈코스설계 TIP〉

반나절 코스로 생각하고 설계하면 된다. 조금 여유를 가지고 본다면 하루 코스로도 무난하다. 출발지나 종착역은 숙소나 관광하고자 하는 목적지에 따라 자유롭게 조정해가며 정할 수 있을 것이다. 가능한 먼 곳에서부터 거슬러 올라가며 관광하는 것을 추천한다. 신주쿠에서 출발하여 오츠카에끼마에역(大塚駅前駅)에서 종점인 미노와바시역(三ノ輪橋駅)까지는 내리지 말고 안팎의 풍경을 즐긴 후 종점인 미노와바시역에서 반대편 종점인 와세다역(早稲田駅) 방향으로 거슬러오면서 볼거리를 찾아 관광을 즐길 것을 권한다. 대략적인 시간으로 4~5시간을 예상하고 움직이면 된다. 시간 여건에 따라 장미 꽃 길을 생략하거나 도덴오모이데히로바(東電思い出広場)를 생략해도 된다. 장미꽃 길은 5월 중순에서 6월 상순(봄), 10월 중순에서 11월 상순(가을)이 가장 보기 좋을 때다. 식사는 스가모 상점가에서 각종 간식 거리로 해결할 수도 있고, 상점가 식당에 들어가 일본식으로 해결하도록 한다.

05. 7,500원으로 도쿄 한 바퀴 :
도쿄의 지하철2호선 야마노테선(山手線) 주요 코스

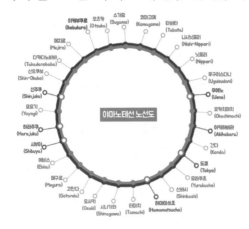

[야마노테선 노선도]

야마노테선(山手線)은 도쿄의 중심부를 한 바퀴 순환하는 JR선이다. 도쿄에 가게 되면 누구나 한 번쯤은 탑승하게 되는 전철이다. 노선 길이는 34.5km로 일주하는데 1시간 정도 소요된다. 개인적인 생각이지만 서울의 지하철 2호선은 아마도 도쿄의 야마노테선(山手線)을 벤치마킹하지 않았나 생각된다. 도쿄 관광에서 빠지지 않는 교통수단으로 야마노테선만으로도 도쿄를 충분히 만끽할 수 있다. 이번에는 야마노테선으로 도쿄를 관광하는 코스를 설계해보자. 신주쿠를 기점으로 한 바퀴 탐험해보자. 시계 방향으로 도는 외선순환과 시계 반대 방향으로 도는 내선 순환이 있는데 어느 쪽 방향으로 돌 것인지는 전적으로 개인적인 취향이다. 여기에서는 시계 반대 방향인 내선 순환으로 하겠다. 하루를 잡더라도 볼거리가 많아 서두르지 않으면 안 된다. 시간 배분을 잘 해서 둘러볼 수 있도록 해야 한다. JR동일본 1일 자유승차권(750엔)을 구매하여 이용하면 가성비 높은 여행을 즐길 수 있다.

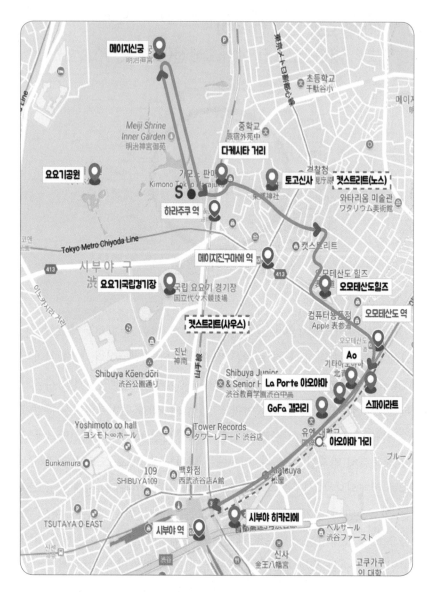

메이지신궁과 젊음의 거리, 하라주쿠(原宿)

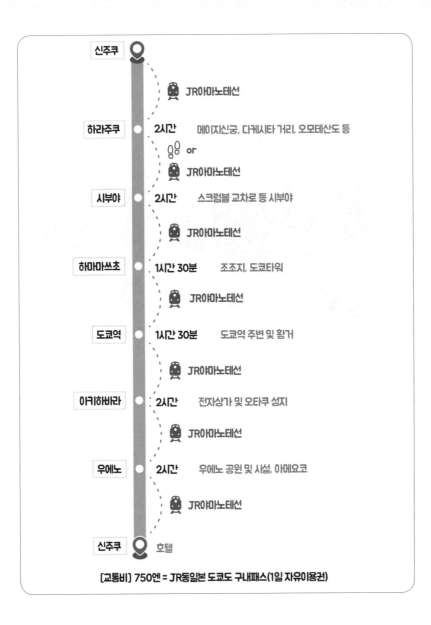

　신주쿠에서 야마노테선을 타고 젊음의 거리로 알려진 하라주쿠역(原宿駅)으로 향한다. 하라주쿠역에서 메이지신궁 출구(明治神宮出口)로 나오면 조그만 '신궁교(神宮橋)'라 적힌 작은 다리가 있다 이 다리를 건너면 울창한 숲이 나오는데 이곳이 메이지신궁(明治神宮)의 입구다.

[메이지 신궁으로 가는 신궁교] #

메이지신궁과 국립경기장과 NHK 홀이 있는 요요기 공원(代々木公園)이 연결되어 있다. 다리를 건너면 입구에 나무로 된 대문과 같은 형상의 조형물이 보인다. 일본의 신사 경내에 들어가는 경계를 나타내는 '토리이(鳥居)'라는 조형물이다.

〈참고〉 [토리이(鳥居)]

'토리이'의 한자 표현은 새가 머문다는 뜻이다. 일반적으로 일본의 신사나 절 입구에 서 있는 조형물이다. 신사의 신성한 공간과 인간의 속세를 구분하는 경계를 나타내는 문이다. 일반적으로 나무로 양쪽에 기둥을 세우고 직사각형 각목 2개로 연결한다. 대문과 같은 느낌을 준다. 유래는 인도의 사원이나 중국의 비루, 우리나라의 홍(살)문 등 대륙에서 왔다고 한다. 빨간색으로 채색된 경우도 많지만 메이지신궁과 같이 아무런 채색도 하지 않고 나무 원형의 색상을 유지하는 것도 많다. 신사 외에도 신성한 공간이라는 의미를 나타내는 장소에 설치되기도 한다. 지역에 따라서는 바다에 설치된 곳도 있다.

[메이지신궁 입구에 있는 토리이]

토리이를 지나면 높다란 나무로 둘러싸인 가로수 길을 따라 700여 미터 들어가면 메이지신궁 본당이 나온다. 상당한 거리이지만 울창한 나무숲 사이를 산책하는 기분으로 걷다 보면 금새 도착한다.

[본당으로 들어가는 가로수길]

본당으로 들어가는 길목에 많은 술통이 보이는데 이는 각 지방에서 천황에게 진상한 각 지역의 유명한 술을 담는 통이다. 그 반대편에는 외국의 주조장 등에서 보내온 오크통이 진열되어 있다.

[전국에서 진상한 술통]

[외국에서 진상한 오크통]

주말에는 전통예복을 입고 있는 커플이나 기모노 복장을 한 여성의 모습도 볼 수 있는데 이곳에서 결혼식을 올리기도 한다. 웨딩 촬영을 하는 신랑, 신부의 모습도 간간히 볼 수 있다. 본당에 들어가기 앞서 왼쪽 편에 '초우즈야(手水鉢, 手水舍)'라 하여 참배자들이 참배하기 전에 몸을 깨끗이 하는 의미에서 손을 씻는 시설이 있다. 이곳에서 많은 사람들이 물 주걱으로 손을 씻는 모습을 볼 수 있다. 가장 안쪽에 신궁의 본당이 있다.

메이지신궁(明治神宮)은 일본 근대화를 주도한 메이지 천황을 기리고자 1920년에 지어진 일종의 사당이라 할 수 있다. 신당 앞에서 두 손을 모으고기도하듯 서있는 사람들이 많은데 메이지 천황을 기리는 것인지, 자신의 소원을 비는 것인지 모르겠지만 한일합병을 주도한 시대의 인물이라 그런지 씁쓸함이 묻어 나온다.

[메이지 신궁의 전경과 신전 앞에서 손을 모으고 있는 여성] *

다시 메이지신궁을 뒤로 하고 발걸음을 재촉하여 하라주쿠역으로 돌아와서 반대 방향인 다케시타 출구(竹下出口) 쪽으로 나와 횡단보도를 건너면 유명한 하라주쿠 패션으로 알려진 '다케시타 거리(竹下通り)'가 나온다. 일본에서 특별한 곳을 이야기할 때 '성지(聖地)'라는 표현을 사용하는데 '카와이이 성지'가 하라주쿠다. 카와이이는 우리말로 '귀엽다'라는 의미로 사용하는데 하라주쿠는 소녀들의 귀여운 모습과 놀이를 위한 의류, 액세사리, 먹거리를 갖춘 놀이터라 할 수 있다.

다케시타 거리에 대한 자세한 정보는 '5,500원으로 패션 거리 탐방: 눈으로나마 패셔니스트가 되어보자.'를 참조한다.

다케시타 거리에서 나와 왼쪽으로 100미터 정도 걸어가면 돌에 새겨진 '東郷神社(토고신사)'가 보인다. 이곳 입구에도 역시 신사의 대문 역할을 하는

토리이(鳥居)가 서 있다. 입구는 좁지만 안으로 들어가면 1만2천평의 넓은
면적을 차지하고 있다.

[토고 신사 입구]

토고 신사는 일본의 해군 장군인 토고헤이하치로(東鄕平八郎)를 기리기 위해
1940년에 하라주쿠에 세워진 신사다.

〈참고〉 [토고헤이하치로(東鄕平八郎)]

토고헤이하치로(東鄕平八郎, 1847년~1934년)는 24살 나이에 7년간
영국에 유학을 다녀온 후 해군장교가 되어 청일전쟁 중에 복잡한 국제문제를
해결하는 등 이름을 알리기 시작했다. 1905년 당시에 최강이었던 러시아
함대와 동해에서 맞붙어 승리한 전쟁영웅이다. 이 승리로 인해 러일전쟁의
승리의 기틀을 마련했다고 할 수 있다. 이때부터 그를 군신(軍神)으로 칭하고
'침묵의 제독', '동양의 넬슨'으로 불려지게 되었다. 이때 펼친 전술이 이순신
장군의 한산대첩의 전술을 응용한 것으로 나중에 이순신장군을 존경했다고
하는 설이 있으나 실제 그런 말을 했는지는 확인된 바가 없다고 한다.

05

토고가 세상을 떠나자 그를 호국의 신으로 기리는 의미에서 지금의 신사가 완성되었다고 한다. 우리나라에는 아픈 역사를 안긴 제2차 세계대전에서의 공을 세운 자를 모신다는 곳이라 우리나라 사람들에게는 그리 유쾌한 장소는 아니다. 따라서 사당 앞에서 두 손을 모아 묵념을 하는 우를 범하지 않도록 하자. 그냥 연못이 있는 일본의 정원 풍경만 감상했으면 한다. 안쪽에는 토고의 유품 등 관련 자료가 전시된 토고 기념관이 있다.

[토고 기념관]

작은 연못과 숲이 조화를 이루어 도심 속에서 조용한 느낌의 휴식 공간을 제공하고 있다. 특히, 꽃이 피는 봄날에는 연못과 벚꽃이 어우러져 아름다운 풍경을 그려낸다. 여행 중 잠깐 휴식을 취하기 좋은 장소다.

[연못과 조화를 이룬 신사 경내와 바위에 올라와 쉬고 있는 거북이]

패션의 거리, 오모테산도(表参道), 아오야마(青山)

다케시타 거리에서 메이지 거리로 나와 오른쪽 방향으로 걸으면 도쿄
메트로 메이지진구마에역(明治神宮前駅)이 나온다. 메이지진구마에역에서
왼쪽으로 꺾으면 나오는 도로가 오모테산도(表参道)다. 이곳도 쇼핑의
거리이지만 다케시다 거리와는 다르게 고급 브랜드 매장과 부띠끄, 헤어
살롱 등 고급스러운 분위기를 풍긴다. 오모테산도역(表参道駅) 방향으로
2~300여미터를 걸으면 6층 높이의 오모테산도 힐즈가 나타난다. 오모테산도
힐즈는 도시 재개발사업으로 건설된 건물로 주거 공간과 함께 쇼핑센터가
들어있는 주상복합 건물이다. 이곳에는 세계적인 유명 브랜드 숍이 입점해
있어 명품족들의 발길이 끊이지 않는 곳이다.

[오모테산도 힐즈]

오모테산도 힐즈 외에도 가로수 길을 사이에 두고 양쪽으로 고급스러운
매장이 늘어서 있다. 오모테산도(表参道) 거리는 이름에서 알 수 있듯이
메이지 신궁을 참배하기 위해 만들어진 '참배 길(参道)'이다. 거리가 생긴지
오래되어 양쪽 옆의 가로수도 역사를 증명이라도 하듯 울창한 숲을 이루고 있다.
중간에 육교가 있는데 육교에서 바라보면 멀리 메이지 신궁이 있는 숲이 보인다.

[육교에서 바라본 오모테산도 거리]

오모테산도 힐즈 뒤쪽과 반대편에 골목이 있는데 여기가 '캣 스트리트'다. 이름은 캣(Cat)이지만 고양이와는 별로 연관이 없다. 고양이 볼처럼 좁아서 붙여진 이름이라는 설이 있다. 오모테산도의 대로변에 있는 화려함이나 많은 차들이 오가는 번잡함이 없어 차분한 분위기의 거리다. 오모테산도 대로변이 고급 브랜드 중심의 매장이라면 캣 스트리트에는 아기자기한 소규모 매장이 주를 이룬다.

[깔끔한 느낌의 캣 스트리트의 풍경]

대로변의 세계적인 유명 브랜드에 비해 소박한 느낌이 들지만 각 점포마다 개성을 지닌 디스플레이와 의상으로 손님들의 눈길을 끈다. 중고 옷이나 헌 옷을 판매하는 매장도 자리하고 있어 젊은이들이 많이 찾는 곳이다. 또, 이곳만의 로맨틱한 분위기의 레스토랑이나 카페가 많아 지나치는 고객들의 발길을 멈추게 한다. 건물도 똑 같은 형태가 없이 제각각 다양한 모양을 하고 있다.

[캣 스트리트의 풍경]

메이지진구마에역에서 700여 미터를 걸으면 다시 큰 길이 나오고 교차로에 도쿄 메트로 오모테산도역(表参道駅)이 나온다. 이곳에서 오른쪽으로 꺾어 다시 1 키로미터 남짓 걸으면 시부야역(渋谷駅)이다. 시부야역으로 향하는 이 거리가 아오야마 거리(青山通り)다. 아오야마 거리에도 고급 브랜드 매장을 비롯하여 갤러리, 전시장, 쇼핑몰 등이 자리하고 있다. 하라주쿠역과 시부야역은 한 정거장인데 하라주쿠에서 오모테산도를 거쳐 아오야마 거리를 통해 걸어갈 수 있는 거리다. 오모테산도역에서 100여 미터를 나아가면 유리로 된 독특한 디자인의 건물이 나타난다. 쇼핑몰 Ao(東京都港区北青山 3-11-7, Tōkyō-to, Minato-ku, Kitaaoyama, 3 Chome−1 1) 다. 일본어로 '만나자'가 '아오우(会おう)'인데 이 일본어 발음을 따서 지은 이름이라고 한다.

[아오야마 거리의 쇼핑몰 'Ao'] *

이 건물은 낮에 봐도 아름다운 외관을 자랑하는데 저녁이 되면서 LED가 라이트업 되면 더욱 아름답게 빛나 아오야마 거리의 상징이 되는 건물이다. 이곳에는 세계적인 향수와 화장품 브랜드 샤넬이 입주해있는데 매장이 도로에 접하고 있는 곳은 이 점포가 세계 최초라고 한다.

[독특한 디자인의 Spiral 건물]

아오(Ao) 건물을 마주하고 있는 스파이럴(스파이라루: 東京都港区南青山 5-6-23, Tōkyō-to, Minato-ku, Minamiaoyama, 5 Chome－6－23) 건물도 독특한 외관을 자랑하고 있다. 이 건물은 복합 문화시설로 갤러리, 레스토랑, 뷰티 살롱, 바, 생활잡화 등의 복합 시설이 들어서 있다. 다목적 홀에서는 전시회뿐 아니라 연극, 쇼, 파티 등의 다양한 이벤트가 있는 곳이다.

시부야 방향으로 조금 더 나아가면 여성 패션 매장을 비롯한 복합 상업시설인 La Porte 아오야마(東京都渋谷区神宮前5-51-8, Tōkyō-to, Shibuya-ku, Jingūmae, 5 Chome－5 1－8), 타원형 건물이나 국제연합대학 건물 등 특색 있는 건물이 들어서 있다. 일본 최초의 만화, 애니메이션, 게임 전문 갤러리인 Gofa 갤러리(東京都渋谷区神宮前5-52-2青山オーバルビル2F, Tōkyō-to, Shibuya-ku, Jingūmae, 5 Chome－5 2－2)가 나타난다. 고급 패션으로 유명한 거리라서 그런지 이 거리에 들어선 건물들도 왠지 깔끔하고 럭셔리한 느낌을 풍긴다. 각종 유명 브랜드의 패션을 감상할 수도 있지만 건물들을 보면서 독특한 디자인의 건물을 감상할 수 있는 기회도 함께 누릴 수 있다.

이처럼 오모테산도와 아오야마 거리는 다케시타 거리와는 전혀 다른 느낌의 건물과 풍경을 갖고 있다. 다케시타 거리에서부터 캣 스트리트, 오모테산도, 아오야마의 분위기는 10대 중고생(다케시타)부터 대학생(캣 스트리트), 중장년(오모테산도, 아오야마)에 이르기까지 연령대별로 차례로 늘어놓은 것 같은 느낌이 든다. 일부러 그렇게 조성하지는 않았겠지만 자연스럽게 세대별 취향에 따라 모이는 연령층이 달라져 사람들이 모여들면서 매장도 사람들의 분위기에 따라 자연스럽게 형성된 것이다.

새로운 문화의 발신지, 시부야(渋谷)

아오야마 거리를 둘러보면서 내려가다 보면 수도고속도로의 고가가 보이고 수 많은 전철이 오가는 시부야역(渋谷駅)이 나타난다. 도쿄에서 유동인구가 많은 역으로 시부야역을 빼놓고 이야기할 수 없을 것이다.

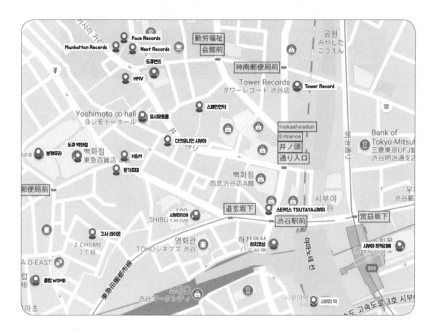

[시부야역로 향하는 아오야마 거리] #

시부야역을 앞(동쪽 출구)에 두고 넓은 공간의 버스 정류장을 볼 수 있다. 버스 정류장 앞에 시부야역과 연결된 고가 철교(토자이선)를 끼고 있는 높은 건물이 보인다. 이 건물은 시부야 히카리에(東京都渋谷区渋谷2-21-1, Tōkyō-to, Shibuya-ku, Shibuya, 2 Chome－２１－1)라는 빌딩으로 저층부는 상업시설 고층부는 사무실이다.

시부야역에서 많이 알려진 스크럼블 교차로 반대편은 상대적으로 상업시설이 적었으나 이 건물이 개발되면서 화제를 일으켰다. '시부야 신문화지구 프로젝트'일환으로 재개발된 건물로 2012년에 문을 열었다. 쇼핑몰과 문화 시설과 고급 레스토랑을 갖추고 있다.

특히, 여성 친화적인 세련된 명품 브랜드와 각종 패션 숍이 많이 입점하여 새로운 쇼핑 거점으로 주목 받고 있다. 지하1층과 지상1층은 뷰티 전문, 지상2층부터 지상 5층까지는 패션 전문 매장이 들어서 있는데 주로 여성에 특화된 매장으로 구성되어 있다.

[시부야 히카리에 빌딩] #

시부야역을 통과하여 하치코우(ハチ公) 출구로 나오면 광장에 견공의 동상이 보인다. 이 견공은 주인에게 충성한 개로 알려져 있다. 주인(교수)이 죽은 후에도 주인이 퇴근하던 역 앞에서 주인을 기다렸다는 실화를 바탕으로 영화가 만들어져 많은 관객을 끌어 모았다. 원작인 일본 영화를 다시 미국에서 각색하여 리차드기어가 주연을 맡아 세계적으로도 인기를 얻었다. 이 영화는 우리나라에서도 상영된 적이 있다. 그래서 그런지 많은 관광객들이 이 견공의 동상을 배경으로 사진을 촬영한다.

[하치코우상]

견공 동상 바로 옆에는 우리 눈에도 익숙한 스크럼블 교차로가 나온다. 매스컴에서 일본의 소식을 전하는 장면에서 자주 등장하는 교차로다. 신호가 바뀌면서 수 많은 인파가 횡단보도를 건너는 모습을 볼 수 있다. 이렇게 사람들이 횡단보도를 건너는 곳이 명물이라는 것도 세계적으로 찾아보기 어려울 것이다. 이 교차로가 잘 보이는 스타벅스 커피숍은 일본에서 가장 많은 매출을 올리는 커피숍이라고 한다. 시부야는 젊음의 거리다. 시부야역을 중심으로 백화점, 쇼핑센터, 게임센터, 바와 클럽, 공연장, 서양식 레스토랑과 라면, 생선초밥과 같은 전통 식당 등 다양한 점포가 있는 곳이다. 놀기 좋고 쇼핑하기 좋은 곳이다. 그래서 그런지 중고등학생부터 대학생과 젊은 회사원들이 눈에 많이 띈다.

[스크럼블 교차로 전경] *

스크럼블 교차로 건너편으로 올라 골목길로 들어가면 크고 작은 점포들이 빽빽하게 들어서 있다. 청소년들의 패션 메카인 시부야 109(Tōkyō-to, Shibuya-ku, Dōgenzaka, 2 Chome－２９－１)를 비롯하여 스티커 사진 전문 매장, 게임센터 등 청소년들의 놀이공간이 많다. 이 길을 따라 약간 경사진 길이 도겐자카(道玄坂)다. 도겐자카를 따라 올라가면 도큐백화점 본점과

분까무라(文化村)가 있으며 도큐백화점 뒤쪽에는 러브호텔, 클럽과 카페 등
어른들의 놀이공간이 들어서 있다. 시부야에는 일본에서 가장 큰 음반 매장인
타워 레코드(TOWER RECORD)가 있다. 일본의 두 번째 음반 매장인 HMV도
시부야에 있다. 스페인 언덕을 주변으로 HMV매장, 디스크유니언 시부야,
맨하탄 레코드, 넥스트 레코드, 페이스 레코드 등 음반관련 매장이 들어서
있는 것도 특징이다. 번화가 시부야에서 약간 뒤쪽에 떨어진 골목 사이에 음반
매장이 자리하고 있다.

그 밖에도 일용잡화 매장인 도큐 핸즈(TOKYU HANDS), 저가 할인매장인
돈키호테, 각종 유명 브랜드 매장 등 다양한 쇼핑이 가능한 곳이다.

[도큐 핸즈 시부야] #

어느 한 곳을 지정해서 안내하기는 어려울 정도로 다양한 업종의 점포가
자리잡고 있다. 한국에서 젊은이들을 상대로 비즈니스를 계획하는 사람들이
한 번쯤 방문하는 지역이 이곳 시부야와 신주쿠다. 젊은이들은 시대의
유행에 민감하고 새로운 것에 대한 호기심이 강한 만큼 그러한 성향에 맞는
비즈니스(물건이나 상점)가 이루어지는 곳이 이곳 시부야이기 때문이다.

시부야역 주변의 대형 스크린에서는 아이돌의 음반 발매 홍보와 각종 CM 영상이 끊임없이 흘러나온다.

도겐자카의 돈키호테 뒤편에 있는 클래식 음악 감상실(깃사텐) 시부야 라이온(東京都渋谷区道玄坂2-19-13, Tōkyō-to, Shibuya-ku, Dōgenzaka, 2 Chome− 1 9 −13)은 1926년에 개업하여 지금까지 영업 중이다. 원래 이곳은 우리나라의 다방에 해당되는 깃사텐(喫茶店) 골목이었는데 지금까지 남아있는 몇 안 되는 곳이다. 돈키호테 뒤편의 언덕이 있는 좁은 뒷골목 사이에 눈에 띄는 초록색 간판과 오래된 대리석으로 장식된 건물이 운치를 자아낸다. 입간판에는 '창업 1926년(創業1926年)'이란 글귀와 함께 초록색 간판에 '명곡 깃사 라이온(名曲喫茶　ライオン)'라고 쓰여 있듯이 클래식 희귀 앨범, 레코드판과 CD를 소장하고 있다. LP판으로 클래식 명곡을 들을 수 있고 작은 콘서트도 열리는 곳이다.

[시부야 라이온]

밤이 되면 화려한 조명과 함께 몰려드는 젊은이들로 인해 또 다른 활기를 띤다. 시부야의 대표적인 클럽인 움(WOMB, 東京都渋谷区円山2-16, Tōkyō-to, Shibuya-ku, Maruyamachō, 2－16)은 화려한 조명과 웅장한 사운드로 일본 내에서도 명성이 자자하다.

거리의 명성만큼이나 외국 관광객도 많이 볼 수 있다. 낮에 찾아가기는 어려운 곳이며 밖에서 본 외관은 콘크리트와 철판으로 된 벽에 'WOMB'라고 적힌 글씨뿐이다. 지나치면서도 모르고 지나갈 정도로 작은 글씨로 적혀 있다. WOMB를 찾는 것보다 그 옆에 붙어있는 호텔 'SULATA'를 찾는 것이 더 빠를 것이다. 라이온이든 움이든 지도 검색으로 찾아가는 방법이 최선의 방법이다. 그만큼 찾기 어렵게 골목에 숨겨놓은 듯한 장소에 있다.

시부야에는 다른 지역에 비해 음악이나 공연관련 업소가 많다. 도큐핸즈 주변에 있는 HMV를 비롯하여 디스트유니언 시부야, Manhattan Records, Next Records, Face Records, Tower Records와 같은 음반 매장, 클럽 WOMB를 비롯한 나이트클럽, 토호 시네마, 분까무라, 요시모토 홀 등 극장 및 공연장이 많은 지역이다. 그래서인지 시부야역 주변의 대형 전광판에는 각종 공연정보와 음반정보, 가수들의 신곡 발표와 같은 정보가 끊임없이 흘러나온다. 유행과 쇼핑의 메카이기도 하지만 문화와 예술의 지역이라는 것을 증명한다.

시부야에 대한 자세한 정보는 '5,500원으로 패션 거리 탐방: 눈으로나마 패셔니스트가 되어보자.'를 참조한다.

[시부야의 야경] #

도쿄의 심볼, 도쿄타워

다시 JR 야마노테선을 타고 하마마쓰초역(浜松町駅)으로 향한다. 이곳에서는 도쿄의 상징인 도쿄 타워가 있다. 도쿄를 상징하는 탑으로 2012년에 개장한 도쿄 스카이트리가 있지만 아직까지도 도쿄를 대표하는 타워는 명칭 그대로 '도쿄 타워'라는 느낌이 강하다.

하마마쓰초역에서 도쿄모노레일역 방향(북쪽 출구)으로 나와 오른쪽 방향으로 직진하면 큰 사거리가 나온다. 이 사거리에서 왼쪽으로 꺾어 600여 미터를 직진하면 빨간색 기둥의 일본 전통양식 건물이 보인다.

[도쿄 타워를 배경으로 한 조조지 절] *

이곳이 조조지(增上寺: 東京都港区芝公園4-7-35, Tōkyō-to, Minato-ku, Shibakōen, 4 Chome－7－35)라는 절이다. 이 절은 무로마치시대인 1393년에 창건된 절이다. 산게다츠몬(三解脱門)은 1622년에 세워진 이중문으로 이 절에서 전쟁의 피해를 입지 않은 건물의 하나로 중요문화재로 지정되어 있다. 조조지를 들러 잠깐 구경을 한 후 오른쪽으로 꺾어 첫 번째 골목에서 직진하면 도쿄 타워가 보인다. 가는 길목에서 보면 높이 솟아 있는 도쿄 타워가 보이기 때문에 도쿄 타워를 보면서 걸으면 된다. 역에서 약 15~20분 정도 걸으면 도쿄 타워다.

[도쿄 타워] *

1958년에 완공된 방송용의 전파탑이지만 도쿄를 관망할 수 있는 관광용 전망대로 더 유명해져 도쿄의 관광 명소의 하나로 자리잡고 있다. 333미터의 높이로 도쿄의 심볼로도 알려져 있다. 1964년 도쿄올림픽을 개최하면서 세계인들에게 도쿄의 심볼로 각인된 건축물이다. 형상은 파리의 에펠탑과도 유사한 모양으로 파리의 에펠탑 높이인 312미터 보다 더 높아 당시의 철탑으로는 세계 최대 높이였다. 메인 전망대는 120 미터에 위치해 있고, 스페셜 전망대는 223미터 지점에 있다. 당연히 관람료도 차이가 있다. 메인 전망대에는 바닥의 일부를 유리로 장식(룩다운 윈도우)하여 발 아래로 아찔한 광경을 볼 수 있다.

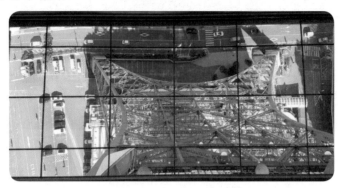

[룩다운 윈도우에서 본 아찔한 광경]

날씨가 좋은 날에는 도쿄의 인근 수도권은 물론 멀리 후지산도 보인다. 오랜 시간 동안 도쿄의 상징으로 알려진 만큼 소설, 만화, 애니메이션, 드라마 등에 도쿄 타워를 배경으로 그려진 작품이 많다. 세계적으로 알려진 일본의 괴수가 등장하는 영화 '고질라'에서 도쿄 타워가 부각되었고 애니메이션에서는 짱구, 가면라이더, 월광가면 등 수 많은 작품에서 도쿄 타워가 등장한다.

우리나라의 일본 드라마 팬들 사이에서는 드라마 '도쿄 타워'로도 많이 알려져 있다. 일본의 후지 TV에서 방영되었고 당시에 시청률 1위를 기록하기도 했으며, 우리나라에서도 케이블 방송에서 방영되었던 드라마다. 이 작품은 영화로 만들어지기도 했다. 이처럼 일본의 많은 영화나 드라마, 애니메이션 등의 배경으로도 친숙한 건축물이다.

[도쿄 타워 본 조조지 절과 도쿄만 쪽의 광경]

[도쿄 타워 바라본 광경]

일본의 중심역 도쿄역(東京駅), 황거(皇居)

도쿄 타워에서 다시 하마마쓰초역으로 돌아와 도쿄역(東京駅)으로 향한다. 하마마쓰초역에서 세 번째 정거장으로 6분정도 소요된다.

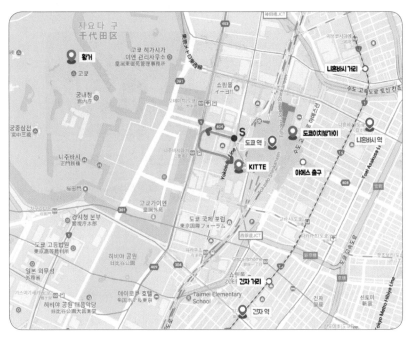

[도쿄역, 황거 주변]

도쿄역은 역의 명칭대로 도쿄의 현관으로 도쿄의 상징적인 역이다. 1914년에 완공된 역으로 100년이 넘은 역사를 자랑하고 있다. 2차대전에 미군의 폭격에 의해 일부가 파괴되기는 했지만 골격은 그대로 유지되어 보수되었다. 이곳은 신칸선(新幹線)을 비롯하여 많은 전철과 지하철 등 철도노선이 교차하는 역이다. 역사는 빨간색 벽돌로 지어져 일본의 중요문화재로 등록되어 있다. 역 주변에는 현대식 고층 건물이 들어서 조화를 이룬다. 천황이 머무는 황거를 비롯해 대표적인 번화가인 긴자(銀座)나 니혼바시(日本橋)와도 가깝다. 십 수년 전부터 도심 재생사업의 일환으로 주변의 많은 건물들이 리모델링되거나 재개발되어 고층빌딩이 많이 들어선 지역이다. 일본의 대표적인 오피스 지역이다.

[도쿄역사 건물] #

〈참고〉 [도쿄역]

지금의 도쿄역이 완공된 1914년은 제1차 세계대전이 발발한 해이기도 하다. 황거와 가까워 당시에 황실의 사람들이 이용하기 위해 중앙 현관은 황실 전용으로 만들어졌었다. 남북 양쪽은 돔 형식의 지붕이 있다. 1945년 미군의 공습에 의해 많이 파괴되었으나 전쟁 후 재건하였다. 시간이 흐르면서 역을 통과하는 노선이 많아지고 사용 인구가 늘어남에 따라 수 차례의 공사가 이루어져 지금의 모습을 하고 있다. 2006년 '도쿄역사 르네상스'라는 프로젝트를 가동하여 역사 원래의 모습과 가깝게 복원하였다. 대표적인 것이 내부의 돔을 원래의 고풍스러운 장식으로 복원시켰다. 도쿄를 대표하는 역인만큼 고풍스럽고 우아한 느낌을 자아내는 아름다운 역이다.

[고풍스러운 돔 형식의 도쿄역사]

도쿄역 광장(마루노우치 중앙출구 또는 메인 로비)으로 나오면 높은 오피스 건물 사이로 고풍스러운 모습의 도쿄역의 역사 건물을 감상할 수 있다. 도쿄역 정면에 있는 높은 빌딩 사이로 초록색의 숲처럼 보이는 공간이 있는데 이곳이 천황 일가족이 기거하는 황거(고쿄: 皇居)다.

[빌딩 숲 사이로 보이는 녹색이 황거] #

도쿄역 광장에서 10여분을 걸으면 나무숲 사이로 기와 지붕의 건물이 보인다. 건물 앞쪽에는 10미터가 넘는 너비의 수로에 물이 흐르고 있다. 수로 건너편이 황거다. 황거 주변의 수로는 외부로부터 침입을 막기 위한 방어 수로로 '해자(垓子)'라 한다. 황거뿐 아니라 각 지역에 있는 성(城) 주변에서도 쉽게 볼 수 있다. 이 수로를 잇는 다리가 보이는데 일반인들의 출입을 차단하고 있다. 교토(京都)에 있던 황거를 메이지 유신 이후 이곳으로 옮겨왔다. 황거 안에 있는 황실 공원인 고쿄가이엔(皇居外苑)은 3.41제곱킬로미터의 면적으로 해자와 거대한 돌벽으로 둘러싸여 있다. 일반인에게 공개하지는 않지만 1월2일과 천황의 생일인 12월23일에 개방한다. 또, 벚꽃놀이 때는 특별히 개방하기도 한다. 관람하려면 미리 예약이 필요하다. 개방하는 날이 아니거나 특별히 예약을 해서 들어가지 않는 한 해자 건너편 먼발치서 바라보는 수 밖에 없다.

[황거로 들어가는 다리와 해자] *

〈참고〉 [일본의 천황]

일본인들은 천황을 신의 자손이라 하여 신을 섬기듯 섬긴다. 천황이 통치하는 국가에 충성하는 것도 일종의 종교다. 그래서 국가신도(國家神道)라고 한다. 천황에 대한 신격화는 메이지 정부에서 시작되었다. 메이지 정부는 내부의 모순을 억누르기 위해 천황의 권력화와 신격화를 추진했다. 메이지 정부는 이미 1882년에 절대주의 천황제 국가에 대한 충성과 애국심을 고취하는 군인칙유(軍人勅諭)를 내려 천왕이 대원수임을 선언하고 무조건적 충성을 강요했다. 2차 대전 패전 이후에 미군정이 지배하면서 천황을 중심으로 한 국가신도를 전쟁을 주도한 원인으로 생각하여 1945년 신도지령(神道指令)으로 1946년 천황의 신년칙서(新年勅書)에 의해 '신이 아닌 인간으로서 천황'으로 선언을 하기에 이르렀다. 지금의 천황은 국가정책이나 대외정책에 대해 결정권을 갖지 않은 상징적인 존재가 되었다. 그렇지만 일본인들 마음속에는 여전히 신과 동등한 존재로 자리하고 있다. 엄밀하게 말하면 신과 인간을 이어주는 존재라 할 수 있다. 군국주의의 부활을 꿈꾸는 극우주의자들은 천황의 복귀를 바라고 있다.

도쿄역 남쪽 출구 앞에 있는 주상복합 초고층 빌딩인 JP타워는 일본우편국, JR동일본, 미쓰비시가 운영하는 빌딩이다. 이 빌딩 저층동(지하1층~6층)에 들어서 있는 KITTE(東京都千代田区丸の内2-7-2, Tōkyō-to, Chiyoda-ku, Marunouchi, 2 Chome－7－2)는 종합 상업시설이다.

[도쿄역의 랜드마크인 JP타워(KITTE)] #

내부 중심부가 트여 있어 한눈에 조망할 수 있다. '깃떼(切手)'는 우리말로 '우표'를 말한다. 우표가 소식을 전하듯 사람과 사람을 이어주고, 도쿄역이 어딘가로 가고 어디에선가 와서 사람을 만난다는 의미를 담았다고 한다. 또, 우리말로 '오라'는 의미의 일본어 '기떼(来て)'의 뜻도 포함하고 있다고 한다.

이름이 의미하듯 전국 각 지방에서 인증 받은 공예품이나 특산품을 전시하고 판매하는 시설이 들어서있고, 각 산지에서 생산된 재료로 만들어진 음식들을 맛볼 수 있다. 1층과 지하 1층에는 '도쿄시티 아이'라 하여 도쿄관광을 위한 각종 안내 자료가 비치되어 있다. 이 건물은 빛을 차폐하는 장치(루버)와 고성능 단열유리로 바닥에서부터 천장까지 하나의 유리창으로 설치되어 있다. 또, 센서에 의해 밝기를 조정하는 LED 조명과 자연환기창과 외기냉방 방식을 도입하여 친환경적으로 설계되어 '도쿄 저탄소 빌딩 30'에도 뽑혔다고 한다. 건물 내부에 들어가 보면 저층동의 중간 공간이 비어 있어 내부에서도 모든 층을 관망할 수 있는 대공간으로 만들어져 있다.

[KITTE 저층동 내부의 모습]

도쿄역에서 배가 출출하면 꼭 들러야 할 곳이 도쿄이치방가이(東京一番街: 東京都千代田区丸の内1-9-1, Tōkyō-to, Chiyoda-ku, Marunouchi, 1 Chome－9－1)다. 이곳에는 도쿄를 대표하는 라멘 집 8개가 모여 있는 라멘 스트리트를 비롯하여 각종 식당이 모여있는 닛뽄 구루메카이도(일본 구루메 가도), 과자류를 판매하는 도쿄 오카시란도(도쿄 과자 랜드) 등이 들어서 있다.

[도쿄이치방가이 입구]

도쿄역의 야에스출구(八重洲口)에 연결된 상가다. 지하1층부터 지상2층으로 구성되어 있는데 지하1층이 메인이다.

[도쿄이치방가이의 라멘 스트리트]

몇 개의 구역으로 나누어져 있는데 여러 라면을 골라 먹을 수 있는 '라멘 스트리트'와 스시, 스미비야끼(숯불구이) 등 일본 요리점이 있는 '닛뽄 구루메카이도'에서 식사를 하고 각종 과자를 판매하는 '도쿄 오카시란도'에서 간식용 과자를 구입할 수 있다.

라멘 스트리트에서 라면을 먹기 위해서는 식권 자판기에서 원하는 메뉴의 식권을 구입하여 입장하면 된다. 김치나 계란이 필요한 경우는 주문식단제인 관계로 자판기에서 식권을 구입해야 맛을 즐길 수 있다.

[라멘 스트리트의 식권 자판기]

'오카시(お菓子)'는 우리말로 '과자'를 말한다. 도쿄 오카시란도는 일본의 대표적인 대형 제과회사 3사인 구리코, 모리나가, 카루비가 과자를 테마로 하여 만든 공간이다. 3사의 과자 외에도 전국 각 지역에 한정되어 판매되는 과자를 맛볼 수 있고 점포에서 직접 만든 과자를 현장에서 맛볼 수 있고 구입할 수도 있다. 때에 따라서는 3사 외의 제과회사가 기간 한정 이벤트를 실시하기도 한다. 운이 좋으면 이런 이벤트 기간에 과자를 저렴하게 구입할 수 있다.

05

[도쿄이치방가이의
도쿄 오카시란도]

[긴 줄을 이루고 있는
도쿄이치방가이의 모습]

또, 각종 캐릭터 상품을 모아놓은 '도쿄 캐릭터 스트리트'가 있다. 이곳에는 우리 눈에도 익숙한 캐릭터 상품도 많고 일본 특유의 콘텐츠 캐릭터도 많다. 이곳에서 출출함을 해결하고 과자나 캐릭터 상품으로 일본여행 기념품을 구입하는 것도 좋지 않을까?

〈Tip〉 도쿄역에서 대표적인 번화가인 긴자와 니혼바시 지역과도 가깝다. 도쿄역 야에스출구(八重洲口) 쪽으로 나가면 긴자, 니혼바시 거리로 연결된다. 기왕 도쿄역으로 온 김에 긴자와 니혼바시 지역을 관광해도 좋을 것이다. 긴자 및 니혼바시에 대해서는 '도쿄의 시타마치 여행'을 참조한다.

오덕의 거리, 아키하바라(秋葉原)

전자상가이면서 오타쿠(오덕)의 거리인 아키하바라(秋葉原)로 갈 것인지, 우에노 공원과 동물원, 아메요코가 있는 우에노(上野)로 갈 것인지 결정해야 한다. 시간적 여유가 된다면 두 곳을 모두 가는 것이 좋겠지만 시간적 여유가 없다면 둘 중 하나를 선택해야 한다. 도쿄역에서 두 번째 정거장이 아키하바라역(秋葉原駅)이고 네 번째 역이 우에노역(上野駅)이다.

두 곳을 모두 들른다는 전제하에서 야마노테선을 타고 아키하바라역으로 가자. 개찰구를 빠져 나와 전기상점가 출구(電気街口)로 나오면 역사 앞에 전자제품 판매점이 눈에 들어온다. 한 눈에도 전자상가라는 느낌을 받는다. 각종 애니메이션 캐릭터가 그려진 포스터가 있고 LAOX, LABI와 같은 전자제품 양판점 간판과 SEGA, Nintendo와 같은 게임 소프트웨어 회사의 로고가 보인다. 콘텐츠의 거리로 변모했다고는 하지만 전자상가로서의 모습을 그대로 유지하고 있다. 즉, 하드웨어와 소프트웨어를 망라한 쇼핑가라 할 수 있다.

[만화 캐릭터로 장식된 아키하바라 상가] #

여기에서 무엇을 볼 것인가에 따라 어느 정도 시간을 배분하여 움직이도록 해야 한다. 그렇지 않으면 하루 종일 돌아다녀도 부족할 정도다. 일본의 전자제품을 보고 싶다면 역과 연결된 전자제품 양판점에서 구경할 수 있고, 거리 곳곳에 있는 상가를 들러도 된다. 오타쿠관련 콘텐츠를 보고 싶다면 간담 카페를 비롯해 만화와 애니메이션 관련 상품을 유통하는 ANIMATE 나 DORANOANA 매장에 들러 구경하면 된다.

전자상가 출구(북쪽)에서 나와 건너편 건물의 오른쪽을 보면 간담 카페가 보인다. 로봇 애니메이션의 대표적인 캐릭터인 '간담'을 테마로 한 인테리어와 메뉴로 구성된 카페다. 간담은 일본뿐 아니라 세계적으로 수 많은 팬을 가진 로봇 애니메이션이다. 애니메이션도 인기를 누렸지만 로봇 프라모델(모형)로 전세계의 팬을 확보하고 있으며 국내에도 간담 프라모델 전문 매장이 있을 정도로 많은 팬이 있다. 아키하바라역의 전자상가출구로부터 100m 정도 직진한 후 왼쪽을 보면 다리가 하나 보인다. 이 다리가 '만세이바시(万世橋)'다. 이 다리 밑을 흐르는 천이 '간다천(神田川)'이다.

[만세이바시에서 본 추오 거리 북쪽] #

이곳에서 오른쪽 거리로 접어든다. 이 거리가 '추오 거리(中央通り)'다. 우리말로 하면 중앙로. 양쪽에 늘어선 건물에는 애니메이션 캐릭터가 들어간 간판이 많이 보이는 것만으로도 콘텐츠의 유통 거리라는 것을 알 수 있다. 콘텐츠를 유통하는 'DORANOANA', 'ANIMATE, 'MANDARAKE' 등의 점포가 늘어서 있다. 동인지, 동인 게임, 만화, 성우 CD, 애니메이션 DVD, 미소녀 게임을 중심으로 유통하고 있다. 이들 점포에 들어가보면 만화 왕국, 애니메이션 왕국인 일본을 실감할 수 있다.

[애니메이트, 도라노아나, 타이토 스테이션 건물] #

추오 거리를 걷다 보면 오른쪽에 저가 할인 매장인 '돈키호테'가 보이는데 이 건물 8층에 AKB48극장이 있다. 이곳에서는 아이돌 그룹 AKB48의 공연장이 있고 아이돌 관련 상품을 판매하는 가게와 카페가 있다. AKB48은 2005년에 탄생한 여성 아이돌 그룹이다. 오타쿠 관련 엔터테인먼트 산업의 대표적인 그룹으로 유명하다. 여기에서 'AKB'는 아키하바라의 약어인 '아키바(AKiBa)'의 두문자이고 '48'은 여성 멤버의 인원 수를 의미한다. 이 AKB48 멤버는 기수 별로 멤버가 구성되어 탈퇴하거나 신규로 가입하기도 하여 48명 전후가 된다. 이들은 꾸준한 공연과 함께 앨범도 발표하고 있다. 일반인들은 아이돌이 가까이에 있는 존재라는 느낌을 갖지 못하는데 AKB48은 '만나러 갈 수 있는 아이돌'이라는 컨셉으로 아이돌이 우리 가까이에 있다는 것을 보여주며 아이돌의 성장과정을 눈으로 확인할 수 있는 '아이돌 성장 프로젝트'이기도 하다. 인원 수가 많은 이유는 아무리 까다로운 오타쿠라 하더라도 그 중에서 한 명은 마음에 드는 아이돌이 있을 수 밖에 없다는 것에 주목한 것이다.

이 거리를 걷다 보면 게임, 애니메이션, 만화 콘텐츠 관련 가게만 있는 것이 아니다. 아키하바라는 1970년대부터 80년대를 거쳐 90년대 초반까지는 전자상가로서 세계적인 관광지로 이름을 알린 곳이다. 당시 일본이 전자제품으로 세계 시장을 장악해 '전자왕국 일본'의 위용을 자랑하던 때다. 그러다가 우리나라의 기술력과 저가의 중국 제품으로 인해 세계 시장에서 밀리기 시작하면서 아키하바라도 전자상가로써 서서히 사양길에 접어들었다. 이때부터 게임, 만화, 애니메이션과 같은 콘텐츠관련 시장이 형성되면서 다시 활기를 찾기 시작했다. 전자상가에서 오타쿠의 거리로 탈바꿈하게 되었다. 하지만 원래 전자상가였기 때문에 냉장고, 텔레비전, 세탁기 등 각종 가전제품을 비롯하여 카메라, 게임기, 드론, 컴퓨터 및 소모품을 판매하는 대형

양판점과 소규모 점포가 여전히 건재하다. 또, 전자제품의 부품이나 조립 키트 등을 판매하는 점포도 많이 있다. 가전제품을 판매하는 양판점은 메인 거리에 자리 잡고 있지만 뒷골목에는 소규모 전자제품 및 부품 매장이 들어서 있다. 전자제품 가게나 콘텐츠관련 유통 매장 외에도 하녀역할을 하는 매이드 카페와 같이 코스프레 복장으로 서빙하는 매장이 있다. 또, 각종 만화 캐릭터로 분장하여 사진을 찍을 수 있는 코스프레 사진관과 용품점이 있으며 '어른들의 장난감'이라 불리는 성인용품 판매점도 들어서 있다. 거리에서는 코스프레 복장을 한 여성들이 전단지를 나눠주는 모습을 쉽게 볼 수 있다.

[아키하바라 거리 풍경]

[각종 전자제품과 부품을 파는 매장] #

이처럼 아키하바라는 전자상가를 비롯하여 콘텐츠 및 오타쿠관련 비즈니스가 활발하게 펼쳐지는 장소다. 오타쿠관련 비즈니스나 각종 콘텐츠는 외국인으로서는 이해하기 어려운 부분도 있지만 이 또한 일본 문화의 한 단면을 볼 수 있는 거리라 할 수 있다.

아키하바라 및 오타쿠와 관련된 자세한 내용은 '오덕 성지 순례'를 참조한다.

문화와 서민의 삶이 어우러진 우에노(上野), 아메요코(アメ横)

　아키하바라 관광을 마치고 우에노역(上野駅)으로 향한다. 아키하바라역에서 JR 야마노테선으로 두 정거장이다.

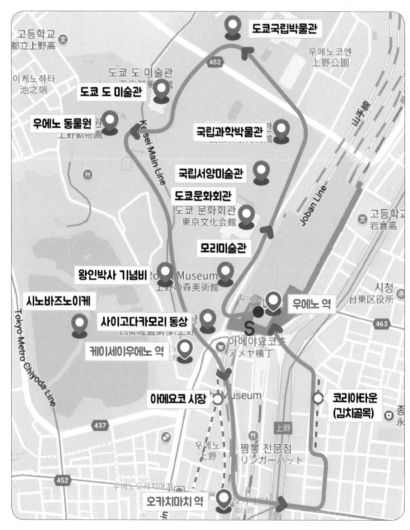

[우에노역 주변]

우에노 역에 도착하면 중앙 개찰구로 나와서 히로코우지 출구(広小路口)로 나온다. 정면에 마루이(OIOI) 백화점이 보인다. 오른쪽 방향으로 신호를 건너 걸어가면 '케이세이우에노역(京成上野駅)' 이정표와 함께 계단이 있는데 이 계단을 오르면 우에노 공원이다. 우에노 공원은 538,500m²(16만여평) 규모의 넓은 면적을 자랑하는 공원으로 이곳에는 많은 문화 시설이 들어서 있다. 도쿄문화회관, 국립서양미술관, 도쿄도미술관, 도쿄국립박물관, 국립과학박물관, 풍속박물관, 서양화가 쿠로다기념관 등 많은 미술관과 박물관이 들어서 문화 타운을 형성하고 있다. 이처럼 한 곳에 많은 문화시설이 들어서 있는 곳도 드물 것이다.

펜더가 있는 우에노 동물원이 있으며 '칸에이지(寛永寺)'를 비롯한 절과 '우에노토쇼쿠우(上野東照宮)'와 같은 수 많은 신사가 있다. 공원 입구 쪽에는 일본의 마지막 사무라이라고 칭하는 '사이고다카모리(西郷隆盛)' 상이 있다.

[사이고다카모리 상] *

<참고> [사이고 다카모리(西鄕隆盛)]

일본의 무사(군인)이며 정치인이다. 메이지 유신에 지대한 공헌을 하여 메이지 정부에서 요직을 하다가 중앙정부와 마찰을 일으켜 고향인 남쪽의 가고시마현(鹿兒島縣)으로 낙향한다. 이후 사학을 건립하여 서양 문물을 적극적으로 받아들여 후학을 양성한다. 독자 노선의 사쓰마번에 대해 중앙정부의 간섭이 심해지자 군사들을 모아 1877년 세이난(西南) 전쟁(내전)을 일으킨다. 이 전쟁에서 패전하면서 사이고다카모리는 할복하여 자결하게 된다. 이를 계기로 '최후의 사무라이'라는 칭호가 붙었다. 1876년 조선정벌을 주장한 정한론자(征韓論)로 알려져 있으며 자신을 조선에 파견시켜줄 것을 요청하여 대사로 임명되었으나 사정이 생겨 사직하면서 파견은 이루어지지 않았다. 조선을 정벌하자는 정한론자라는 주장도 있는 반면 그렇지 않다는 설도 있다.

사이고다카모리 동상으로부터 머지않은 곳에 백제시대에 일본에 천자문, 논어 등 문물을 전파한 왕인(王仁)박사 기념비가 있다. 한반도 정벌을 주장했던 사이고다카모리와 일본에 문물을 전해준 왕인박사 기념비가 가까이 있는 것을 보면 묘한 느낌이 든다.

또, 일본 1,000엔의 지폐 주인공이며 세계적인 세균학자 '노구치히데요(野口英世)' 상도 우에노 공원에 자리 잡고 있다. 노구치는 의사이자 세균학자로 일본의과대학, 펜실베니아대학에서 수료 후에 연구원으로 황열병과 매독에 관한 연구로 많은 논문을 발표하였고 노벨생리학, 의학상에 세 번이나 후보가 될 정도로 세계적인 명성을 얻었다. 의사이자 과학자인 노구치가 일본 지폐의 모델이 된 것을 보면 지폐의 모델 선정기준이 우리와는 확연히 다르다는 것을 알 수 있다. 우리나라의 허균이나 장영실이 지폐 모델이 된 것과 다름없다.

[노구치히데요 상]

우에노 공원이 가장 각광을 받는 시기는 벚꽃 놀이철인 봄이다. 일본 매스컴에서 벚꽃 축제의 분위기를 전할 때 빠지지 않는 장소가 우에노 공원의 벚꽃이다. 벚꽃놀이 시즌에는 전국에서 수 많은 인파가 몰려든다.

[우에노 공원의 벚꽃]

직장에서 벚꽃놀이를 가게 되면 한 두 사람이 아예 업무를 제쳐두고 오전부터 자리를 잡고 있어 동료들이 퇴근할 때까지 기다릴 정도로 많은 인파가 몰린다. 벚꽃이 만개하면 그야말로 장관이다. 흐드러지게 핀 벚꽃이 장관이고 벚꽃만큼이나 많이 몰려드는 인파가 장관이다. 여기에 주변에 들어선 포장마차에서 판매하는 길거리 음식을 즐기는 것도 벚꽃을 즐기는 요소 중 하나다. 봄철에 도쿄에 가게 된다면 우에노 공원의 벚꽃 감상은 필수 코스로 해두어야 한다. 단순한 벚꽃 감상뿐 아니라 일본인들의 꽃놀이 문화도 볼 수 있는 기회다.

공원 뒤편에 있는 시노바즈노이케(不忍池)는 작은 호수로 연꽃이 뒤덮고 있다. 연꽃을 볼 수 있는 7~8월이 아니더라도 초록색 연꽃 잎이 호수에 가득하다. 주변의 절과 어우러진 풍경과 오리 배를 타고 데이트를 즐기는 사람도 풍경의 한 장면을 장식한다.

[우에노 시노바즈노이케] *

우에노 공원에 미술관이나 박물관, 동물원 등 많은 문화시설이 있어서 이를 즐기고자 하는 사람은 얼마든지 문화생활을 즐길 수 있지만 시간에 쫓기는 관광객이라면 들어가서 관람하기는 쉽지 않을 것이다. 하지만 관련 전공이나 관계자 또는 미술에 관심이 많은 사람이라면 하루 정도 시간을 내서 여유 있게 감상하는 것이 좋을 것이다.

[에도시타마치 전통 공예관] *

　우에노 공원을 돌아보고 나와 우에노역 건너편에 있는 '아메요코(アメ横)' 상점가로 향한다. 도쿄 관광에서 빠지지 않는 장소의 하나다. 일본의 대표적인 전통 시장으로 생각하면 된다. 우리나라 남대문, 동대문 시장과 유사하지만 독특한 일본의 분위기를 엿볼 수 있다. 여기저기에서 손님을 끌기 위해 큰소리로 외치는 점원들의 목소리가 골목에 가득 찬다. 저녁시간이면 퇴근길의 직장인과 시장을 보러 나온 주부, 쇼핑객과 외국 관광객이 등 수많은 인파가 몰려 떠밀리듯 밀려나간다. 이 골목에는 농수산물 등 식료품을 비롯하여 시계나 가방과 같은 공산품, 장난감, 보석류, 골프용품, 신발 및 의류, 중고물품 거래소, 기념품 가게, 식당 등 없는 것이 없는 거리다. 재미있는 곳으로 '타타키고미노 미세(たたき込みの店)'가 있는데 '쑤셔넣는 가게'다. 1,000엔을 내면 봉지를 주는데 이 봉지에 이 가게에서 판매하는 물건을 담을 수 있을 만큼 담아서 가져갈 수 있는 곳이다. 열심히 담아도 역시

봉지의 크기가 문제다. 재미로나마 한 번쯤 도전해 볼만한 곳이다. 이 밖에도 멜론이나 수박을 아이스크림처럼 막대에 끼워 간식용으로 많은 사람들이 허기를 달래며 시장을 돌아보는 것도 재미있을 것이다.

[일본의 전통시장 아메요코] *

뒤쪽으로 돌아가면 도쿄에서 가장 오래된 코리아 타운이 있는데 한국의 김치를 비롯한 식재료를 파는 가게가 들어서면서 붙여진 이름이다. 김치 골목(キムチ横丁: 東京都台東区東上野2-15-5, Tōkyō-to, Taitō-ku, Higashiueno, 2 Chome-１５-5)이라 불리기도 한다. 우에노역과 오카치마치역(御徒町駅)의 중간 지점으로 아메요코에서 철로를 따라 오카치마치역 방향으로 가는 뒷골목에 있다. 이곳은 2차대전 후 일본으로 건너간 교포들이 1948년경부터 김치, 갈비집, 정육점, 한복집 등이 들어서면서 형성되었다고 한다. 실제 규모는 그리 크지 않다. 오카치마치역 주변에는 금세공업자들이 많은데 이곳의 많은 노동자들이 한국인이다. 1970~80년대 많은 세공업자들이 돈벌이를 위해 일본에 건너가 불법체류를 하면서 밤낮으로 일을 하며 한국의 가족들에게 송금을 했다고 한다. 우에노와 오카치마치 지역은 많은 재일동포들의 애환이 서린 지역이라 할 수 있다.

[김치 골목(キムチ横丁]

좁은 골목에 허름한 건물에 한국 식당, 김치와 같은 한국 식재료, 정육점 등이 들어서 있어 재일교포는 물론 한국 음식을 즐기는 일본인들이 많이 찾는 곳으로도 유명하다. 필자가 일본에서 생활할 때 가끔씩 들러 식재료를 구입했던 추억이 어린 장소이기도 하다. 한류가 절정에 달할 때는 한국 연예인들의 브로마이드나 음반, 열쇠고리 등 한류관련 기념품을 판매하는 가게도 많았다. 일본 여성들의 발길도 끊이지 않았으나 한류가 시들해지면서 자연스럽게 자취를 감추고 있다.

이렇게 우에노처럼 각 골목마다 특색이 있고 다양한 물건을 볼 수 있는 곳도 흔하지 않을 것이다. 우에노 관광을 마치고 다시 숙소가 있는 신주쿠로 되돌아간다. 퇴근시간이라면 하루 일과를 마친 일본 직장인과 학생들의 모습을 볼 수 있고, 저녁 늦은 시간이라면 취객들의 모습과 행동을 보는 것도 관광의 일부가 아닐까?

⟨코스설계 TIP⟩

이 코스는 기본적으로 하루에 많은 곳을 관광하는 일정이다. 10시간에 걸친 빽빽한 스케줄이다. 걷기도 많이 걸어야 한다. 이 스케줄 내에서 적당히 끼니를 해결해야 한다. 점심은 시부야나 도쿄역, 저녁은 우에노 또는 신주쿠로 돌아와서 해결하는 것이 좋을 것이다. 시부야까지 걸어가지 않고 전철을 이용하려면 하라주쿠에서 메이지 신궁, 다케시타 거리와 오모테산도를 관광한 후 다시 하라주쿠역으로 돌아와서 전철을 타고 한 정거장인 시부야역으로 가야 한다. 이때, 오모테산도 거리를 끝까지 가지 않고 오모테산도 힐즈까지만 보고 도중에 돌아오면 시간을 절약할 수 있다. 오모테산도, 아오야마 거리는 명품이나 유명 갤러리가 많아 특별히 쇼핑이나 볼거리를 정했다면 목적지까지 가야 되겠지만 그렇지 않다면 도중에 되돌아오는 것도 시간을 절약하는 하나의 방법이다.

하마마쓰초역에서 도쿄타워, 도쿄역에서 황거까지는 상당한 거리를 걷는다. 중간에 이런 저런 구경을 하고 사진을 촬영하다 보면 시간이 금세 지나므로 시간관리를 잘 해야 한다. 아키하바라나 우에노에서도 마찬가지다. 오타쿠관련 상품이나 관심사에 따라 아키하바라 거리에서 많은 시간을 할애하여 관광하게 된다면 우에노 지역까지 관광하기는 무리가 따른다. 우에노에서도 공원 내에 있는 다양한 문화시설이 있고 아메요코와 같이 볼거리가 많은 곳이다.

하루에 많은 것을 볼 것인지, 몇 개의 포인트만 정해서 집중적으로 볼 것인지 결정한 후 떠나는 것이 좋다. 저녁 늦은 시간에 숙소로 돌아온다고 가정하면 약간 무리해서라도 많은 곳을 돌아보는 것이 좋을 것이다.

06. 10,000원으로 도쿄의 시타마치 여행 :
전통과 현대적 감각이 어우러진 거리

이번에는 도쿄의 오래된 번화가인 시타마치를 돌아보는 코스를 잡아보자. 역사와 전통을 자랑하는 오래된 거리인 만큼 일본의 본 모습을 볼 수도 있지만 한편으로 재개발로 인해 현대식의 고층 건물도 많이 자리하고 있다.

〈참고〉 [시타마치(下町)란?]

도쿄는 에도막부(江戶幕府) 때 일본의 수도가 된 이후 1868년 '도쿄(東京)'라는 이름으로 바뀌었다. 수도로서 정치, 경제, 문화의 중심지로서 많은 사람들이 모여들면서 번성하기 시작했다. '시타마치(下町)'는 일반적으로 서민들이 살던 동네를 말한다. 또는 오래된 번화가를 말하기도 한다. 지리적으로는 높은 지역을 '야마노테(山の手)', 낮은 지역을 '시타마치(下町)'라 불렀다. 대체적으로 물류 이동이 용이한 운하나 작은 하천이 흐르는 지역이다. 에도 시대 때 발달한 대표적인 시타마치는 긴자, 니혼바시, 닌교초, 간다, 아사쿠사 등이다. 한때는 번화가로 많은 사람들이 거주하였으나 도시개발과 함께 도시의 뒷골목으로 밀려난 곳도 있고, 재개발되어 현대식 거리로 탈바꿈한 곳도 있다. 신구가 혼재한 지역이다. 이 시타마치 여행의 매력은 오래 전부터 상업적으로 번성한 곳이기에 100년이 넘는 오래된 가게나 풍경을 접할 수 있고, 볼거리와 먹을거리가 풍부하다는 점이다.

이번 코스는 도쿄 메트로, 도에이 지하철 1일 자유이용권을 이용하여 도쿄의 오래된 번화가를 중심으로 여행하는 일정으로 잡았다. 1일 자유이용권을 이용하면 횟수에 관계없이 메트로와 지하철 13개 노선을 자유롭게 타고 내릴 수 있다.

[시타마치 주요 코스]

06

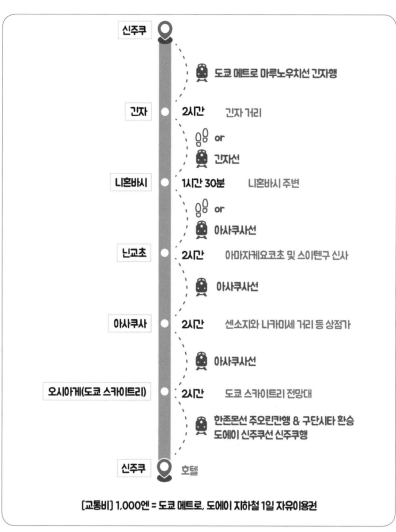

신주쿠 📍		
	🚃	도쿄 메트로 마루노우치선 긴자행
긴자 ⚪	**2시간**	긴자 거리
	👣 or	
	🚃	긴자선
니혼바시 ⚪	**1시간 30분**	니혼바시 주변
	👣 or	
	🚃	아사쿠사선
닌교초 ⚪	**2시간**	아마자케요코초 및 스이텐구 신사
	🚃	아사쿠사선
아사쿠사 ⚪	**2시간**	센소지와 나카미세 거리 등 상점가
	🚃	아사쿠사선
오시아게(도쿄 스카이트리) ⚪	**2시간**	도쿄 스카이트리 전망대
	🚃	한존몬선 주오린칸행 & 구단시타 환승 도에이 신주쿠선 신주쿠행
신주쿠 📍	호텔	

[교통비] 1,000엔 = 도쿄 메트로, 도에이 지하철 1일 자유이용권

[시타마치 코스 설계]

명품의 기풍이 있는 긴자(銀座)

신주쿠역에서 도쿄 메트로 마루노우치선(丸ノ内線)을 타고 긴자역(銀座駅)으로 향한다. 8번째 역으로 약 15분 정도 소요된다. 긴자는 도쿄의 대표적인 시타마치이면서 명품 숍과 고급 부띠끄 매장이 늘어서 있고 밤에는 고급 유흥가로도 유명하다. 일본에서는 '긴자(銀座)'가 하나의 브랜드가 되어 'OOO긴자'라는 이름으로 간판을 내기도 한다. 우리나라에서도 초밥집 이름에 '긴자'라는 단어가 들어간 곳이 많다. 일본인들에게는 '긴자'라는 이름이 들어가면 고급스러운 이미지로 느껴지기 때문이다.

[긴자 거리]

긴자역에서 A8출구로 나가면 미쓰코시(三越) 백화점이 있고 백화점 앞길이 추오 거리(中央通り)다. A6 출구로 나가면 교차하는 하루미 거리(晴海通り)가 나온다. 추오 거리와 하루미 거리가 교차하는 곳이다. 미쓰코시 백화점 건너편

건물이 와코(和光) 백화점 본점이다. 이 와코 백화점은 긴자의 랜드마크라 할
수 있으며 추오 거리와 하루미 거리가 교차하는 사거리가 긴자의 중심이라 할
수 있다. 와코 백화점은 우리나라에는 그리 많이 알려지지는 않았지만 고급
명품 전문점으로 유명하다. 6층에는 상설 전시장으로 아트 갤러리가 있다.

르네상스풍의 건물 꼭대기에 시계가 있는데 원래 이곳은 SEIKO 브랜드로
알려진 핫도리 시계점의 건물이었다. 관동대지진 후에 새로 지으면서 시계를
판매하는 가게라는 것을 상징하기 위해 시계탑을 세웠다고 한다. 이 거리는
평일에는 차량이 다니지만 주말에는 차량을 통제하기 때문에 보행자 천국이
되어 자유롭게 걸어 다닐 수 있다.

[긴자의 추오(中央) 거리와 하루미(晴海) 거리 교차로] #

미쓰코시 백화점 건너편에는 흰색의 천을 엮어놓은 듯하기도 하고 대나무를
엮어놓은 것 같은 건물이 보이는데 긴자 플레이스(GINZA PLACE)다. 삿뽀로
부동산에서 건설한 건물로 카페를 비롯해 상업용 매장과 전시장이 들어서
있다. 긴자 디스플레이 콘테스트에서 일본공간디자인협회 상을 수상한
건물이기도 하다. 색상이 흰색이라 그런지 한 눈에 들어오는 건물이다.

[긴자 플레이스]

　밤이 되면 각 건물에서 뿜어내는 조명과 가로등과 차량의 불빛이 어우러져 눈부신 거리가 된다. 추오 거리를 따라 걸어 올라가면 프라다, 페르가모, 불가리, 던힐, 펜디, 몽블랑, 자라, 유니클로, 야마하, 다사키 등 일본의 유명 브랜드는 물론 세계적인 명품 매장이 차례로 나타난다.

[긴자의 야경(와코 백화점과 미쓰코시 백화점)] *

명품 쇼핑을 목적으로 간다면 쇼핑을 즐기겠지만 그렇지 않는 관광객이라면 눈으로만 호사를 누릴 수 밖에 없다. 고급 제품을 중심으로 판매하는 거리여서 그런지 건물 하나 하나가 다 깔끔하고 개성 넘치는 외장으로 꾸며져 건물의 디자인만으로도 볼거리라 할 수 있다.

와코 백화점에서 대각선 건너편(A1 출구 방향)으로 추오 거리를 따라 올라가면 프라다, 다사키 등 명품 브랜드 숍이 들어서 있다. 긴자역에서 100미터 정도 가면 2017년 4월에 문을 연 긴자식스(GINZA SIX: 東京都中央区銀座6丁目10-1, Tōkyō-to, Chūō-ku, Ginza, 6 Chome－１０－1)가 있다. 원래 마츠자카야(松坂屋) 백화점 건물로 1924년에 지어져 오랜 역사를 가진 노후화되어 내진설계 기준에 못 미치는 등 여러 문제가 발생하면서 시가지 재개발사업의 일환으로 추진되어 새로 지어진 건물이다. 미용과 패션관련 매장을 비롯해 식당가, 서점, 레스토랑 등 다양한 상업시설이 들어서 있다. 특히, 동북지방 쓰나미 지진 당시 도쿄에 많은 사람들이 집에 돌아가지 못하는 사태를 겪은 후에 건설된 건물이라 재난 시에 귀가하지 못하는 사람들을 위한 임시 체재 공간을 갖추고 있으며 비상방전설비와 함께 식료품, 이불 등을 비축해두고 있다.

건물 중앙은 6층 높이가 하나의 공간으로 트인 대공간이다. 천장은 우리의 한지에 해당하는 일본 종이(和紙)에 투과되는 듯한 부드러운 느낌의 인테리어가 눈에 들어온다. 현대적인 건물이지만 일본스러운 분위기를 자아내는 인테리어다. 개장 이벤트로 세계적인 현대미술가인 쿠사마야요이(草間彌生)의 작품으로 장식하여 더욱 유명해졌다. 쿠사마의 작품 특징은 수 많은 점으로 이루어진 것이 특징이다. 일명, '땡땡이가라'라

하여 점박이 작품이다. 시코쿠(四国)의 나오시마 분까무라(直島文化村) 등 여러 곳에 전시되어 있다. 우리나라에서는 안양의 평촌 평화공원에도 그의 작품이 있다. 실제 쿠사마가 직접 제작한 작품이 아니라 쿠사마 스튜디오에서 제작한 작품이라고 한다.

[긴자식스]

[점 무늬로 유명한 쿠사마야오이(草間彌生)의 작품이 전시된 중앙 홀]

긴자식스 바로 옆에는 LION(東京都中央区銀座7-9-20, Tōkyō-to, Chūō-ku, Ginza, 7 Chome— 9 —20) 이라는 글자가 쓰여진 건물이 보인다. 이곳은 맥주회사 삿뽀로가 운영하는 맥주 홀로 1899년에 문을 연 매장이다. 맥주뿐 아니라 식사와 와인, 칵테일 등을 즐길 수 있다. 저녁 시간에 들른다면 한 번쯤 들어가보는 것도 좋을 것이다.

[긴자 라이온]

[도리야]

라이온에서 길을 건너 반대편에서 조금 더 올라가면 오른쪽에 가늘고 긴 건물에 도라야(とらや: 東京都中央区銀座7-8-6, Tōkyō-to, Chūō-ku, Ginza, 7 Chome— 8 —6)라는 간판이 보인다.

이곳은 창업한지 480년된 역사를 자랑하는 화과자 전문점이다. 양갱은 이 가게의 간판 상품이다.

　다시 긴자역으로 되돌아와서 히가시긴자역(東銀座駅) 방향(되돌아온 방향에서 오른쪽)으로 향한다. 미스코시 백화점에서 두 세 번째 건물은 금빛으로 약간 꼬인듯한 건물이 보인다. 화장품 제조 및 판매하는 회사의 건물로 곡선의 외관이 미(美)를 다루는 회사를 연상케 한다.

[긴자 피아스 건물]

　히가시긴자역(東銀座駅) 사거리를 건너면 가부키좌(歌舞伎座: 東京都中央区銀座4-12-15, Tōkyō-to, Chūō-ku, Ginza, 4 Chome－１２－15)건물이 보인다. 이곳은 일본의 전통 무극인 가부키를 공연하는 공연장이다. 1889년에 이 자리에 공연장이 지어졌으나 화재와 전쟁 때문에 우여곡절을 겪었다. 지금의 건물은 2013년에 완공된 건물이다. 목재를 이용한 일본식 건축의 저명한 건축가 구마켄고(隈 研吾)가 설계했다. 아이러니 한 것은 뒤편에 있는 29층의 현대식 건물도 그가 설계했는데 두 건물이 신구의 묘한 대조를 이루는 풍경이다. 긴자에 가면 이 건물을 배경으로 사진 한 장 찍는 것도 잊지 마시길…

[가부키좌]

〈참고〉 [가부키(歌舞伎)]

가부키는 일본의 전통 예능으로 유네스코 무형문화유산으로 등록되었다. 16세기 후반부터 시작된 공연으로 노래와 춤 등으로 이루어진 극으로 남자들만 공연을 펼친다.

[가부키 공연의 모습]

여자 역할도 남자가 여장을 해서 공연을 하는 것이 특징이다. 원래 여자도 공연을 했지만 관능적이며 풍기문란의 소지가 있다는 이유로 1629년에 금지시키자 남자 배우만으로 구성하여 공연하게 되었다. 배우의 개인기에 상당히 많은 비중이 있으며 가부키 배우는 대를 이어 배우가 되며, 이들의 예명도 '나카무라 칸쿠로(中村勘九郎) 5대째'와 같이 선대의 이름을 따서 짓는다. 약 4~5시간 정도의 공연으로 배우가 고어를 많이 사용하기 때문에 일본인들도 통역기를 통해 공연을 관람하기도 한다. 어느 정도 일본어가 가능한 필자도 통역기를 이용해야만 했다. 관광으로 가서 이 가부키 공연을 보기는 쉽지 않은 일일 것이다.

다시 긴자역으로 되돌아와서 오른쪽 방향(A8 출구)으로 향한다. 이탈리아 패션 잡화 브랜드 FURLA, 미키모토를 지나 애플 스토어 긴자를 지나면 1868년에 포목점으로 창업하여 백화점으로 변신한 오랜 전통을 지닌 백화점인 긴자 마츠야(GINZA MATSUYA: 東京都中央区銀座3-6-1, Tōkyō-to, Chūō-ku, Ginza, 3 Chome-6-1)가 있다.

[긴자의 대표적인 백화점 '긴자 마츠야']

긴자 마츠야를 지나 계속 걸어가면 샤넬, 카르띠에, 불가리, 루이뷔똥 등

06

세계적인 명품 매장을 차례로 만날 수 있다. 말 그대로 명품 매장의 전시장이라 할 수 있다. 이러한 매장만으로도 긴자 거리의 분위기를 말해주고 있다.

[각종 명품 매장이 늘어선 긴자 거리] #

계속해서 직진하면 니혼바시역(日本橋駅)이 나온다. 긴자역에서 니혼바시로 향하는 길목에 교바시역(京橋駅)을 지나 큰 교차로가 나오는데 왼쪽을 보면 삼각형 형상의 조형물이 보인다. 조형물 방향에 도쿄역이 있다. 따라서, 도쿄역에서 긴자로 바로 접근할 수 있다.

[니혼바시 고가도로]

전통과 현대적 감각을 갖춘 니혼바시(日本橋)

긴자역에서 니혼바시까지는 1.5키로미터 정도이므로 걸어가도 20분 내외 소요되므로 충분히 걸을 수 있는 거리다. 전철로 간다면 긴자역에서 도쿄 메트로 긴자선(銀座線)을 타고 니혼바시역(日本橋駅)으로 향한다. 니혼바시(일본교)는 니혼바시 강을 건너는 다리로 1600년대에 목조로 만들어졌으며 현재의 다리는 1911년에 건설된 것으로 일본의 중요문화재로 지정되어 있다. 니혼바시 지역은 오랜 역사를 지닌 지역으로 일본중앙은행 본점과 증권거래소가 있는 금융가이며 백화점 등이 들어서 있는 상업지역이다.

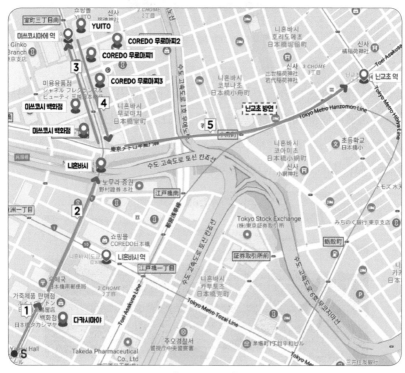

[니혼바시 지역]

  니혼바시역에서 B2출구로 나오면 바로 앞에 다카시마야(高島屋: 東京都
中央区日本橋2丁目4-1, Tōkyō-to, Chūō-ku, Nihonbashi, 2 Chome－4
－1) 백화점이 있다. 긴자에서 걸어갈 경우는 니혼바시역을 조금 못 미쳐서
오른쪽에 있다. 1933년에 개점한 백화점으로 일본 백화점 건축물의 대표적인
건물이며 니혼바시의 심볼이라 할 수 있다. 백화점 건물로는 처음으로
중요문화재로 지정된 건물이다.

[다카시마야 백화점]

[다카시마야 백화점 엘리베이터와 내부]

창업 때부터 손으로 조작하는 엘리베이터는 지금도 변함없이 수동 조작으로

움직이고 있다. 엘리베이터 내부는 쇠창살로 만들어져 있다. 우리나라에서는 만나기 어려운 엘리베이터 걸이 안내해준다.

　백화점에서 나와 추오거리(中央通り)를 따라 니혼바시역의 반대편으로 가면 고가도로(수도고속도로)와 밑에 강이 보이고 이 강을 건너는 다리가 보인다. 이 다리가 이 지역의 상징인 니혼바시(日本橋)다.

[니혼바시 다리] *

　크루즈를 즐기려면 이곳 선착장에서 탑승한다. 고가의 아래쪽 다리(니혼바시)를 건너서 교차로 왼쪽에 대리석 외장으로 치장하고 있는 웅장한 느낌의 건물이 나타나는데 일본 백화점의 상징적인 존재인 미쓰코시(三越: 東京都中央区日本橋室町1-4-1, Tōkyō-to, Chūō-ku, Nihonbashimuromachi, 1 Chome－4－1) 백화점이다.

　이 백화점은 에도 시대인 1673년에 포목점으로 시작하여 백화점으로 발전한 일본 최초의 백화점이다. 실제 백화점이라는 이름을 사용하기 시작한 것은 1904년이라고 한다. 지금의 건물은 1935년에 세워진 건물로 일본의 중요문화재로 지정되어 있는 역사적인 건물이다. 상업용 건물 그것도 백화점이 중요문화재로 지정되어 있다는 것이 독특하다는 생각이 든다. 이 건물에 있는 에스컬레이터는 1914년 상업용 건물에 들어선 에스컬레이터로는 일본에서 최초에 설치된 것이다. 현관에 있는 사자상은 1914년에 세워진 것으로 수험생이 이 사자상을 만지면 원하는 학교에 들어갈 수 있다고 알려져 있다. 많은 사람들이 만져서 사자상이 번질번질하게 광이 나있다. 중앙 홀 2층에 있는 파이프오르간은 1930년 미국에서 제작한 것으로 지금도 금, 토, 일요일에는 하루 세 번의 라이브 연주를 한다.

[백화점 입구의 사자상]

건물 내부 천장은 대리석에 스테인드글라스도 볼거리다. 중앙 홀에 자리잡은 여인상이 보이는데 '마고코로(天女)'상은 1960년에 완성되었으며 미쓰코시의 상징물이 되었다. 제작하는데 10년의 세월이 소요되었다고 한다. 아래서 쳐다보면 웅장함과 함께 신비한 느낌을 받는다. 주변의 조명과 분위기가 어우러져 신비함과 함께 그 규모나 분위기에 압도당하는 느낌을 받는다. 이 중앙 홀이 처음 완성된 것이 1914년인데 일본 최초의 에스컬레이터를 비롯하여 엘리베이터, 스프링클러 등 당시에는 최신 설비로 유명세를 탔던 건축물이었다고 한다. 백화점으로 상품을 구매하기 위한 매장의 디스플레이도 볼만 하겠지만 건물과 시설 전체가 볼 거리가 많은 곳이다. 이 중앙 홀에서는 끊임없이 다양한 행사가 개최되고 있다. 백화점이 물건을 파는 공간뿐 아니라 여러 문화를 접하고 역사를 느낄 수 있는 공간으로 자리매김 한 대표적인 곳이라 할 수 있다. 이처럼 상업용 백화점 건물이 오랜 역사를 지니며 문화재로서 가치가 있는 유명한 곳이다. 이런 역사성과 상징성 때문인지 항상 사람들의 발길이 이어지는 백화점이다.

[중앙 홀에 있는 마고코로(天女) 상]

미쓰코시 백화점에서 나와 10여미터를 걸으면 왼쪽에 미쓰이 본관 건물이 건너편에는 현대식 고층 건물이 있는데 이 건물은 COREDO 무로마치1(東京都中央区日本橋室町2-2-1, Tōkyō-to, Chūō-ku, Nihonbashimuromachi, 2 Chome－２－1)라 하여 'COREDO무로마치2', 'COREDO무로마치3'와 함께 고층 빌딩군을 형성하고 있다. 2010년에 재개발 사업으로 지어진 상업용 건물인데 저층에는 일반 점포, 고층에는 사무실 건물로 사용되고 있다. 저층의 점포에는 일본의 전통을 음식이나 잡화로 표현한 가게들이 많다는 점이 특징이다. 내부에는 장인들이 만든 작품성 넘치는 물품이 많이 진열되어 있다. 현대식 건물이지만 내부에 파는 상품은 전통을 이어가는 역사를 느낄 수 있는 양면성을 지닌 건물이라 할 수 있다. 여기에 건너편에 있는 일본 최초의 백화점(미쓰코시)과 조화를 이루고 있다고 할 수 있다.

[왼쪽은 미쓰이 본관, 오른쪽이 COREDO] #

[왼쪽이 미쓰이 타워, 오른쪽이 YUITO]

왼쪽의 미쓰이 타워 건물을 지나면 오른쪽에 YUITO(東京都中央区日本橋室町2-4-3, Tōkyō-to, Chūō-ku, Nihonbashimuromachi, 2 Chome－4－3)라는

건물이 보인다. 이 건물 역시 니혼바시 지역 재건사업의 일환으로 새롭게 지어진 상업용 건물이다. 이처럼 오래된 번화가이지만 재개발 사업으로 최신식의 고층 건물로 탈바꿈하고 있다.

전통을 고스란히 간직한 거리 닌교초(人形町)

이번에는 긴자와 니혼바시와는 달리 개발이 덜 되어 오래된 건물과 가게가 많이 남아있는 닌교초(人形町)로 가보자. 니혼바시에서 걸어갈 수도 있고 니혼바시역에서 도에이 아사쿠사선(東営浅草線)을 타고 한 정거장을 가면 닌교초역(人形町駅)이다. 걸어가려면 'COREDO 무로마치1' 건물과 'COREDO 무로마치3' 건물 사이의 길을 따라 600여미터를 걸어 가면 호리도매초(堀留町) 교차로가 나온다. 여기에서 오른쪽으로 꺾어 올라가면 닌교초역이 나타난다. 가는 길목에는 10층 내외의 건물이 늘어서 있는 조용한 지역이다. 닌교초는 사무실 건물과 음식점, 주거시설이 혼재해 있는 지역이다. '닌교'는 인형이라는 의미로 에도 시대에 인형극을 하던 사람들이 많이 살았던 지역이라 지명에 '인형'이 들어가 있을 뿐 인형과는 그다지 연관이 없는 지역이다. 닌교초는 긴자나 니혼바시와 달리 재개발사업이 진행되지 않아 비교적으로 오래된 건물과 가게가 많이 남아있는 곳이다.

[닌교초역으로 가는 길목] #

오래 전에 형성된 역사를 지닌 지역이라 길이 좁아 일방통행로가 많다. 에도

시대 초기에는 '유곽(遊廓)'이라 하여 사창가인 요시와라(吉原)가 있었던 지역이다. 닌교초에는 오래된 가게들이 많기로 유명하다. 닌교초 상점가는 에도 시대에 번성한 지역으로 근대적 상업조합이 결성된 지 100년이 넘었다고 한다.

〈참고〉 [유곽(遊廓)]

　유곽은 지금으로 말하면 사창가다. 접대하는 여성을 '유녀(遊女)'라 불렀다. 도쿄 최초의 창녀촌은 요시와라 유곽(吉原遊廓)이다. 지금으로는 니혼바시, 닌교초 부근이다. 도쿠가와 이에야스(德川家康)가 전국을 통일한 후 에도(지금의 도쿄)에 터를 잡고 수도를 이전했다. 이때 많은 남성들이 일자리를 찾아 도쿄로 몰려들었는데 당시 도쿄 인구의 2/3 정도가 남자였다고 한다. 전쟁이 끝나 전쟁에서 돌아온 군인들이 실업자가 되어 일자리를 찾아 도쿄로 모여들었다. 그러면서 많은 성범죄가 발생하게 되자 이를 예방하는 차원에서 유곽을 만들었다고 한다. 1956년 매춘방지법이 생기면서 유곽이 사라졌다. 한편, 요시와라 유곽은 당시에 새로운 문화의 발신지였다고 한다. 남녀가 만나는 지역인만큼 여성들의 의상이나 헤어 스타일과 같은 치장 문화는 물론, 마시고 노는 문화 속에서 노래와 무용과 같은 예능 분야도 다른 지역에 비해 앞설 수 밖에 없었을 것이다.

06

[닌교초 주변]

    닌교초역의 A1출구로 나오면 교차로가 있는데 이곳이 아마자케 요코초(甘酒横丁) 교차로다. 아마자케 요코초 반대 방향(왼쪽)에 낡고 허름한 건물에 밤색 바탕의 천에 '닌교야끼(人形焼)'라고 쓰여진 간판을 볼 수 있다. 닌교초가 일본 닌교야끼의 발상지라고 한다. 카스텔라에 팥 앙금을 넣은 빵으로 각종 캐릭터 모양으로 찍어낸 빵이다. 일본 공항에서 선물 세트로 흔히 볼 수 있는 빵이다. 발상지에 왔으니 맛이라도 보고 가는 것이 좋을 듯 하다.

[닌교야끼 발상지(밤색 천의 간판)]

바로 첫 번째 골목이 아마자케 요코초(甘酒横丁)다. 우리말로 하면 '단술 골목'인데 메이지 시대에 골목 입구에 단술(甘酒)을 파는 가게가 있어 이름이 붙여졌다고 한다. 이 골목은 낡고 허름한 건물이 많이 남아있으며 간판이나 상점도 오래되었다는 느낌을 받는다. 화려하고 현대적인 긴자나 니혼바시와는 너무나 대조적인 느낌이 든다.

[아마자케 요코초 입구 교차로]

바로 입구에 차 전문점인 모리노엔(森乃園: 東京都中央区日本橋人形

町 2-4-9, Tōkyō-to, Chūō-ku, Nihonbashiningyōchō, 2 Chome- 4 -
9)이 있는데 이 가게는 1914년에 창업한 가게로 '호우지차'라 하는 엽차
전문점이다. 일본 전국에서 양질의 재료를 매입하여 직접 말리고 볶아 차를
만들어 직접 판매도 하고 통신판매도 하고 있다. 1층은 차는 물론 엽차
아이스크림, 엽차 양갱, 엽차 카스테라 등 차를 이용한 제품을 판매하고
2층에는 다방인데 엽차로 만든 빙수, 엽차 파르페, 단팥죽, 엽차 떡(모찌) 등
엽차를 이용한 다양한 음식을 맛볼 수 있다.

[모리노엔과 후타바]

[모리노엔 가게 내부와 주문한 녹차와 떡]

가장 특이한 것은 말차(抹茶) 맥주다. 여하튼 엽차로 이렇게 많은 음식을 만들 수 있다는 것만으로도 경이롭다는 생각이 든다. 가격이 상당히 비싼 편이다. 대부분 메뉴가 우리 돈으로 8,000원 이상이며 들어간 사람 수만큼 주문해야 하기 때문에 여러 명이 들어가면 상당한 비용이 될 것이다.

모리노엔 바로 옆에는 토우후노 후타바(とうふの双葉: 東京都中央区日本橋人形町2-4-9, Tōkyō-to, Chūō-ku, Nihonbashiningyōchō, 2 Chome－4－9)는 메이지 40년(1907년)에 창업한 두부 전문점으로 100년이 넘는 역사를 자랑하고 있다. 일반 두부 외에 두부 도넛, 두부 튀김, 각종 두부 선물세트 등 두부를 이용한 다양한 제품을 판매한다. 1층에 매장이 있고 2층에는 요리를 맛볼 수 있는 식당이 있다.

[토우후노 후타바]

바로 옆에 있는 토우시마야(東嶋屋: 東京都 中央区 日本橋人形町 2-4-9, Tōkyō-to, Chūō-ku, Nihonbashiningyōchō, 2 Chome－4－9)는 메이지 22년(1889년)에 아사쿠사에서 창업하여 닝교초로 이전한 메밀면(소바) 전문점이다. 이전한지 80년이 지났다. 600엔 ~ 1200엔 정도의 가격으로 다양한 메밀면 요리를 맛볼 수 있다. 이곳에서 요기를 해도 좋을 것 같다.

길 건너편에는 야나기야(柳屋: 東京都中央区日本橋人形町2-11-3, Tōkyō-to, Chūō-ku, Nihonbashiningyōchō, 2 Chome－11－3)라고 쓰여진 흰색 간판이 보이는데 이곳은 우리의 붕어빵에 해당하는 타이야끼 전문점이다.

[타이야끼 전문점인 야나기야]

90여년의 전통을 자랑하는 가게로 최고급 팥소를 넣어 만든다고 한다. 붕어빵 하나로 90년 전통을 자랑하는 일본의 가게를 보며 "저런 가게를 90년이나 하나?" 하는 의아함과 함께 아무리 작은 것이라도 가업을 잇는 그들이 부럽기도 하다. 우리나라에서 붕어빵으로 가업을 이어가며 90년을 할 수 있을까? "돈벌이가 되면 할 수 있지 않을까?"라는 생각도 들지만 아마도 돈을 벌었다면 우리나라에서는 벌써 다른 사업을 시작했을 것이다. 그렇게 지켜온 가게여서 그런지 판매를 시작할 때면 길게 줄을 서서 기다릴 정도로 유명하다. 우리 일행은 기다리다가 "무슨 붕어빵을 먹는데 한 시간이나 기다리나?"하면서 포기하고 말았다. 사람들이 줄을 서서 기다리는데 두 사람이 수작업으로 만들고 있다. 서두르지도 않는다. 한 사람은 빵을 굽고

한 사람은 자투리를 잘라내서 포장을 해주는데 자투리는 적당히 잘라서 포장해도 될 것 같은데 기다리는 입장에서는 답답하다는 생각마저 들었다. 기다리기 싫으면 먹지 말라는 느낌마저 들었다. 하지만 줄을 서서 기다리는 사람 중 누구 하나 불평을 늘어놓지 않고 기다리고 있었다. 이것이 타이야끼 하나로 90년 이상을 지켜온 비결인지도 모르겠다.

〈참고〉 [0000야끼]

　일본에는 '야끼(燒き)'라는 이름이 들어간 요리나 음식이 많다. 고기를 굽는 갈비집의 '야끼니쿠'를 비롯하여 생강과 돼지고기를 구운 '쇼가야끼', 철판 구이인 '텟빤 야끼' 등 다양한 요리가 있다. 요리가 아닌 간식거리나 과자 종류인 '00야끼'도 많다. '닌교야끼', '타이 야끼', '이마카와 야끼', '마치 야끼' 등이다. 사실 이름은 여러 가지이지만 우리나라의 '붕어빵', '잉어빵', '국화빵', '계란빵'과 같다고 생각하면 된다. 들어가는 재료는 밀가루, 계란, 설탕 등의 반죽에 팥, 크림, 캬라멜, 크림 등 다양한 앙금이나 맛을 가미한 빵의 일종이다. 비슷한 종류의 음식인데 붕어 모양의 타이 야끼, 다양한 캐릭터(인형)가 들어간 닌교야끼, 간담 모양의 간뿌라 야끼 등 모양에 따라 이름을 붙인다. 또는 최초 생산지에 따라 이름을 붙이기도 한다. 오사카 야끼, 이마카와 야끼, 아사쿠사 야끼 등이다. 물론 재료의 종류나 배합에 따라 맛이 약간 다르기는 하다.

　우리나라는 붕어빵을 가지고 명물로 취급하지 않는데 일본에서는 이런 류의 가게가 100년 넘게 이어오는 경우가 많다. 닌교초의 닌교야끼나 타이 야끼도 그렇다. 먹어보면 그 맛이 그 맛이라 크게 차이를 못 느끼겠는데 일본인들은 한 시간 이상 줄을 서서 사먹는다. 우리의 감각으로는 참 이해하기 어렵다. 우리와는 다른 민감한 입맛이 있지 않을까? 서로 비슷하지만 약간씩 다른 재료의 배합률이나 방법에 대해 하나의 노하우로 생각하고 있지 않을까?
우리가 무시하는 작은 일에도 애착을 갖지 않을까?

　나까노 롯데리아에서 판매하는 코아라 마치 야끼를 판매하면서 '세계에서
여기뿐'이라는 이름을 붙이듯이 상술과 결합하여 전통을 이어나가는 것이
아닌가 생각된다.

　10여 미터를 나아가면 복고풍의 간판으로 닌교초다가시바(人形町駄
菓子バー: 東京都中央区日本橋人形町2-11-4, Tōkyō-to, Chūō-ku,
Nihonbashiningyōchō, 2 Chome－11－4)가 있다. 이곳은 테이블당
500엔을 내고 막과자를 먹을 수 있을 만큼 먹는 가게다.

[다가시바 (가운데 건물)]

단, 음료나 음식은 별도로 주문해야 한다. 간판은 '과자 바'이지만 실제는
일반 식당이라고 생각하면 된다. 복고풍의 인테리어와 막과자를 통해 추억의
가게의 느낌을 받게 하지만 결국은 이자카야의 메뉴를 모두 갖추고 있다.
청량음료는 물론 다양한 알코올 종류도 갖추고 있다. '술과 막과자와 B급

요리를 갖춘 개성파 이자카야'라는 캐치플레이즈로 개성 넘치는 가게다. 젊은이들이 생일파티나 모임 등에 이용하기도 한다. 고등학생 이하는 성인과 동반해야 입장할 수 있다.

〈참고〉 [막과자(駄菓子)]

일본의 전통과자를 '와가시(和菓子)'라 하고 기타 잡과자를 '다가시(駄菓子)'라 한다. 우리나라 구멍 가게에서 파는 불량식품류의 과자를 말한다. 우리나라 초등학교 앞의 문구점에서 파는 과자로 생각하면 이해가 쉬울 것이다. 추억의 과자이기도 하다.

[막과자]

닌교초 시노다즈시총본점(志乃多寿司總本店: 東京都中央区日本橋人形町2-10-10, Tōkyō-to, Chūō-ku, Nihonbashiningyōchō, 2 Chome－10－10)은 메이지 10년(1877년) 창업한 생선초밥 전문점이다. 닌교초 본점 외에 미쓰코시와 같은 대형 백화점과 쇼핑몰에도 점포를 두고 있다.

이 밖에도 1929년에 창업한 닌교야끼, 카스테라, 전병을 판매하는 카메이도(亀井堂: 東京都中央区日本橋人形町2-20-4, Tōkyō-to, Chūō-ku, Nihonbashiningyōchō, 2 Chome-20-4) 등 다양한 역사를 지닌 가게들이 많다. 이곳의 역사를 말해주듯 오래된 건물들도 꿋꿋하게 자리를 지키고 있는 모습을 볼 수 있다.

[빌딩 사이에 들어있는 세키잔(関山)]

생선초밥 도시락 전문점인 세키잔(関山: 東京都中央区日本橋人形町2-21-

1, Tōkyō-to, Chūō-ku, Nihonbashiningyōchō, 2 Chome－21－1)은 뒤에 빌딩이 올라가도 꿋꿋하게 버티고 있다. 우리나라에서는 알박기라 비난을 받을 것이다. 빌딩이 이 가게 건물을 피해 'ㄱ'자 모양을 하고 있다.

저녁 시간에 되면 100년 넘은 술집 '사사신(笹新)'과 같이 서민들과 오랜 세월을 같이한 선술집과 스낵 바(Snack bar)가 문을 연다. 이처럼 아마자케 요코초는 골목 입구부터 중간 중간에 역사와 전통을 자랑하는 가게가 100년이 넘는 세월을 꿋꿋하게 버티며 영업을 하고 있다.

아마자케 요코초 골목을 나와 스이텐구마에(水天宮前)역 방향으로 200여미터를 걸으면 스이텐구마에역이다. 스이텐구마에역 방향으로 100미터 정도 오른쪽에 닌교초 시계탑이 보인다. 이곳이 닌교초라는 것을 알려주듯 인형극 그림이 붙어 있는 시계탑이다.

[닌교초의 시계탑]

[정각이 되면 커튼이 열리며 음악과 함께 인형이 나타난다.]

이 시계는 오전 11시부터 오후 7시까지 매시간 정각이 되면 음악소리와 함께 인형이 나와 움직이며 뭔가 열변을 토한다. 내용은 잘 알아들을 수 없지만 소방(불조심)과 만담(개그의 일종)을 주제로 한다고 한다.

스이텐구마에역 바로 앞에 스이텐구(水天宮: 東京都中央区日本橋蛎殻町 2丁目4-1, Tōkyō-to, Chūō-ku, Nihonbashikakigarachō, 2 Chome- 4 -1) 신사가 있다.

[스이텐구 신사]

일본 전국에 스이텐구 신사가 많이 있는데 도쿄는 이곳 닌교초에 있다. 물로부터 재해를 방지한다는 의미가 있는 신사이지만 이곳은 임산부의 순산을 기원하는 신사로 알려져 있다. 그래서 임산부나 아이를 갖고 싶어하는 부부가 찾거나 아이의 건강과 가족의 건강을 비는 참배객이 많이 찾는 곳이다. 1818년에 창건하였으며 최근(2016년)에 리모델링하여 지금의 모습이 되었다. 새로 리모델링해서 그런지 일본 어느 신사보다 깔끔하고 건물이 현대식이라는 느낌이 든다.

신사 앞에는 새끼 개를 자애롭게 바라보는 어미 개의 동상이 있는데 '어미 개를 쓰다듬으면 순산을 하고, 새끼 개를 쓰다듬으면 아이들이 건강하게 자란다'하여 많은 사람들이 쓰다듬어 개의 머리가 반질반질해졌다. 주변에 장식된 12간지의 동물 중 자신의 띠에 해당하는 동물을 만지면 순산과 건강을 가져온다는 믿음으로 이 동물들도 반질반질하게 광이 나있다.

[순산과 아이의 건강을 기원하는 상]

또, 어린 아이의 상이 있는데 순산과 아이의 건강을 기원하는 의미에서 이 아이 동상을 쓰다듬는다. 일본의 신사는 이러한 갖가지 토속적인 신앙이 깃든 곳으로 소원을 기원하기 위해 많은 사람들이 찾고 있다.

도쿄관광의 필수 코스 아사쿠사(浅草)

닌교초역으로 돌아와 도에이 아사쿠사선(東営浅草線)을 타고 아사쿠사역(浅草駅)으로 향한다. 닌교초역에서 세 번째 정거장으로 6~7분 정도 소요된다. 아사쿠사는 에도(江戸)시대부터 번화가로 알려져 있는 곳이다. 우리나라 관광객은 물론 도쿄를 찾는 많은 관광객이 빠지지 않고 찾아가는 관광지다. 항상 많은 사람으로 붐비고 사진을 촬영하는 관광객의 모습을 쉽게 발견할 수 있다.

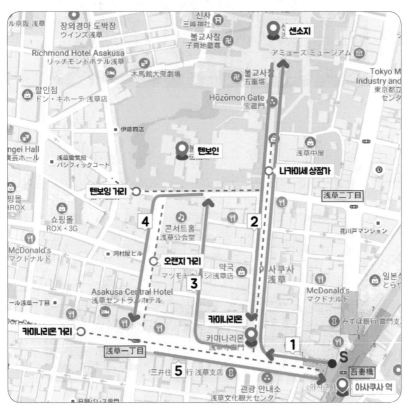

[아사쿠사 주변]

아사쿠사역 1번 출구로 나오면 카미나리몬 거리(雷門通り)가 나온다. 이 길을 따라 가면 센소지(浅草寺) 절이다. 센소지로 들어가는 입구에는 붉은 색의 등(燈) 장식이 있는데 이곳이 '카미나리몬(雷門)'이 있다. 우리말로는 번개 문이다.

[카미나리몬]

센소지는 628년에 창건된 절로 도쿄에서 가장 오래된 절이다. 스미다 강에서 그물에 걸려 올라온 불상을 모시기 위해 지어졌다고 한다.

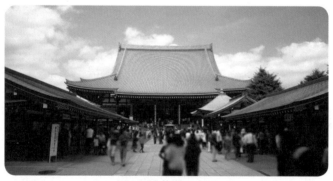

[센소지(浅草寺) 본당] #

  지금의 건물은 관동대지진과 2차 대전 때 소실된 후 1960년 이후에
재건되었다. 센소지에 있는 법화경(法華經)은 국보로 등록되어 있으며,
니텐몬(二天門)이나 덴보인(伝法院) 등은 중요 문화재로 등록되어 있을
정도로 유서 깊은 절이다.

[센소지의 보장문(宝蔵門)과 5층탑] #

  센소지로 들어가는 길목에는 300m 정도의 거리에 상점가인 나까미세
거리(仲見世通り)가 있는데 일본에서 가장 오래된 상가의 하나로 각종
기념품, 음식점, 특산품 가게가 볼거리다.

[인파로 붐비는 나카미세 거리]

　도쿠가와 이에야스(德川家康)가 에도 막부를 세운 후 센소지에 참배하러 가는 사람들이 많아졌다. 센소지로 참배하러 가는 길목에 노점이 생기면서 차차 번성하여 지금의 나카미세 거리가 형성되었다고 한다. 현재의 모습을 갖춘 것은 메이지 18년(1885년) 12월에 서양식 점포를 완성하면서다. 나카미세 거리에서 두 블록을 지나면 일본의 인기 배우들의 핸드 프린팅으로 유명한 오렌지 거리(オレンジ通り)가 있으며, 나카미세 거리를 가로 방향으로 가로지르는 덴보인 거리(伝法院通り)는 에도 시대의 상점가의 모습을 재현해 놓았다. 이렇게 각 골목마다 특징을 지니고 있으며 다양한 상점들이 들어서 있다.

　아사쿠사 주변에 있는 유명한 상점 몇 곳을 소개하면, 키비단고 아즈마(きびだんご あづま: 東京都台東区浅草 1-18-1, Tōkyō-to, Taitō-ku, Asakusa, 1 Chome－１８－1)는 경단을 파는 가게다. 키비단고는 수수가루와 찹쌀가루로 만든 경단에 콩고물을 묻힌 과자를 말하는데 달콤하고 말랑말랑한 경단이 간식거리로 최고다.

[사람들로 붐비는 키비단고 아즈마]

기무라야(木村屋: 東京都台東区浅草 2-2-4, Tōkyō-to, Taitō-ku, Asakusa, 2 Chome−2−4)는 메이지 원년(1868년)에 창업한 닌교야끼 전문점이다. 빵 모양은 각종 캐릭터, 5층탑, 동물 등의 모양으로 찍어낸다. 나카미세를 중심으로 아사쿠사에는 많은 닌교야끼 전문점이 여러 곳이 있으나 이곳이 가장 오래된 가게라고 한다.

[다양한 모양의 닌교야끼] *

카와무라야(河村屋: 東京都台東区浅草 1-22-8, Tōkyō-to, Taitō-ku, Asakusa, 1 Chome−22−8)는 에도 시대 후반기에 창업한 쯔게모노 전문점으로 각종 쯔게모노를 판매한다. 쯔게모노는 우리의 김치와 같이 일본의 식탁에서 빠지지 않는 절임 반찬의 하나다. 채소를 된장이나 식초, 소금, 지게미 등에 넣어 절인 식품을 말한다. 김치처럼 자극적이지는 않지만 짭짤한 맛이 밥맛을 돋군다. 김치에 익숙한 우리나라 사람들 입맛에는 조금 밍밍한 느낌이다.

[쯔케모노로 유명한 카와무라야]

야겐보리(やげんぼり: 東京都台東区浅草 1-28-3, Tōkyō-to, Taitō-ku, Asakusa, 1 Chome－28－3)는 7 가지 맛이 난다는 일본식 양념인 시치미(七味)를 파는 가게로 신 나카미세 거리에 있다. 빨간색 양념통이 진열되어 있고 각 통의 양념을 한 스푼씩 떠서 통에 넣고 섞어서 양념을 만들어 판매한다. 점원이 빠른 손놀림으로 양념을 만드는 모습이 재미있다.

[덴보인 거리 입구]

[일본 양념 가게 야겐보리]

다이코쿠야(大黒家: 東京都台東区浅草 1-38-10, Tōkyō-to, Taitō-ku, Asakusa, 1 Chome−38−10)는 덴보인 거리에 있는 튀김 전문점으로 메이지20년(1887년)에 창업해 지금까지 이어져 내려오고 있다. 손님들이 항상 줄을 서있을 정도로 유명한 집이다. 원래 튀김(텐뿌라)은 에도 시대의 요리로 알려져 있다. 오렌지 거리에는 메이지 3년에 창업한 '나카세이(中清)'라는 튀김 요리집이 있다. 덴보인 거리의 중간에 있는 본점과 아사쿠사 중앙 거리에 별관이 있다.

[튀김 전문 요리집 다이코쿠야 본점]

야마토야(大和屋: 東京都台東区浅草 2-3-3, Tōkyō-to, Taitō-ku, Asakusa, 2 Chome−3−3) 역시 덴보인 거리에 있으며 생선조림 전문 매장이다. 생선, 다시마는 물론 콩과 같은 순수 자연산 식품 전문매장으로 그 종류만 해도 50여 종이 넘는다.

일본인들은 '오차즈케(お茶漬け)'라 하여 밥에 뜨거운 차(녹차)를 말아 먹는 가정식이 있는데 이 가게의 오차즈케가 일품이다.

[생선조림 전문 요리집 야마토야]

덴보인 거리의 공회당 바로 앞에 건물 지붕에 닌자 상이 있고 벽에는 기모노 복장을 한 여인의 그림이 보인다. 이 건물에 자리잡은 코초(胡蝶: 東京都台東区浅草 1-39-11, Tōkyō-to, Taitō-ku, Asakusa, 1 Chome－39－11)는 기모노, 무대의상, 가발 등 일본 전통의상 전문매장이다. 헌 기모노를 거래하기도 하고 렌탈도 해주는 곳이다.

[일본 전통의상 전문매장인 코초]

후나와(舟和: 東京都台東区浅草 1-22-10, Tōkyō-to, Taitō-ku, Asakusa, 1

Chome—22—10)는 나카미세 거리와 오렌지 거리 등 몇 개의 점포를 갖고 있으며 메이지35년(1902년)에 창업한 가게로 삶은 고구마를 빻아서 만든 이모요우캉(고구마 양갱), 팥 경단, 밤으로 만든 양갱 등을 만들어 판매하는 가게다. 수도권에 여러 점포를 두고 영업하고 있는데 이곳이 본점이다. 단 음식을 즐기는 사람들에게 추천할만한 가게다.

[양갱 전문점 후나와]

[나카미세 거리의 기념품 가게] *

이 밖에도 일본도, 무용용품, 닌자 용품, 장난감, 가면, 북, 일본 인형 등 기념품을 파는 가게, 일본의 쌀 과자인 센베, 기모노, 불교용품, 문구 등 이

거리를 둘러보는 것만으로도 일본의 모든 특산품과 기념품을 볼 수 있다고 해도 과언은 아니다. 일본풍의 선물을 구입하려 한다면 이곳을 추천한다.

아사쿠사에서 빼놓을 수 없는 것이 일본의 축제인 '마츠리(祭り)'다. 2월의 센소지 세쓰분카이(節分会), 5월의 산자 마츠리(三社祭), 11월의 도쿄 지다이 마츠리(東京時代祭)를 비롯하여 가장 많은 마츠리가 열리는 지역이다. 특히 산자 마츠리는 3일 동안 150만명의 관람객이 찾는 도쿄 3대 마츠리의 하나로 꼽힌다.

[산자 마츠리의 미코시 행렬] *

8월에 열리는 삼바 카니발 또한 많은 볼거리를 제공하는 축제다. 1981년 브라질의 삼바 카니발을 모델로 시작한 축제로 브라질의 삼바 카니발과 유사한 형태로 진행된다. 시간이 흐를수록 인지도가 상승하여 참가하는 팀이 늘어나고 많은 관광객이 관람하는 축제가 되었다. 일본의 전통을 간직한 아사쿠사에서 이곳 분위기와는 전혀 다른 이국적인 축제가 열리는 것이 어울리지 않아 보이지만 그러한 언밸런스가 특징인 축제라 할 수 있다. 브라질의 삼바 카니발을 보기 어렵다면 이곳에서 삼바 축제를 감상하는 것도 나쁘지 않을 것이다. 가마인 미코시를 어깨에 메고 지나가거나 음악에 맞춰 율동을 하면서 지나가는 마츠리 행렬이 지나가면 관광객들과 뒤엉켜 발 디딜 틈이 없을 정도로 많은 인파가 몰린다.

[축제 기간 중 펼치는 게이샤 퍼레이드] *

매년 7월 마지막주 토요일 밤에는 스미다 강 주변에서 펼치는 불꽃놀이 또한 아사쿠사의 볼거리의 하나다. 도쿄의 대표적인 여름 불꽃 축제다.

[스미다 강의 불꽃놀이, 멀리 보이는 탑이 도쿄 스카이트리] *

새로운 도쿄의 심볼, 도쿄 스카이트리

이제는 도쿄의 새로운 랜드마크가 된 도쿄 스카이트리로 가보자. 아사쿠사에서 도에이 아사쿠사선(東営浅草線)을 타고 오시아게역(押上駅)으로 간다. 4분 정도로 가까운 거리다.

[아사쿠사 거리에서 본 도쿄 스카이트리]

이 지역은 도쿄 스카이트리가 생기기 이전까지는 관광지가 아니었으며 그리 번화하지도 않은 지역이었으나 도쿄 스카이트리가 들어서면서 스카이트리 타운이 형성되어 관광지가 되었다.

오시아게역 주변은 말끔하게 단장된 모습이지만 조금만 벗어나면 오래된 주택과 나즈막한 건물들이 많아 한적한 교외 풍경을 간직하고 있는 지역이다. 도쿄 스카이트리가 건설된 이후로 관광객이 몰리고 주변에 상업시설과 빌딩이 들어서면서 급속하게 발전하고 있다. 사실 오랜 역사를 지닌 시타마치에 어느 날 갑자기 거대한 탑이 세워지면서 주변 환경과는 어울리지 않는 뻘쭘한 느낌마저 갖게 하는 구조물이다.

[스미다 강에서 보이는 도쿄 스카이트리] *

06

도쿄 스카이트리는 2012년에 완공된 철 구조물로 634미터로 세계에서 가장 높은 방송(전파)탑이다. 634의 일본어 발음을 조합하면 '무사시(武蔵)'라 하여 도쿄의 옛 지명을 나타낸 숫자다. 스카이트리 템보덱(제1전망대: 360미터)과 템보 갤러리아(제2전망대: 450미터)에서 360도 방향에서 도쿄를 조망할 수 있다. 맑은 날에는 멀리 후지산의 풍경을 볼 수 있다.

[도쿄 스카이트리]

완공과 함께 여러 매스컴에 노출되면서 많은 사람들이 몰려들었으나 점점 감소하는 추세라고 한다. 기존에 특별한 관광지가 없는 시타마치에 전망대 하나만 보러 가기에는 뭔가 부족한 느낌이 들기 때문일 것이다. 도쿄 스카이트리 안에서만 구입할 수 있는 한정 아이템이 많다. 일본의 대표적인 지상파 방송국의 프로그램 관련 상품을 판매하고 있다. 이 탑이 방송용 전파탑이기 때문에 이 탑의 특징을 살리기 위한 것이지 않을까?

이렇게 도쿄 메트로와 도에이 지하철만을 이용하여 도쿄의 대표적인 시타마치를 둘러봤다. 신주쿠로 돌아가는 길은 도에이 아사쿠사선(東営浅草線)을 타고 히가시니혼바시(東日本橋)역으로 가서 일단 내린 후에 걸어서 3분 거리의 바쿠로요코야마(馬喰横山)역에서 도에이 신주쿠선(東営新宿線)을 타고 신주쿠로 향한다. 또는 메트로 한조몬선(半蔵門線)을 타고 구단시타(九段下駅)에서 도에이 신주쿠선(東営新宿線)으로 환승하여 신주쿠로 간다. 시간은 약 30분 정도 소요된다.

〈코스설계 TIP〉

시타마치(下町)는 에도 시대부터 형성된 번화가로 도쿄의 역사를 간직한 지역이다. 하지만 도시의 개발이 이루어지면서 낡은 건물이 허물어지고 현대식 건물이 들어서면서 본래의 모습과는 많이 변해버렸다. 특히, 긴자(銀座)나 니혼바시(日本橋)는 옛날 모습을 찾아보기 어려울 정도로 초고층 건물과 현대식 구조물로 가득 찬 거리가 되었다. 거리에 들어선 점포도 대부분은 명품 브랜드나 고급스러운 상품으로 채워지고 유행에 따라 발 빠르게 변화하고 있다. 따라서 옛날 정취가 남아있는 건물이나 주택을 보려면 뒷골목으로 들어가야 한다. 시타마치라 해서 옛날 건물이나 거리를 본다는 생각보다는 오래 전부터 형성된 번화가의 변화된 모습이라 생각하는 것이 좋을 것이다. 그 중에서 닌교초 거리에 상대적으로 오래된 건물이나 가게가 많이 남아 있다.

걷는데 자신이 있는 사람이라면 긴자(銀座)-니혼바시(日本橋)-닌교초(人形町)는 걸어서 관광할 수 있는 거리다. 지하철을 타도 되지만 가능한 많은 풍경이나 가게를 구경하기 위해서 걸을 수 있다면 걸어서 관광할 것을 권한다. 무더운 여름이나 비가 내리는 날은 쉽지 않겠지만 그렇지 않다면 걸어서 관광하는 것을 추천한다. 점심은 닌교초의 아마자케 요코초에서 해결하는 것이 가장 무난할 듯 하지만 아사쿠사에 가면 다양한 먹을거리가 있으므로 아사쿠사에서 해결하는 것도 하나의 방법이다. 조금 서둘러서 코스의 마지막인 도쿄 스카이트리에서 시간적 여유가 있다면 한 곳을 더 관광해도 좋을 것이다. 예를 들어, 우에노(上野) 관광을 하지 않았다면 15분 거리(도에이 아사쿠사선(浅草線)을 타고 아사쿠사역에서 도쿄 메트로 긴자선(銀座線) 시부야 행으로 환승)이므로 쉽게 갈 수 있다. 또, 도쿄 타워와 별반 차이가 없는 거대한 철탑인 도쿄 스카이트리가 있는 오시아게역을 가지 않는다면 시간적 여유가 생길 수 있으므로 다른 한 곳을 더 방문할 수 있다. 개인적으로는 도쿄 스카이트리는 아사쿠사에서 보고 아사쿠사역(浅草駅)에서 우에노역(上野駅)으로 가서 우에노를 관광하는 것을 추천한다.

07. 귀국길 자투리 시간 활용법 :
여행객들의 소소한 고민

아무리 해외관광이 대중화되었다고 하더라도 대부분의 사람들은 시간이나 비용의 문제로 큰 마음먹고 떠나게 된다. 가족이나 친구, 동료들과 1년전 또는 몇 개월 전부터 장소, 일정, 비용 등의 계획을 세워서 손꼽아 기다리며 떠나게 된다. 특별한 경우가 아닌 경우에는 같은 장소를 여러 번 가는 경우도 없을 것이다. 따라서, 한 번 갔을 때 많은 것을 보고 자투리 시간도 절약해서 활용할 수 있어야 한다. 자유여행을 할 때 가장 애매한 경우가 귀국하는 날의 일정이다. 여행객들이 귀국하는 날은 별다른 스케줄을 잡지 않는 경우가 대부분인데 한편으로는 시간 활용을 위해 보이지 않게 고민하는 경우가 많다. 대여섯 시간 공항에 빨리 나가 쇼핑을 하거나 마냥 시간을 보내는 경우가 많다. 어렵게 시간과 비용을 투자해가면서 간 해외여행을 이렇게 아깝게 보내서는 안 된다.

귀국하는 비행기편 시간이 오전이면 호텔에서 공항에 가서 수속하기 빠듯한 시간이다. 따라서, 오전 비행기로 귀국하게 된다면 다른 일정을 잡을 수가 없다. 여행 일정에는 있지만 실제로 하루를 까먹는 결과가 된다. 귀국 당일에 조금이라도 관광을 하려면 가능한 늦은 시간으로 예약을 하는 것이 좋다. 모두들 같은 생각이기 때문에 빨리 예약하지 않으면 안 된다. 자투리 시간을 활용하기 위해서는 무리하지 않는 범위 내에서 계획을 세워야 한다. 가장 문제가 되는 것이 시간과 여행용 가방(짐)이다. 시간은 비행기 출발에 맞춰 출국수속과 보안체크 등을 고려하여 여유있게 도착할 수 있어야 한다. 또, 짐은 2박이든 3박이든 체류하기 위한 기본 의류와 소지품, 현지에서 쇼핑한 물건 등으로 이동하는데 장애가 될 수밖에 없다.

[시간 관리]

공항까지는 보통 출발시간보다 2시간 이전에 도착할 수 있어야 하기 때문에 시간관리를 잘해야 한다. 도쿄 도심에서 하네다 공항이나 나리타 공항으로의 이동 시간은 1시간 ~ 1시간 30분정도 소요된다. 그래서 관광할 수 있는 시간은 출발시간으로부터 3시간 ~ 3시간 30분 이전까지다. 예를 들어, 귀국하는 비행기가 오후 4시에 출발한다고 가정하면 오전시간부터 오후 12시30분 ~ 1시까지다. 8시부터 움직인다고 가정하면 4시간 ~ 4시간 30분 정도의 코스를 생각해야 한다. 출발 시간이 1시간 당겨진 3시면 실제 관광할 수 있는 시간은 3시간 ~ 3시간 30분이다. 4시간 정도의 코스로 생각하고 귀국 당일의 코스 설계를 생각해보자.

[소지품(짐) 관리]

가벼운 차림에 등에 맬 수 있는 백팩이나 어깨에 걸칠 수 있는 가방 하나만 있다면 문제가 되지 않겠지만 여행용 캐리어를 소지한 경우는 캐리어를 끌고 다닐 수 있는 곳이 한계가 있다. 소지하고 다닐 수 없는 경우라면 짐을 어딘가에 맡겨야 한다.

가장 일반적인 방법은 숙박했던 호텔에 맡겼다가 찾는 방법이다.
숙박했던 호텔에 체크아웃을 한 후 짐을 맡기고서 관광을 마친 후에 짐을 찾아서 공항으로 가면 된다. 이럴 경우에는 호텔에서 그리 멀지 않은 곳을 돌아보고 되돌아와야 한다는 제약이 따른다. 즉, 관광할 수 있는 지역이 한정되게 된다.

다음으로는 코인 로커(Coin locker)나 보관소를 이용한다.

　대부분의 역 구내에는 코인 로커가 마련되어 있기 때문에 이를 활용하는 방법이다. 이 방법은 숙박했던 호텔 주변이 아닌 곳을 볼 수 있다는 장점은 있지만 약간의 비용(로커 사용료)이 소요된다는 점이다. 짐의 크기에 따라 다르지만 400엔~700엔 정도다. 코인 로커가 아닌 방법으로는 짐을 맡아주는 서비스를 이용하는 방법이다. 도쿄역, 신주쿠역, 시부야역과 같은 큰 역에는 짐을 맡아주는 장소가 있다. 대부분 민간 택배업체(예: SAGAWA GYUBIN)에서 운영하는데 500~800엔 정도의 비용이 소요된다. 대형 여행용 캐리어와 같이 큰 짐을 가진 경우에 유용하게 활용할 수 있다.

택배 서비스를 이용하여 공항으로 직접 배송하는 방법이다.

　짐이 아주 큰 경우나 짐을 들고 이동하기에 불편한 경우라면 공항으로 직접 배송하는 서비스를 이용한다. 택배회사를 이용하여 호텔에서 공항으로 배송을 맡기고 자유롭게 관광을 즐긴 후 공항에서 짐을 찾는 경우다. 가장 편리한 방법이지만 가장 상당한 비용을 지불해야 한다. 여행용 캐리어 하나의 경우, 호텔에서 공항까지는 2,000엔~2,500엔 정도다.

[하네다 공항]

– 시간적 여유가 있을 때 들르는 블루라이트 요코하마

4시간 이상 여유가 있을 때 추천할만한 장소다. 요코하마(横浜)는 일본이 서양에 문호를 개방할 때 상징적인 의미를 지닌 항구다. 미국의 페리 제독이 일본과 교섭을 진행했던 곳이 요코하마 항이었으며 수호조약을 체결한 곳이 요코하마가 있는 가나가와현(神奈川県) 앞바다였다. 이때부터 요코하마는 국제항구로서 모습을 갖춰가면서 일본의 대표적인 항구가 되었다. 요코하마는 도쿄23구에 이어 가장 인구밀집도가 높은 지역이며, 전국의 시정촌(市町村) 중 가장 많은 인구를 가진 지역이다. 우리나라 사람들에게는 '블루라이트 요코하마'라는 일본 가요(엔까)로 인해 더욱 친숙한 지역이다.

〈참고〉 [일본의 개항]

쇄국정책을 펴던 에도 막부에 대해 1853년 미국의 동인도함대 사령관인 페리 제독이 함선(흑선) 4척을 이끌고 일본에 왔다. 페리 제독은 일본 개항과 통상을 요구하는 미국 대통령의 친서를 가지고 와서 고압적 자세로 압박했다. 결국 1954년에 미일 화친조약, 1958년에는 미일 수호통상 조약을 체결한다. 체결한 장소가 가나가와현(神奈川県) 앞바다였다. 그래서 '가나가와 조약'이라고 부르기도 한다. 이때 문호가 개방된 항구가 홋카이도의 하코다테, 나가사키, 니가타, 효고, 가나가와(요코하마) 항이다. 이를 계기로 220년간 닫혔던 문호가 개방되면서 서양의 문물을 적극적으로 받아들여 세계 무대에 등장하게 되었다. 미일 조약은 미국의 상품을 일본에 수출하기 위한 무역제한 철폐, 협정 관세, 미국인들의 치외법권을 인정하는 등 일본에 불리한 불평등 조약이었다. 아이러니 하게도 이런 불평등 조약은 우리나라와 맺은 강화도 조약(1876년)에 그대로 적용했다는 것이다. 강화도 조약은 결국 우리나라를 침략하게 된 조약이 되었다고 할 수 있다.

요코하마 관광의 대표적인 곳이 '요코하마 미나토 미라이21', '요코하마 차이나타운', '요코하마 마린 타워' 등이다. '요코하마 미나토미라21'은 요코하마 도심 임해부 재생 마스터플랜의 하나로 개발된 지역이다. 이곳에는 주상복합시설인 요코하마 랜드마크 타워를 비롯해 닛산 본사 건물, 퍼시픽 요코하마가 들어서 있으며, 실제 조선소의 도크로 사용되던 곳을 개조하여 만든 '도크야드 가든', 1913년에 지어진 요코하마 아카렌가 창고는 리모델링을 거쳐 '아카렌가 파크'로 개장하여 관광지가 되었다. 도크야드 가든은 중요 문화재로 지정되어 있다.

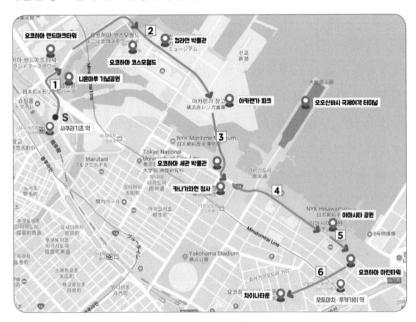

[요코하마 주요 관광 코스]

요코하마 미나토미라이21지역을 관광한 후 요코하마 차이나타운에서
식사를 하고 공항으로 가는 코스가 가장 효율적일 것이다. 신주쿠에서
간다면 신주쿠역에서 JR쇼난신주쿠라인(ＪＲ湘南新宿ライン)을 타고 가서
요코하마역(橫浜駅)에서 JR게이힌도호쿠선(ＪＲ京浜東北)으로 갈아타
사쿠라기초역(桜木町駅)까지 간다. 시간은 약40분(550엔) 정도 소요된다.

사쿠라기초역의 동쪽출구로 나오면 전방에 사각형 모양의 초고층 빌딩이
보인다. 요코하마 미나도미라이21의 상징과도 같은 '요코하마 랜드마크
타워'다. 사쿠라기역과 보도 에스컬레이터로 연결된 랜드마크 타워는 지상
70층으로 일본에서도 열 손가락 안에 드는 고층 건물이다. 사무실과 호텔,
쇼핑시설이 들어선 주상복합 건물이다. 69층에는 전망대인 스카이 가든이
있는데 항구의 불빛과 어우러진 야경은 일본에서도 유명한 곳이다.

[랜드마크 타워]

지하2층부터 1층에는 도크야드 가든이 들어서 있다. 원래 미나토미라이21은
조선소가 있던 자리를 매립하여 조성한 곳으로 랜드마크 타워는 조선소의
도크가 있던 자리다. 이 도크는 1896년 준공되어 1973년까지 70년 이상

사용되던 것을 없애지 않고 복원하여 중요문화재로 지정된 곳이다. 도크를 중심으로 주변에 레스토랑 등이 들어서 도크야드 가든이 조성되었다. 주변 시설의 개발과 함께 현대화하면서 유서 깊은 시설을 복원, 보존하여 보다 쉽게 접근하게 하였다.

랜드마크 타워 외에도 놀이시설이 들어선 '요코하마 코스모와르도'와 반원 모양의 특이한 건물로 주목을 받는 인터콘티넨탈 호텔 등 고층 건물이 바다와 함께 조화를 이루고 있다. 랜드마크 타워 앞에는 요코하마 미나토(항구) 박물관이 있는데 박물관 앞에는 '니혼마루(日本丸)'라는 범선이 전시되어 있다.

[범선과 인터콘티넨탈 호텔(반원), 놀이기구] #

〈Tip〉 여기에서 요코하마 관광 요지를 도는 빨간 구두라는 이름의 '아카이구츠(あかいくつ)' 버스 티켓을 구입하면 요코하마항 일대의 관광지(미나토미라이21, 차이나타운, 도크가든, 아카렌가파크, 마린 타워)를 순환하는 버스지만 한 번 승차하는데 220엔이다. 요코하마 관광지를 자유롭게 이용할 수 있는 1일 자유이용권인

미나토부라리티켓(みなとぶらりチケット)은 500엔이프로 두 번 이상
탑승한다면 자유이용권을 구매하는 것이 좋을 것이다. 이 자유이용권은
요코하마항 일대의 관광요지에서 시영 버스와 시영 지하철 및 아카이구츠를
언제든 자유롭게 이용할 수 있다.

[아카이구츠 버스]

07

아카이구츠 버스를 타고 아카렌가파크에서 내린 후 관광을 한 후, 걸어서
야마시타 공원을 지나 차이나타운까지 가는 방법을 추천한다. 놀이시설인
요코하마 코스모 와르도(코스모월드) 뒤편으로 가면 '요코하마 아카렌가
창고'가 있다. 아카렌가는 우리말로 '빨간 벽돌'이라는 뜻인데 빨간색
벽돌로 지어진 건물이다. 메이지 시대에 보세창고로 지어진 역사적인
건물로 1989년까지 사용하다 폐쇄했다가 2000년대 들어 주변 광장과
함께 정비하여 전시시설과 상업시설을 갖춰 '아카렌가 파크'로 조성하여
요코하마의 관광지의 하나로 알려지게 되었다. 도크야드도 그렇지만 이렇게
역사적인 건물이나 시설을 없애지 않고 복원하고 주변시설을 보강하여
현대식 시설과 조합하여 관광지로 활용하면서 후대에 이어지도록 하고
있다. 놀이시설인 코스모와르도는 멀리서 보는 것으로 만족하더라도

아카렌가파크는 시간적인 여유가 된다면 한 번쯤 들러보는 것도 좋을 것이다.

[보세창고로 사용하던 건물을 리모델링한 레스토랑]

아카렌가파크에서는 시원한 바다 바람과 함께 고층 건물이 들어선 요코하마 미라토 미라이21 지역과 바닷가, 야마시타 공원, 국제여객 터미널 등을 한 눈에 둘러볼 수 있다.

[아카렌가 파크에서 본 랜드마크 타워]

이번에는 요코하마 차이나타운으로 발걸음을 옮겨보자. 아카렌가 파크에서 개항의 길(開港の道)을 따라 걸어간다. 길 입구에 하늘색의 작은 코끼리상이

보인다. 오른쪽에 건물 옥상에 초록색 돔 모양의 탑이 보이는데 요코하마 세관
본청 건물이다. 1934년에 완성된 건물로 요코하마 역사적 건축물로 지정된
건물이다.

[요코하마 세관 본청]

야마시타 공원으로 가는 길목 중간에 특이한 형상의 구조물이 보이는데
오오산바시(大さん橋) 요코하마 국제 여객터미널이다. 대형 크루즈를 비롯한
각종 선박이 드나드는 항만 시설로 1894년에 지어진 시설로 지금의 모양은
2002년에 완공된 시설이다.

[요코하마 국제 여객터미널]

커다란 고래 형상을 하고 있으며 옥상에는 관광객들이 자유롭게 드나들 수 있는 전망 스페이스와 함께 콘서트나 강연을 할 수 있는 홀도 있다.

해안을 따라 야마시타(山下) 공원이 펼쳐진다. 야마시타 공원 뒤편에는 요코하마항의 심볼인 '요코하마 마린 타워'가 눈에 들어온다. 요코하마 마린 타워는 원래 등대로 사용하던 것인데 지금은 전망대로 활용되고 있다. 야마시타 공원은 바다에 면한 공원으로 원래 관동대지진의 잔해를 이용해 매립한 매립지에 조성된 공원이다. 시간적 여유가 있다면 잠깐 둘러보며 한 타임 쉬는 것도 좋지 않을까?

[야마시타 공원에서 바라본 마린 타워]

이정표를 따라 요코하마 차이나타운으로 향한다. 이곳은 일본은 물론 동양 최대의 차이나타운이라고 한다. 1859년 일본이 개항하면서 외국인에 고용된 중국인이나 무역상이 자리를 잡기 시작하면서 조성된 거리다. 혁명 사상을 전파하며 삼민주의(三民主義)를 발표한 중국의 국부로 불리는 손문(孫文)이 일본에 망명했을 때 이곳에서 생활했다고 한다. 처음에는 차이나타운이 아니었으며 개항으로 인해 외국인들이 많이 모이는 외국인 거리였으나 중국인들이 늘어나면서 차이나타운으로 자리를 잡았다. 일본에서 가장 큰 차이나타운이다. 현재는 500여 점포가 밀집되어 있으며 춘절이나 청명절, 중추절에는 중국 고유의 축제를 벌인다. 차이나타운 입구에 '中華街'라는 문이 보이고 오른쪽에 중국풍의 '북경반점(北京飯店)' 건물이 눈에 들어와 차이나타운이라는 것을 바로 알아 볼 수 있다.

[요코하마 차이나타운 입구]

좁은 골목을 두고 양쪽으로 가게가 빽빽이 들어서 있으며 입구에서부터 많은 사람들이 북적거린다.

[요코하마 차이나타운]

이곳의 파출소인 코방(交番)도 거리의 분위기에 어울리게 중국풍의 동양화가 양각되어 있다. 주변의 건물 외관도 중국풍으로 치장하고 있다.

[요코하마 차이나타운 입구의 코방]

　이곳의 가게들은 차이나타운의 역사를 증명이라도 하듯 메이지(明治) 시대부터 이어오고 있는 가게들이 많다. 만두나 찐빵 등의 가게 앞에는 간식거리로 사서 먹는 사람들이 줄을 이루고 있다. 길거리에서 먹는 음식의 독특한 즐거움이 있다.

[메이지 27년(1894년) 창업한 만두 가게 에도세이]

이곳 중국 음식점은 언제부턴가 뷔페식이 많이 생겨났다. 음식을 얼마든지 먹을 수 있는데 1,500 ~ 2,000엔 정도다. 하지만 뷔페식 보다는 단품 요리를 권하고 싶다. 여러 음식을 많이 먹을 수 있다는 장점은 있을 수 있으나 실제 먹어보면 주로 기름에 튀긴 중국 음식 특유의 느끼함 때문에 먹는 양은 제한적이기 때문에 가성비가 그리 좋지 않기 때문이다. 몇 명이 들어가서 서로 다른 단품 요리를 주문하면 충분할 것이다. 이 거리는 주로 음식점이 많지만 기념품 가게나 생필품 가게도 눈에 들어온다.

요코하마 관광을 마치고 하네다 공항을 가려면 전철과 버스를 이용하는 방법이 있다. 전철을 이용한다면 모토초·추까가이역(元町·中華街駅)에서 미나토미라이선을 타고 요코하마역(横浜駅)으로 가서 게이큐혼센 에어포토 급행(京急本線エアポート急行)으로 갈아 타고 하네다 공항으로 간다. 요금은 660엔이고, 40분정도 소요된다. 공항 리무진 버스를 이용한다면 야마시타공원앞(山下公園前)에서 리무진 버스를 타면 하네다 공항 제1터미널까지 20여분이면 도착할 수 있다.

– 하네다 공항 가는 길에 온천욕으로 여행의 피로를 풀자.
 '일본'하면 떠오르는 단어 중 빠지지 않는 것이 '온천'이다.
일본에 왔는데 한 번 정도 온천은 즐겨야 하지 않을까 하는 사람에게 추천한다. 일본은 지금도 활화산이 활발하게 활동할 정도로 화산이 많아 전국이 온천지역이라 해도 과언은 아니다. 도쿄는 상대적으로 온천에 대한 이미지가 약한데 도쿄 및 도쿄 인근에는 온천 시설이 많이 있다. 일정 중에 온천에서 시간을 보내기 아깝다고 생각된다면 귀국길에 온천에 들러 피로를 풀고 가는 것도 좋은 방법이다.

　　호텔에서 이른 시간에 출발하여 온천으로 가서 짐을 맡긴 후, 온천을 즐기면서 여행의 피로를 풀고 바로 하네다 공항으로 가서 귀국을 한다면 최상의 자투리 시간 활용법이 아닌가 생각된다. 온천 중 한 곳을 소개하면 '천연온천 헤이와지마(天然温泉平和島)'다. 홈페이지(http://www.heiwajima-onsen.jp/kr/)는 한국어 서비스도 실시하고 있다.

[천연온천 헤이와지마 홈페이지 한국어 서비스]

스파 시설은 물론 연회장, 식당, 맛사지 등 다양한 서비스가 있어 시간을 보내며 피로를 푸는데 최적의 장소다. 요금은 성인 기준으로 1,800엔이다.

신주쿠역에서 가려면 야마노테선(山手線)을 타고 시나가와역(品川駅)으로 가서 게이힌혼센 에어포트 급행(京急本線エアポート急行)을 타고 헤이와지마역(平和島駅)으로 간다. 헤이와지마역에서 버스로 3분 거리에 있다. 시간은 40분 정도 소요된다. 하네다 공항 국제선 터미널까지 무료 셔틀버스를 운영하는데 시간은 15~20분 정도 소요된다.

– 하네다(羽田) 공항 관광

도쿄의 관문은 하네다(羽田)와 나리타(成田)다. 우리나라 서울의 김포와 인천과 유사하다. 하네다 공항은 1931년 개항해 일본 하늘의 관문 역할을 하다가 고도성장기를 거치면서 혼잡해져 인원을 수용할 수 없을 정도가 되자 1978년 도쿄 도심과는 떨어진 치바현(千葉県)의 나리타(成田) 공항이 건설되었다. 그래서 하네다는 국내선, 나리타는 국제선 중심의 공항이 되었다. 당연히 멀리 있는 치바의 나리타 공항보다는 도쿄에 있는 하네다 공항이 교통이 편리하고 짧은 시간 내에 도쿄 도심으로 들어갈 수 있다. 국제선과 국내선 항공기의 이착륙이 분리되어 운영되다가 2002년 한일월드컵을 우리나라와 공동으로 개최하면서 하네다 공항과 김포 공항의 국제선이 운용되기 시작했다. 당시 우리나라도 국내선은 김포, 국제선은 인천이었는데, 이를 계기로 김포 공항에서 일본과 중국 노선이 개설되기 시작했다. 뒤이어 중국의 상해, 홍콩을 오가는 비행기 노선이 들어서게 되었다. 우리나라의 김포와 하네다, 인천과 나리타의 관계나 상황이 너무나도 유사하다. 그 이후로 하네다에 활주로를 늘리고 제2청사를 건설하면서 명실상부한 국제 공항으로 다시 태어나게 되었다.

새로운 국제 공항으로서 면모를 갖추면서 기존 청사의 리모델링과 신청사의 건축으로 다양한 볼거리와 먹을거리를 갖추고 관광의 요소를 가미하였다. 시간적 여유가 된다면 티켓 수속을 마치고 여객 탑승구로 바로 들어가지 말고 하네다 공항을 둘러보며 시간을 보내는 것도 나쁘지 않을 것이다. 이곳에는 각종 기념품과 음식점이 들어서 있다. 국제선 터미널에는 '에도코지(江戸小路)'라 하여 에도 시대의 풍경을 재현해 놓은 쇼핑몰이 있다. 식당과 기념품 매장이 옛스러운 풍경으로 손님들을 유혹하고 있다.

[하네다 공항 내 에도 시대 거리]

제1터미널의 옥상 전망대는 360도 어느 방향이라도 볼 수 있는 넓은 시야의 전망대로 비행기의 이착륙을 볼 수 있고 멀리 바다 풍경도 감상할 수 있다. 5층 그릴 'KIHACHI'는 60m나 되는 넓은 창으로 비행기 이착륙을 보면서 다양한 요리를 즐길 수 있다. 3층의 'Shosaikan'에서는 각종 기념품을 판매한다. 앤틱 문구를 비롯하여 유명 브랜드의 필기구, 장식용품 등을 쇼핑할 수 있다. 여느 공항과는 조금 다른 고급스러운 분위기의 상가다.

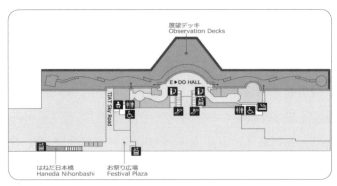

[여객 터미널 5층 숍과 전망대]

제2터미널 5층 전망대에서는 도쿄만을 배경으로 비행기 이착륙을 바라볼 수 있고 치바현의 바다를 전망할 수 있다. 맑은 날에는 도쿄 디즈니랜드까지 보인다. 3층의 미나미아오야마 쇼사이칸(南青山書斎館)은 도쿄의 아오야마 거리에 있는 만년필을 중심으로 한 문방구를 판매하는 회사로 하네다 공항에 매장을 내서 영업을 하고 있다. 펜과 잉크, 관련 액세서리를 다루고 있다. 엉뚱한 생각인지 모르겠지만 만년필을 테마로 한 아이템만으로 이렇게 고급스러운 매장의 운영이 가능하다는 것이 의아한 생각이 든다.

[공항 5층 전망대에서 바라본 하네다 공항 활주로]

[나리타 공항]

– 공항가는 길목에 우에노, 아키하바라 관광

  나리타 공항으로 갈 때 비용을 절감하는 방법 중 하나가 우에노역(上野駅)에서 '게이세이(京成) 스카이라이나(Skyliner)'를 타는 것이다. 리무진 버스나 나리타 익스프레스보다 저렴하다. 우에노역에서 히로코우지 출구(広小路口)로 나와 오른쪽의 우에노 공원 쪽으로 보면 게이세이 우에노역(京成上野駅)이 보인다. 이 역에서 비행기 시간에 맞춰 나리타로 가는 스카이라이나의 승차권을 구입한 후 코인 로커에 짐을 맡기고 인근 지역을 관광한다. 스카이라이너로 우에노에서 나리타 공항까지 1시간 10분 정도 소요되므로 이를 고려하여 승차권을 예매해야 한다. 승차 시간까지 시간적 여유를 봐가며 우에노 주변을 관광할 수 있다.

[게이세이 우에노역]

  우에노역 주변에는 볼거리가 풍부한 우에노 공원과 전통 시장인 아메요코가 있다. 우에노 공원에는 우에노 동물원을 비롯하여 도쿄문화회관, 국립서양미술관, 도쿄도미술관, 도쿄국립박물관, 국립과학박물관,

풍속박물관, 서양화가 쿠로다 기념관 등 많은 미술관과 박물관이 있어 시간을
보내는데 부족함이 없는 장소다. 공원 곳곳에 신사와 절, 동상과 같은 조형물
등 볼거리가 충분하다. 귀국편 선물을 구입하고 싶다면 아메요코 골목으로
들어가 쇼핑도 즐길 수 있다. 장난감, 시계, 전자제품, 약품, 골프용품, 가방,
키홀더 및 선물용 기념품 가게가 늘어서 있어 저렴한 쇼핑이 가능한 곳이다.
자세한 내용은 '7000원으로 도쿄 한 바퀴'를 참고한다.

[우에노 아메요코] *

오덕과 전자의 거리 아키하바라(秋葉原)를 관광하지 않았다면 가까이에
있는 아키하바라를 관광할 수도 있다. 우에노역에서 야마노테선(山手線)을
타면 두 번째 정거장이다. 전철로 5분이면 갈 수 있는 거리이기 때문에
가볍게 다녀올 수도 있다. 아키하바라 역시 다양한 볼거리와 즐길 거리가
있다. 특히, 게임이나 애니메이션, 만화를 좋아하는 사람이라면 아키하바라에
있는 도라노아나, 소후맙뿌, 애니메이트, 만다라케 등 콘텐츠 유통 매장을
방문해서 구경할 수도 있고 관련 상품을 구매할 수도 있다. 각종 게임, 만화,
애니메이션은 물론 동인지, 피규어, 프라모델, 캐릭터 상품을 접할 수 있다.
돈을 약간 투자한다면 소소한 사치를 부릴 수도 있다. 간담 매니아라면

간담 카페에서 시간을 보낼 수 있고, 하녀들의 시중을 받고 싶다면 매이드 카페에서 하녀들과 시간을 보낼 수도 있다. 주머니 사정이 넉넉하지 않다면 거리를 거닐며 매장 밖에 걸린 애니메이션 캐릭터를 감상하는 것만으로도 좋은 볼거리가 된다. 또 일본의 전자제품을 구입하거나 구경하고 싶다면 아키하바라 여기 저기에 들어서 있는 전자제품 양판점에 들러 쇼핑할 수 있다.

[아키하바라 매장] #

우에노 공원의 박물관이나 미술관은 하이(High) 컬쳐 또는 메인(Main) 컬쳐에 해당된다면 아키하바라의 게임, 만화, 애니메이션은 서브(Sub) 컬쳐, 카운트 컬쳐에 해당된다. 두 지역이 가까운 곳에 있으면서 서로 다른 문화를 형성해 묘한 대조를 이룬다. 메인이든 서브든 두 지역을 감상하며 비교하는 것만으로도 하나의 재미이며, 그 지역의 문화와 분위기를 읽을 수 있을 것이다. 디자인이나 미술에 관심이 있는 사람이든 만화, 애니메이션, 게임에 관심이 있는 사람이든 양쪽 어느 쪽에 관심이 없는 사람이라도 많은 것을 보고 접하는데 의미가 있다. 아무렇지 않게 지나친 거리의 풍경, 작은 소품, 캐릭터가 하나의 추억이 될 수 있고 무언가 아이디어가 필요할 때 단초가 될 수 있다. 자투리 시간을 보내기 위해 눈요기로 지나치는 것이라 할지라도 자신의 뇌리 어딘가에 남아있을 것이다. 거리를 거닐며 보는 것만으로도 살아있는 공부가 아닌가 생각된다.

아키하바라에 대한 자세한 내용은 '오덕 성지 순례'를 참고한다.

– 도쿄의 전통을 느낄 수 있는 아사쿠사 관광

아사쿠사(浅草)는 대표적인 도쿄의 관광지 중 하나다. 혹시 일정 중에 아사쿠사를 가보지 못했다면 자투리 시간에 아사쿠사를 관광하는 것을 권한다. 아사쿠사역에서 도에이 아사쿠사선(都営浅草線) 에어포트 쾌속(エアポート快特)을 타고 나리타 공항까지는 1시간 남짓 소요된다. 비행기 시간에 맞춰 아사쿠사역에서 코인 로커 또는 보관소에 짐을 맡기고 도쿄의 대표적인 관광지인 아사쿠사를 관광하면 자투리 시간의 효율적 활용이 될 것이다.

[아사쿠사 거리] #

센소지(浅草寺) 절을 구경하고 절 앞에 있는 나카미세 상점가를 돌아보는 코스가 좋다. 혹시 도쿄의 기념품이 필요하다면 나카미세 상점가에서 구입하면 된다. 상점가에서 판매하는 각종 먹거리를 맛보는 것도 관광의 즐거움의 하나다. 어떤 음식점을 들어가더라도 실패하지 않을 확률이 높다. 점심 시간대라면 허기진 배를 채우며 도쿄에서의 마지막 추억을 만들 수 있을 것이다. 자세한 내용은 '도쿄의 시타마치 여행'을 참고한다.

– 나리타(成田) 공항 관광
나리타 공항은 치바현(千葉県)의 나리타시(成田市)에 세워진 공항으로 1978년 개항했다. 국제선을 중심으로 도쿄(수도권)의 관문 역할을 하고 있다. 세 개의 터미널 건물을 가지고 있어 공항에서 머무르기 편한 각종 시설을 갖추고 있다. 국제선 중심 공항인 만큼 외국인들에게 일본을 알리는 공간이 마련되어 있다.

제1터미널 4층과 제2터미널 3층 출국수속 카운터 앞에서는 각 절기 또는 명절에 맞춰 기모노, 일본 전통 음악 연주와 춤을 소개하고 체험 코너도 열고 있다.

[제1터미널 4층 국제선 출발로비 지도]

출국수속 후에는 제1터미널 3층 중앙에서는 일본의 전통 예능극인 가부키의 의상 전시 및 관련 상품을 전시하는 갤러리와 포토 존 등을 운영하고 있다. 또, 제1터미널 5층에서는 미술, 사진, 일러스트 등을 전시하고 무료로 관람할 수 있는 아트 갤러리를 운영하고 있다. 시기별로 이벤트가 개최되기 때문에 안내 카운트에 가서 문의하면 정보를 얻을 수 있다.

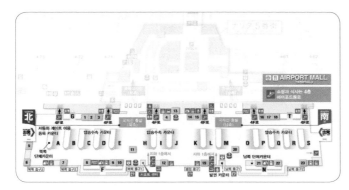

[제2터미널 3층 국제선 출발로비 지도]

비행기의 이착륙과 주변 전경을 관람할 수 있는 전망대가 마련되어 있다. 제1터미널의 5층 전망 데크와 제2터미널의 4층 견학 데크다.

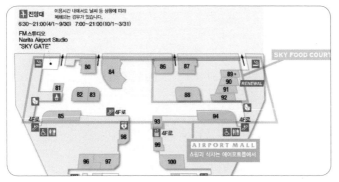

[제1터미널 5층 레스토랑 및 전망대]

시간적인 여유가 된다면 공항의 풍경도 감상하면서 사진에 담아놓는 것도

좋을 것이다. 무료로 운영되지만 날씨 여건에 따라 폐쇄되는 경우가 있다.

[제2터미널 4층 국제선 레스토랑 및 전망대]